Lotti Latrous

Gabriella Baumann-von Arx

Lotti Latrous

Bangen und Hoffen im Slum von Abidjan

WÖRTERSEH

Die im Buch sowie auf dem Schutzumschlag verwendeten Bilder stammen, wo nicht anders vermerkt, von der Autorin.

2. Auflage 2007

Lektorat: Claudia Bislin, Zürich
Korrektorat: Andrea Leuthold, Zürich
Umschlaggestaltung: Thomas Jarzina, Köln
Karte: Sonja Schenk, Zürich
Layout, Satz und herstellerische Betreuung:
Rolf Schöner · Buchherstellung, Aarau

ISBN 978-3-9523213-5-5

www.woerterseh.ch

»Wie schön das Leben ist.
Wie schön das Leben doch sein könnte.«
Lotti Latrous

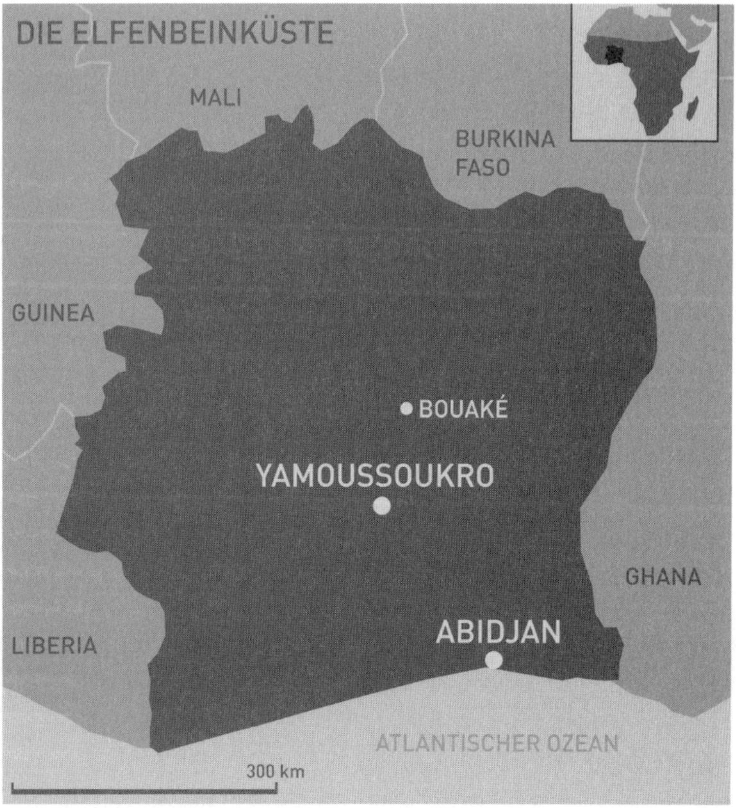

Der Teil des afrikanischen Kontinents, der sich südlich der Sahara befindet, wird als Schwarzafrika oder Subsahara-Afrika bezeichnet. Die Elfenbeinküste (Côte d'Ivoire) hat eine Fläche von 322 460 km². Yamoussoukro ist die Hauptstadt, Abidjan die Wirtschaftsmetropole.

Umrechnungskurs

Die Währung der Elfenbeinküste ist der CFA – der afrikanische Franc. Im Buch werden nur afrikanische Francs angegeben. Hier die Umrechnungskurse:

10 CFA	sind CHF	0,025	oder in Euro	0,015
100 CFA	sind CHF	0,25	oder in Euro	0,15
1 000 CFA	sind CHF	2,50	oder in Euro	1,50
10 000 CFA	sind CHF	25,00	oder in Euro	15,00
100 000 CFA	sind CHF	250,00	oder in Euro	150,00
1 000 000 CFA	sind CHF	2 500,00	oder in Euro	1 500,00

Inhalt

Das Vorwort

Die schönsten Geschichten beginnen mit drei Wörtern: »Es war einmal…«

Also: Es war einmal eine junge Schweizerin namens Lotti, die sich in einem kleinen Café in der Innenstadt von Genf bis über beide Ohren in einen jungen Tunesier verliebte. Er hieß Aziz und studierte Maschineningenieur. Schon kurz nach dem ersten langen Kuss starb, vollkommen unerwartet, der Vater von Aziz. Aziz wurde zu Hause gebraucht. Damit er weiterstudieren konnte, verzichtete Lotti auf ihre Ausbildung zur Krankenschwester. Sie ging als Schwesternhilfe arbeiten und konnte so das Geld dazuverdienen, das Aziz' Familie das Überleben garantierte. Lotti, 1953 geboren, war damals siebzehn Jahre alt, Aziz sechs Jahre älter.

Als Aziz fertig studiert hatte, machten die beiden inzwischen Verheirateten eine lange Reise. Diese führte sie – in einem alten, eigenhändig zum »Wüstenmobil« umgebauten Renault 4 – nicht nur nach Tunesien, sondern auch mitten durch die Sahara nach Abidjan. Dass die Wirtschaftsmetropole der Elfeinbeinküste Jahre später zu einem wichtigen Wendepunkt in ihrem gemeinsamen Leben werden würde, konnten die beiden damals noch nicht wissen.

Wieder zurück, meldete sich Aziz auf ein Inserat der Firma Nestlé, die Maschineningenieure suchte, die eine Auslandkarriere machen wollten. Es sollte seine Lebensstelle werden. Kurz bevor das junge Ehepaar für die Firma nach Saudi-Arabien zog, bekam es 1979 das erste Kind. Einen Sohn. Selim. Sechzehn Monate später, 1981, erblickte Sonia in Jeddah das Licht der Welt. Nach dreieinhalb Jahren wurde Aziz nach Nigeria versetzt, und siebeneinhalb Jahre später siedelte die Familie für Nestlé nach Kairo über. Sarah, die Nachzüglerin – 1989 in Nigeria geboren –, war damals gerade neun Monate alt.

Der Familie ging es in jedem Land sehr gut, man hatte Koch und Chauffeur, Gärtner und Hausboy, wohnte in klimatisierten Räumen und erfrischte sich im eigenen Swimmingpool. Dort hätte man sich auf einem silbernen Serviertablett Longdrinks servieren lassen können, wenn man auf so etwas Wert gelegt hätte. Aber der ganze Luxus interessierte weder Lotti noch Aziz, veränderte weder sie noch ihn. Im Gegenteil, beide waren sich bewusst, dass sie und ihre Kinder einen hohen Preis bezahlten. Den der Heimatlosigkeit.

Nach fünfeinhalb Jahren Kairo wurde Aziz nach Abidjan gerufen. Lotti wollte um keinen Preis in die Elfenbeinküste. Nicht weil ihr dieses Land nicht gefallen hätte, sondern weil sie nicht schon wieder packen wollte. Sie begann darunter zu leiden, ihrer Familie immer wieder von neuem eine Heimat schaffen zu müssen. Sie wollte sich ihre Wurzeln nicht wieder ausreißen lassen. Sie fühlte sich in Kairo glücklich. Sehr glücklich. So glücklich, dass sie bleiben wollte. Nicht für ein weiteres Jahr oder zwei, nein für immer. Nie mehr weg, das wollte sie.

Mann und Kinder verdauten den erneuten Umzug bestens, Lotti nicht. Sie wurde sehr unglücklich. So unglücklich, dass sie schließlich selbst darüber erschrak. Es war dieses Erschrecken, das sie dazu brachte, endlich doch noch in Abidjan Fuß zu fassen. Sie begann im Mutter-Teresa-Spital Aidskranke zu pflegen. Später ging sie, zusammen mit einem afrikanischen Arzt, in die Slums, um die Ärmsten der Armen medizinisch zu versorgen.

Nicht lange, da bat Lotti Aziz, ihr dabei zu helfen, in Adjouffou, einem der Elendsviertel Abidjans, ein Zentrum für ambulante Behandlungen zu eröffnen. Aziz schrieb Bettelbriefe an andere Direktoren ausländischer Firmen mit Sitz in Abidjan, kaufte mit dem gespendeten Geld ausrangierte Schiffscontainer, ließ für diese Fundamente in den Boden treiben. Das so entstandene Ambulatorium nannte Lotti Centre Espoir, Zentrum der Hoffnung.

Kurz nach dessen Eröffnung im Februar 1999 erhielt Aziz von Nestlé die Nachricht, man brauche ihn – Ironie des Schicksals – in Kairo! Aziz reiste zum Firmensitz nach Vevey, erklärte, warum er unmöglich zurückgehen könne, und Nestlé erklärte ihm, dass man nicht gewillt sei zu diskutieren, denn man brauche ihn in Kairo für den Aufbau einer neuen Firma. Das könne, meinte Aziz, auch ein anderer machen. Das könne, entgegnete man ihm, kein anderer, denn kein anderer mit seinem Format spreche Arabisch.

Aziz überlegte sich zu kündigen, aber das Risiko war ihm zu groß, schließlich würde die Ausbildung der drei Kinder noch einiges kosten.

Lotti und Aziz diskutierten nächtelang und fanden eine Lösung: Aziz würde schon mal nach Kairo reisen, Lotti und die Kinder würden noch so lange in Abidjan bleiben, bis die beiden Älteren ihr Abitur hatten. Nach diesen sechs Monaten siedelten Selim und Sonia, wie schon längst geplant, für ihr weiteres Studium in die Schweiz über und Lotti und Sarah kamen nach Kairo, von wo aus Lotti alle zwei Monate für einen Monat nach Abidjan fliegen wollte.

In der Theorie eine gute Idee. In der Praxis schlicht nicht lebbar. Lotti verlor ihren Lebenssinn, Aziz über zwanzig Kilo an Gewicht. Die Kinder verloren ein glückliches Elternpaar. Eines Tages nahm Aziz Lotti in den Arm und sagte: »Bevor meine Liebe zu dir sich in Hass verwandelt, tu, was du tun musst, und komm dann nach Kairo, wenn du kommen möchtest, und nicht dann, wenn du meinst, kommen zu müssen.«

Sarah war damals neun, und es gab zwei Gründe, warum Lotti sie »verlassen« konnte. Der erste hieß Aziz. Lotti wusste, dass Sarah bei ihm – auch ohne eine ständig präsente Mutter – bestens aufgehoben war. Der zweite Grund war eine Begegnung, die Lotti nicht mehr aus dem Kopf ging und die sich in der Zeit zugetragen hatte, als Lotti noch fest dazu entschlossen war, sich in Abidjan nicht zu verwurzeln.

Lotti war mit Einkäufen nach Hause gekommen. Unter vielem anderem hatte sie drei Kilo Fleisch, zwei Kilo Karotten, zwei Kilo

Zucchetti und zwei Kilo Teigwaren eingekauft, die der Koch zu Tierfutter verarbeiten sollte. Die Familie hatte zwei Hunde, und da Trockenfutter importiert wurde und deshalb sehr teuer war, kamen die Vierbeiner in den Genuss eines für sie alle drei Tage neu gekochten Menüs. Als Lotti die ganzen Waren in die Küche bringen wollte, hielt sie der Wachmann, der rund um das Haus zum Rechten schaute, auf und sagte, es stehe ein kleines Mädchen vor der Tür, das sie sprechen wolle.

Das Mädchen war etwa fünf Jahre alt, es steckte in verdreckten Lumpen und hatte Läuse auf dem Kopf. Es war bis auf die Knochen abgemagert, seine Augen hatten jeden Glanz verloren, seine Haut war mit Mückenstichen übersät. Es streckte, als es Lotti sah, die Hand aus und sagte: »Tanti, ich habe Hunger, hast du mir ein Stück Brot?«

Und »Tanti«, so werden Frauen in Afrika oft genannt, kniete sich zu ihm runter, strich ihm über die Wange und bat es zu warten. Lotti ging in die Küche und kam mit einer mit Lebensmitteln gefüllten Tasche zurück. Die Augen des Mädchens wurden sehr, sehr groß. Vor lauter Überraschung konnte es kaum mehr Adieu sagen. Lotti schaute dem Mädchen lange nach. In ihrem Kopf Fragen. Fragen, die sie nie mehr loslassen sollten: »Warum kriegen Hunde in einem Land, in welchem Kinder verhungern, königlich zu fressen?« Und: »Wer oder was ist dafür verantwortlich, dass ich in der Schweiz geboren wurde und die Mutter dieses Mädchens in Afrika?« Schließlich: »Wie geht man mit unfassbarem Elend um?« Langsam, aber sicher kristallisierte sich dann der alles entscheidende Satz heraus: »Solange man das Elend nicht gesehen hat, ist es okay, sich ihm zu entziehen.«

Sarah, die Jüngste, kam mit dem Entscheid ihrer Mutter, die Welt ein kleines bisschen besser zu machen, von allen inner- und außerhalb der Familie am besten klar. Sie reiste in ihren Ferien nach Abidjan und freute sich ganz einfach, wenn ihre Mutter wieder mal zu Besuch nach Hause kam. Und dann gab es da noch diesen fixen Tag im Jahr, der das Band zwischen Mutter und Tochter immer wieder festigte: der dreißigste Mai. Sarahs Geburtstag. Kein Elend dieser Welt konnte Lotti davon abhalten, diesen Tag in Kairo zu verbringen.

Bald war für Lotti klar, dass sie nicht mehr in der kleinen Wohnung, die sie außerhalb von Adjouffou gemietet hatte, leben wollte, sondern mittendrin im Slum. Aziz zeichnete Pläne und veranlasste, dass das Ambulatorium um einen Stock erhöht wurde. Sobald der kleine Bau fertig war, bezog Lotti die Wohnung, die aus einem schmalen Gang, zwei Zimmerchen, einer Kochnische und einem winzigen Bad besteht. Am Tag arbeitete sie und war zufrieden, an manchen Tagen gar glücklich, aber in der Nacht weinte sie oft. An der Wand hingen Fotos ihrer Familie und ein Brief ihrer Jüngsten. Er endet mit den Worten: »Ich liebe dich, Mama, und ich werde dich immer lieben. Immer! Deine Sarah.«

Drei Jahre nach der Eröffnung des Ambulatoriums sagte Aziz anlässlich eines seiner zahlreichen Besuche bei Lotti, es werde Zeit, ein Spital für die Sterbenden zu bauen. Lotti wusste, dass er recht hatte. Sie fand gut dreihundert Meter vom Ambulatorium entfernt Land. Aziz organisierte den Bau, Lotti gab ihm den Namen: Centre Espoir d'Eux. Ein Wortspiel. Das französische «deux« für zwei bedeutet, wenn man es »d'Eux« schreibt, »für sie«. Für sie, die Aidskranken. Es öffnete sein Tor im September 2002. Zwei Jahre später war klar, dass es ein drittes Zentrum brauchte, ein Waisenhaus. Lotti suchte erneut Land, fand keines und sah nach langem Hin und Her nur eine Lösung: die Aufstockung des Sterbespitals. Aziz übernahm – in seinen Ferien – die Bauführung. Das Centre Espoir trois konnte im Januar 2006 von glücklichen Kindern bezogen werden.

Nicht viele haben Lotti und Aziz eine Chance gegeben, aber die beiden straften alle Lügen und machten das eigentlich Unmögliche möglich: Ehe und Familie sind intakt.

Die schönsten Geschichten enden mit einem simplen Satz: »Und wenn sie nicht gestorben sind, dann leben sie noch heute.« Das Ende dieser Geschichte braucht mehr als einen simplen Satz. Es braucht zwei. Der erste: »Dass Lotti und Aziz sich heute noch lieben, hat damit zu tun, dass die beiden erkannt haben, dass es ohne Freiheit, Respekt und Verständnis keine Liebe gibt.« Der zweite: »Und es hat auch damit zu tun, dass Lotti und Aziz sich bewusst wurden, dass – hätte Lotti nicht das gemacht, was sie tun musste – sie nicht die Frau gewesen wäre, in die sich Aziz vor siebenunddreißig Jahren in einem kleinen Café in der Innenstadt von Genf bis über beide Ohren verliebt hatte.«

Die Vorgeschichte

War es einfach Zufall, dass ich an einem Morgen im Jahr 2002 in unser kleines Fernsehzimmer kam, als unser Sohn Maximilian gerade eine Reportage über eine Schweizerin schaute, die in den Elendsvierteln von Abidjan den Ärmsten der Armen hilft? Ich schaute ein bisschen mit, blieb hängen, setzte mich zu ihm. Als der Film fertig war, fragte er mich: »Mami, gell, das habe ich schon richtig verstanden, diese Frau ist verheiratet und hat Kinder?« Ja, er hatte richtig verstanden. »Diese Frau« war verheiratet und hatte Kinder. Drei.

Ihr Muttersein war der Ausschlag, der mich recherchieren ließ. Einmal im Besitz ihrer Mailadresse, fiel ich mit der Tür ins Haus. »Ich möchte«, mailte ich ihr, »ein Buch über Sie schreiben.« Sie wollte nicht. Dass ich jetzt das dritte schreibe, hat viele Gründe. Die drei wichtigsten:

- Mein Mann und unsere beiden Kinder haben mich in meinem Tun immer unterstützt. Und dies, obwohl sie es nicht gerne sahen, wenn ich »schon wieder« in die politisch sehr unsichere Elfenbeinküste reiste.
- Wir sind Freundinnen geworden, Lotti und ich.
- Mir hat sich eine neue Welt eröffnet, die ich weder vergessen will noch je werde vergessen können.

Diese Welt möchte ich – bevor ich von ihr zu erzählen beginne – in Fakten wiedergeben:

Das Ambulatorium, das Centre Espoir, das erste Zentrum der Hoffnung, wurde im Februar 1999 eröffnet. Pro Tag finden dort durchschnittlich 150 Konsultationen statt, von denen nicht alle

Aids betreffen. Unter vielen anderen Krankheiten werden auch Malaria, Typhus, Durchfall, Infektionen der Haut und der Weichteile behandelt und Wunden versorgt. Seit knapp vier Jahren können Ultraschalluntersuchungen gemacht werden. Im Jahr 2007 kommt dank eines Beitrages der eidgenössischen Direktion für Entwicklung und Zusammenarbeit (Deza) eine Radiologie dazu, wo die Patienten geröntgt werden können. Für Behandlungen von Krankheiten und Unfällen sowie für Operationen, die nicht im Ambulatorium erfolgen können, sondern an Spitäler außerhalb weitergeleitet werden müssen, übernimmt die Stiftung Lotti Latrous die Kosten. Im Jahr 2006 wurden 2960 Aidstests durchgeführt. Davon fielen 32 Prozent positiv aus. Seit Februar 2006 ist das Ambulatorium dank den neu eingestellten Ärzten, die eine Spezialausbildung in Sachen HIV hinter sich haben, zu einem voll einsatzfähigen Aidszentrum geworden. Bis Ende 2006 wurden zu den bereits bestehenden 2000 Dossiers von HIV-Patienten 1000 neue eröffnet. Es wird damit gerechnet, dass jedes Jahr 1000 neue dazukommen. Die Dossiers der HIV-positiven Schwangeren und Kinder sind nicht mit eingerechnet, da diese im Aidszentrum von Dr. Henri Chenal eine noch spezifischere Behandlung erhalten und dort registriert sind. Die Kosten dafür übernimmt die Stiftung Lotti Latrous. Pro Monat werden 1 Tonne Reis, 162 Kilo Säuglingsmilch und 300 Breimahlzeiten verteilt. Jeden Tag erhalten 60 hungernde Kinder, die im Slum wohnen, 2 Deziliter Milch und ein Biskuit.

Das Centre Espoir d'Eux, das zweite Zentrum der Hoffnung – das Sterbespital –, öffnete seine Pforten im September 2002. Im Sterbespital wurden bis Ende 2006 – also in gut vier Jahren – 1186 Patienten behandelt. 68 Prozent von ihnen starben.

Das dritte Zentrum der Hoffnung, das Centre Espoir trois – das Waisenhaus –, konnte im Januar 2006 bezogen werden. Bis Ende 2006 wurden 38 Kinder aufgenommen. Es gibt Platz für mindestens 12 weitere.

Die Kosten für alle drei Zentren belaufen sich inzwischen auf: 6,5 Mio. CFA pro Monat für den Betrieb, 5 Mio. CFA pro Monat für die Löhne. In einem Monat werden Medikamente im Wert von 10,5 Mio. CFA abgegeben. Mit diesen drei Zentren konnten insgesamt 50 Arbeitsplätze geschaffen werden, davon drei für Ärzte.

Lotti arbeitet ehrenamtlich, was sie zum Leben braucht, bezahlt ihr Ehemann Aziz.

Und wenn wir schon bei Fakten sind, hier die neuesten Zahlen von UNAIDS, dem Koordinierungsprogramm der Vereinten Nationen zur Aids-Pandemie-Bekämpfung:

Im Jahr 2006 lebten weltweit 39,5 Millionen HIV-positive Erwachsene und Kinder. 24,7 Millionen davon südlich der Sahara.

Im Jahr 2006 haben sich weltweit 4,3 Millionen Erwachsene und Kinder neu mit dem HI-Virus infiziert. 2,8 Millionen von ihnen leben südlich der Sahara.

Im Jahr 2006 starben weltweit 2,9 Millionen Menschen am tödlichen Virus. 2,1 Millionen davon südlich der Sahara. Das sind rund 5760 Menschen im Tag. Das sind jede Stunde 240 Menschen.

Südlich der Sahara leben nur gerade zwölf Prozent der Weltbevölkerung.

Dass ich ein paar wenige dieser Menschen persönlich kennen lernen durfte, empfinde ich als ein großes Geschenk.

Das Tagebuch

Freitag, 26. Januar 2007

Das Telefon erreicht mich um halb sieben in der Früh. Lotti fällt mit der Tür ins Haus: »Sitzt du?«

»Nein«, gähne ich, «ich liege. Ich liege noch im Bett.«

»Umso besser«, meint sie. Und dann: »Wir sind überfallen worden.« Ihre Stimme ist gefasst, meine versagt. »Hallo«, fragt Lotti, »bist du noch da?«

»Erzähl«, bitte ich. Was sie berichtet, weckt in mir Wut und große Sorge, vor allem Unverständnis.

»Ich ging um neun ins Bett, schlief tief und fest. So gegen vier Uhr morgens hörte ich eine sehr leise, sehr verzerrte Stimme ›Au secours – au secours‹ rufen. Ich stand auf, ging ans Fenster, schaute nach unten. Nestor konnte ich nicht sehen, aber ich konnte – mit Mühe und Not – erkennen, dass es seine Stimme war, die da um Hilfe wimmerte. Sie hatten ihn geknebelt und gefesselt. Um ein Haar wäre ich sofort nach unten gegangen, doch dann fiel mir ein, dass das eine Falle sein könnte. Also blieb ich oben, weckte aber Ouattara mit einem Anruf auf sein Handy und bat ihn, eine Gruppe Männer zusammenzutrommeln und nachzusehen, was mit Nestor los sei.

Es war so: Kurz nach Mitternacht waren sieben Männer über eine Leiter in den Hof eingestiegen. Kalaschnikows im Anschlag. Ich nehme an, sie hatten es auf die Löhne abgesehen, die ich immer am Fünfundzwanzigsten des Monats von der Bank hole, um das

Geld am Sechsundzwanzigsten in bar auszuzahlen. Sie schlugen Nestor zu Boden, fragten, wo ich sei. Er sagte, ich sei nicht da. Sie packten ihn am Haar, rissen seinen Kopf nach hinten, setzten eine Klinge an seinen Hals, drohten, wenn er nicht rede, werde er mit seinem Leben bezahlen. Sie insistierten: ›Wo ist sie?‹ Er behauptete abermals, ich sei nicht da – diesmal hatte er etwas länger Zeit zum Überlegen und erfand eine wunderbare Geschichte. Er behauptete, ich würde immer, wenn der Strom ausfalle – und wir hatten in dieser Nacht wieder einmal keinen Strom –, in der Stadt übernachten. Sie verlangten: ›Dann erzähl uns, wo der dicke Weiße ist.‹« Ich ahne, wie Lotti lächelt, und muss selbst schmunzeln. Der dicke Weiße, das kann nur Yvon sein, wobei, so dick ist er gar nicht.

Yvon ist ein Franzose, der alle drei Monate zwei Wochen bei Lotti verbringt, sich um die Buchhaltung kümmert und ihr überall dort zur Hand geht, wo sie Hilfe braucht. Bis zu seiner Pensionierung arbeitete er in der Elfenbeinküste, danach zog er nach Paris. Ich weiß, dass der Herzkranke bei Lotti jedes Mal Gewicht verliert, nicht weil er hungern müsste, sondern weil sein Körper im tropischen Klima kein Wasser staut, sodass er sogar auf seine Medikamente verzichten kann. Yvon ist froh, Lotti zu haben, und Lotti ist froh, Yvon zu haben. Lotti und Aziz kennen Yvon und seine Frau schon seit über zehn Jahren. Yvon ist, so hat er mir einmal gesagt, im Slum von Adjouffou glücklicher als in der Großstadt Paris. Er vertritt Lotti auch, wenn sie in die Schweiz oder zu ihrer Familie nach Kairo reist. Bei einer dieser Vertretungen musste er mal Geburtshilfe leisten, eine Arbeit, die er sich nie zugetraut hätte. Die Erinnerung an das Erlebnis lässt seine Augen leuchten. Vor Freude, aber wohl auch ein bisschen aus Stolz.

»Hat Nestor Yvon verraten?«, frage ich Lotti.

»Nein. Er hatte den Nerv, zu sagen, wir seien beide nicht im Centre Espoir. Sie haben dann die Apotheke aufgebrochen und sämtliche Medikamente gestohlen. Nestor ließen sie Gott sei Dank am Leben, die Wunde, die sie ihm zugefügt hatten, mussten wir im Spital nähen lassen.«

Ich habe tausend Fragen, aber Lotti will jetzt keine Fragen beantworten, sondern möglichst bald wieder aufhängen, sich um das Wesentliche kümmern. Sie telefoniere, erklärt sie, vor allem deshalb, weil sie möchte, dass ich mir die Reise zu ihr, die ich längst gebucht habe, nochmals überlege. Bevor sie aufhängt, meint sie noch: »Und bitte kein Wort zu Aziz. Bitte!«

Nach dem Gespräch bleibe ich liegen. Froh darüber, dass mein Mann während des Telefonats unter der Dusche stand. Trotzdem will er später wissen, wer da so früh angerufen habe. »Lotti«, sage ich.

»Lotti? Geht es ihr nicht gut?«

»Doch, doch, alles bestens, sie telefonierte aus einer Laune heraus, nichts Wichtiges.«

Dass ich ihm die Wahrheit zunächst verheimliche, hat damit zu tun, dass ich mir zuerst selbst klar werden will darüber, ob ich die Reise für das dritte Buch über diese Frau, die sich für ein Leben im Slum und gegen ein Leben in der Villa entschied, trotzdem antreten werde oder nicht. Mein Mann schaut mich fragend an, bohrt aber nicht weiter.

Was tun? Mein Flug ist für morgen in drei Wochen geplant. Ich werde am 17. Februar fliegen und zwei Wochen bleiben. Ich werde, rechne ich sofort aus, bei der nächsten Lohnauszahlung in Adjouffou sein. Tür an Tür mit Lotti im oberen Stock des ersten Zentrums der Hoffnung. Ich brauche volle zwei Tage, bis ich weiß, was ich tun werde: fliegen!

Aber: Wie bringe ich das Ganze meinem Mann bei? Zu gehen, ohne ihm vom Überfall erzählt zu haben, liegt nicht drin. Ich warte auf den richtigen Moment und schenke ihm Tage später nicht nur ein gutes Glas Wein, sondern auch die Wahrheit ein. Allerdings nur die halbe. Die Kalaschnikows und die Drohung, Nestor die Kehle aufzuschlitzen, lasse ich, ohne rot zu werden, einfach weg. Er sagt, wenn er könnte, würde er mir die Reise verbieten, dann nimmt er mich in den Arm: »Bleib, reise später, das dritte Buch rennt dir nicht davon.«

»Frank«, erkläre ich, »später bricht der Krieg vielleicht wieder aus, geht eine Bombe los, wird in Abidjan wie vor kurzem Giftmüll deponiert, gibt es eine Choleraepidemie. Glaub mir, in totaler Sicherheit, aber das weißt du ja selbst, lässt sich Westafrika nicht bereisen, das ist eine Illusion.« Im Übrigen sei es doch so, fahre ich fort, dass »es immer tausend Gründe gibt, etwas nicht zu tun. Aber – ich will da hin. Und ich werde mich durch nichts davon abbringen lassen. Erst recht nicht von ein paar Halunken.«

Er schaut mich lange an, dann nickt er. Frank weiß, dass mir das dritte Buch über Lotti wichtig ist. Er weiß, dass es aus dem Slum von Adjouffou viel Positives zu berichten gibt und dass ich finde, die Menschen, die mit ihren Spenden zu der guten Entwicklung beigetragen haben, hätten es verdient, von den kleinen Erfolgsgeschichten zu lesen, die in dem tiefen Elend ein leuchtender Hoffnungsschimmer sind.

Dass Lotti ihrem Mann Aziz, etwa zeitgleich wie ich meinem, ein Achtel der Wahrheit erzählt und diesen Teil sogar noch ein bisschen geschönt hatte – sie machte aus den Räubern Nachtbuben, die die Apotheke ausgeraubt hätten –, erfahre ich, als ich sie anrufe, um ihr zu sagen, dass ich mich entschlossen hätte zu kommen. Ihre ehrliche Freude verscheucht meine letzten Bedenken und macht mir klar, dass sie meinen Besuch dieses Mal vielleicht sogar braucht.

Die Reise trete ich dann trotzdem mit sehr gemischten Gefühlen an. Bauch und Kopf sind sich gar nicht einig. Es ist mein Herz, das mich die Sache durchziehen lässt. Von dem Überfall wissen weder meine Kinder noch meine Eltern und schon gar nicht die Schwiegermutter. Würde etwas passieren, so habe ich es mit meinem Mann abgemacht, würde er mein Schweigen rechtfertigen. Die Wahrheit zu verheimlichen, war allerdings nicht ganz so einfach, denn meine achtzehnjährige Tochter Lina hatte zehn Tage vor meinem Abflug wie aus dem Nichts heraus die absolut fixe Idee, mich zu begleiten. Das gehe unmöglich, sagte ich, worauf sie meinte, das gehe sehr wohl, sie nehme einfach Ferien. Mit der Behauptung, das Flugzeug sei bestimmt schon längst bis auf den letzten Platz ausgebucht, glaubte ich, sie schachmatt gesetzt zu haben. Weit gefehlt! Eine Stunde später teilte sie mir freudestrahlend mit, sie habe bei Air France noch einen Platz bekommen und diesen bereits reservieren lassen!

»Zu teuer«, legte ich mein Veto ein und warnte sie: »Denk bloß an die Impfungen, die du noch machen müsstest, Gelbfieber, Typhus, Diphtherie, Cholera, und dann bräuchtest du noch eine Malariaprophylaxe und – und das kriegst du in dieser kurzen Zeit nie hin – ein Visum!«

Seelenruhig schaute sie mich an: »Ich schaffe das.«

Es wäre einfach gewesen, ihr zu sagen, warum ich sie um keinen Preis dabeihaben wollte, aber den Sorgen, die sie sich dann gemacht hätte, wollte ich sie nicht aussetzen. Den Wind aus den Segeln nahm ihr erst mein Argument, ich müsse mich voll auf meine Arbeit konzentrieren können.

Samstag, 17. Februar 2007

Nachdem mich die Einreiseformalitäten fast eine Stunde gekostet haben, warte ich nochmals fünfzig Minuten auf die beiden Koffer. Willkommen in Afrika! Bei der Zollkontrolle glaube ich, ich hätte den Beamten mit meinem Lächeln und einem offenen Blick ausgeschaltet. Negativ. Im letzten Moment winkt er mich zu sich, bittet darum, die beiden Schalenkoffer zu öffnen. Ich beginne mit dem größeren, denn der ist vollgepackt mit Kinderspielzeug, und ich überlege mir schon, welches ich ihm anbieten könnte, damit er mich möglichst ungeschoren davonkommen lässt.

Aber ich habe mich getäuscht, er will weder bestochen werden, noch will er mich lange kontrollieren. Kaum habe ich den großen Koffer offen, bittet er mich, ihn wieder zu schließen und ihm den kleinen zu zeigen. Also hieve ich den großen von der und den kleinen auf die Ablage, schließe ihn auf und – kann ihn nicht öffnen. Irgendetwas klemmt, ich heble an den Verschlüssen, lege mein ganzes Gewicht drauf, kriege den einen Schnappverschluss aber nicht auf. Der Zollbeamte – ein recht großer, leicht übergewichtiger Mann – versucht ein bisschen zu helfen, allerdings mehr zur Show, und meint dann, ich solle es gut sein lassen und gehen. Und was tue ich? Das Dümmste, was man in so einem Moment tun kann: Ich bestehe darauf, meinen Koffer zu öffnen. Nicht so sehr, um ihm zu beweisen, dass ich keine Schmugglerin bin, als vielmehr, um die Gewissheit zu haben, dass sich der Koffer öffnen lässt, schließlich liegen da nicht nur die großen Taschenlampen drin, die ich für Lottis Wachmänner mitgenommen habe, sondern auch die kleinen feinen Injektionsnadeln für die Kleinsten. Dr. Ruedi Leuppi hat sie mir mitgegeben, ein Urologe aus Zug, der in der Elfenbeinküste in einem Krankenhaus in Dabou eine urologische Station aufbaut. Also heble und wuchte und drücke und ziehe und stoße ich, bis das Schloss endlich doch noch aufspringt.

Der Zöllner tastet alle vier Ecken ab, bedeutet mir dann mit einem Kopfnicken, zusammenzupacken, und kümmert sich um seinen nächsten Kunden. Dass ich den Koffer nun nicht mehr zukriege, entlockt ihm ein müdes Grinsen. Bis es endlich geschafft ist, bin ich – trotz Klimaanlage, die für einmal perfekt funktioniert – nass geschwitzt.

In der Empfangshalle lächelt mich Lotti an – bleich.

»Bist du krank oder sauer, dass du so lange warten musstest?«

»Ich hab das Warten genossen, habe einen Kaffee getrunken und die Menschen beobachtet.«

»Also, bist du krank?«

»Malaria«, sagt sie.

»Wieder einmal?«

»Wieder einmal. Komm, wir gehen, ich bin hundemüde.«

Auf der kurzen Fahrt nach Adjouffou reden wir nicht. Sie weiß, dass ich, um anzukommen, staunen, riechen, fühlen, hören muss. Kleine Feuer fressen Löcher in die dunkle Nacht, darüber wird

Huhn oder Fisch gegrillt. Die Luft ist schwer und feucht und wird für einmal nicht von unangenehm lauter und scheppernder Musik, die aus kaputten Boxen kommt, durchdrungen – Stromausfall, mal wieder –, sondern ist erfüllt vom Singen und Lachen der Menschen. Auf der Hauptstraße herrscht dasselbe laute Chaos wie immer. Ich schließe das Fenster, öffne es aber sogleich wieder, als Lotti mir erklärt, die Klimaanlage ihres Autos sei kaputt.

Viel eher als erwartet, verlangsamt Lotti die Fahrt, um nach Adjouffou abzubiegen.

»Die Straße weiter vorn«, erklärt sie, »ist so ausgewaschen, da ist kaum mehr ein Durchkommen.«

Als wir auf das Ambulatorium zuholpern, öffnet ein kleiner Mann das große orangefarbene Tor.

»Das ist Nestor«, erklärt Lotti, und ich bin baff. Ich habe mir den Nachtwächter, der lieber gestorben wäre, als seine Chefin einer Bande von Verbrechern auszuliefern, größer, viel größer, und vor allem muskelbepackt vorgestellt und sehe nun einen zerbrechlich wirkenden Mann, der keine eins sechzig sein dürfte.

Lotti fährt in den Innenhof, im Licht der Scheinwerfer sehe ich die Schiffscontainer, die U-förmig zum Tor hin aufgestellt sind und in denen Ärzte, Krankenschwestern, Lotti und inzwischen auch Sozialarbeiter durchschnittlich bis zu hundertfünfzig Menschen pro Tag, Babys, Kinder, Jugendliche, Männer und Frauen, medizinisch versorgen und sozial betreuen.

Ich steige aus, falle – nachtblind, wie ich bin – in der schieren Dunkelheit geradewegs in Ouattaras Arme. Ouattara ist der Mann, der tagsüber für Ruhe und Ordnung im Zentrum sorgt und uns offenbar eintreffen hörte. Er wohnt mit seiner Familie gleich neben dem Ambulatorium und freut sich riesig, mich zu sehen. Nachdem wir uns links und rechts und nochmals links geküsst haben und er mir das schöne »Bonne arrivée«, das ich morgen wieder und wieder hören werde, gewünscht hat, foppe ich ihn etwas und sage, wie schön ich es fände, dass er nun doch nicht ausgewandert sei. Er lacht verschmitzt und versichert, er habe sich entschieden, meinem

Rat zu folgen und zu bleiben. Ouattara hatte einmal den Wunsch geäußert, auszuwandern, weg von Afrika, nach Europa. Am liebsten nach London! Dass man dort Englisch spricht, glaubte er mir anfangs nicht. Dass seine andere Wunschdestination, Paris, im Winter so kalt ist, dass man auf der Straße erfrieren kann, erst recht nicht. Dafür ließ er sich im Nu davon überzeugen, dass er hier einen Job aufgeben würde, wie er ihn in Europa so schnell wohl kaum mehr finden würde.

Ouattara lässt es sich nicht nehmen, meine beiden Koffer über die steile Treppe zu den Zimmern hinaufzutragen, und während er dies tut, stellt Lotti mir die Männer vor, die etwas abseits darauf warten, mich zu begrüßen: Nestor, Abbass und Frank. Ich weiß aus Lottis Mails, dass sie nach dem Überfall gehandelt hat und nicht nur Abbass, der vorher arbeitslos war und auch im Slum lebt, sondern auch noch Frank, einen offiziellen Wachmann einer Sicherheitsfirma, anstellte. Frank hat auf seinem Funkgerät einen roten Knopf, den er im Notfall drücken kann, worauf innerhalb von zehn Minuten eine ganze Armada von bis an die Zähne Bewaffneter eintreffen sollte. Ich hoffe, dass dies nie bewiesen werden muss. Frank ist jung und kräftig und groß und hat nicht nur das Funkgerät mit dem roten Knopf, sondern auch noch eine Pistole an seinem Gurt und trägt eine schusssichere Weste.

Dass die Sicherheitsfirma, wie sich später herausstellen wird, Lotti nie eine Rechnung stellt, ist eine Überraschung, die sie sehr freut.

Als weitere Sofortmaßnahme hat Lotti sich dazu durchgerungen, Geld auszugeben, um für das Ambulatorium eine Notstromanlage zu kaufen, die vor ein paar Tagen in Betrieb genommen wurde. Sie läuft momentan noch nicht, denn Lotti erwartet einen eventuellen Überfall nicht vor Mitternacht, also entschied sie sich, die Anlage – um Geld zu sparen – bei einem Stromausfall erst nach zwölf anzuwerfen.

Im schwachen Lichtschimmer meines Handys steige ich also die Treppe in den ersten Stock hoch und werde von Lotti damit überrascht, dass sie mir für die nächsten Tage ihr Zimmer überlässt. Sie dulde, macht sie sofort klar, keine Widerrede, sie schlafe im Zimmer von Yvon, das gleichzeitig auch Büro ist. Lotti zündet zwei Rechaudkerzen an, damit ich etwas Licht habe, um das Nötigste auszupacken. Außerdem meint sie, sie würde gerne noch etwas essen, und schlägt Spaghetti mit Nierchen und »Flag« – das wunderbare Bier der Elfenbeinküste – mit Tonic vor.

Ich sage nicht Nein, und während ich aus dem einen Koffer die großen Taschenlampen auspacke, was mich im Moment am wichtigsten dünkt, holt sie Bier und Tonic, während Nestor in einem nahe gelegenen Kiosk, wie hier die kleinen Restaurants genannt werden, das Essen besorgt. Abbass und Frank tragen derweil einen Tisch in die Mitte des Hofes und stellen eine Kerze drauf. Ich bringe erst Besteck und Gläser runter, dann die Taschenlampen, drücke jedem der drei Wachmänner eine in die Hand und erkläre, ich hätte die ganz großen gewählt, weil sie deren Griff auch als Schlagstock verwenden könnten. Und während Lotti und ich Spaghetti mit Nierchen essen und auf die kommenden Tage anstoßen, probieren die drei Männer mit heller Begeisterung die Taschenlampen und – mit Schlägen in die Luft – auch deren Griffe aus.

Vor dem Hof hupt ein Auto, ein anderes gibt Antwort, ansonsten ist es – abgesehen von den Stimmen der Menschen, die draußen am Ambulatorium vorbeigehen – still. Nicht mal Grillengezirpe, nicht der kleinste Hauch von Wind, der die Blätter des Sonnenschirmbaumes im Hof rascheln lassen könnte. Aber auch keine scheppernde Musik. Vier Wochen später wird die Slumbevölkerung von diesem Dauerzustand, stundenweise keinen Strom und damit kein Licht zu haben, die Nase so voll haben, dass sie demonstrieren wird. Was die Polizei nicht dulden, sondern mithilfe von Tränengaseinsätzen im Keim zu ersticken versuchen wird. Lotti wird sich – zusammen mit ihren Patienten – bei diesen Ausschreitungen in die Container zurückziehen, Türen und Fenster mit Tüchern abdichten und darauf warten, dass sich das Gas verflüchtigt. Aber davon wissen wir noch nichts.

Während wir essen, fällt mir auf, wie sehr die Malaria Lotti zusetzt, sie mag kaum sprechen, und allzu viel Neues haben wir ja auch nicht auszutauschen, da sie mich per Mail mehr oder weniger auf dem Laufenden hielt. Darüber zum Beispiel, dass der kleine Emanuel, der im Gefängnis geboren wurde, zu stottern begann, eine Logopädin ihm dies aber wieder abgewöhnen konnte. Darüber, dass Christ und Willy auch schon um drei Uhr morgens Rechenaufgaben erledigt haben – »weil wir halt nicht mehr schlafen konnten« – und Yusuf die Frage seines Erstklasslehrers, was er denn gerne mal werden möchte, wie folgt beantwortete: »Arzt.« Um nach einer Pause mit ernster Miene hinzuzusetzen: »Bei Lotti.«

Dass wir nicht allzu viel reden, liegt aber auch daran, dass wir uns heute Abend mit dem Thema Überfall die Wiedersehensfreude nicht verderben wollen. Im Übrigen haben wir längst abgemacht, dass ich Nestor zu dieser Nacht interviewen werde, falls er damit einverstanden ist. Ich erwähne dann aber doch noch, dass es mich erstaune, wie klein und geradezu schmächtig Nestor sei, worauf Lotti lächelt und meint: »Genau dasselbe haben die Banditen zu ihm auch gesagt. Sie fragten ihn, wie es komme, dass Madame Lotti – stell dir vor, die kannten meinen Namen –, also, wie es komme, dass ich einen so kleinen, dürren Hampelmann als Nachtwächter angestellt hätte, der erst noch keine Verstärkung habe, sondern ganz allein sei. Nestor bewies abermals Geistesgegenwart und auch Mut. Ziemlich vorlaut meinte er, das liege ja wohl auf der Hand, das sei eben genau deshalb so, weil es hier nichts zu holen gebe, so einfach sei das. Die Antwort kam postwendend in Form einer schallenden Ohrfeige. Der Arme hat einiges durchgemacht in dieser vermaledeiten Nacht.«

Lotti isst nicht mal die Hälfte ihrer Spaghetti, trinkt auch ihr Bier nicht aus. Sie beruhigt mich: »Mach dir mal keine Sorgen, ich habe erst gestern mit dem Malariamittel begonnen, das wird schon wieder, aber ich gehe jetzt doch lieber ins Bett.«

Bevor sie die Treppe hochsteigt, schaltet sie den Generator ein, freut sich über sein Rattern und das Licht, das das Ambulatorium nun erhellt, mindestens genauso, wie sich die Wachmänner über die Taschenlampen gefreut haben. Und ich, ich freue mich eine Viertelstunde später darüber, dass Aziz bei seinem letzten Besuch darauf bestanden hat, eine Wasserpumpe einzurichten, die dank dem Generator das kühle Nass auch dann in den ersten Stock befördert, wenn es im Slum keinen Strom gibt. Der schiere Luxus, den mir nicht mal die handtellergroße Kakerlake, die über den Boden flitzt, vermiesen kann.

Auf meinem – also eigentlich auf Lottis – Nachttisch stehen kleine weiße Blumen. Irgendwie ist es jedes Mal ein bisschen wie Heimkommen.

Sonntag, 18. Februar 2007

Die Vorfreude, ins Sterbespital hinunterzugehen, um die Kinder und die Belegschaft zu begrüßen, treibt mich schon um sechs aus dem Bett. Ich bin aber nicht die Erste, die so früh aufsteht. Lotti kommt bereits die Treppe hoch. In der einen Hand trägt sie eine Tüte mit einer Dose Nescafé und einer Baguette, mit der anderen hält sie sich am Geländer dieser unheilvoll steilen Treppe fest. Mir kam und kommt jedes Mal, wenn ich sie hochsteige, das Wort »anseilen« in den Sinn. Wie gefährlich sie ist, zeigte sich vor gut einem Jahr, als Lotti auf den nassen Stufen – es hatte gerade monsunartig geregnet – ausglitt und holterdiepolter hinunterfiel. Ihr Allerwertester habe, schrieb Lotti damals in einer Mail, ausgesehen wie eine Aubergine.

Lotti ist sich sicher, dass es neben Nestor auch diese Treppe war, die sie in der Nacht vom 25. auf den 26. Januar vor größerem Unheil bewahrt hatte, denn: »Afrikaner haben Angst vor Höhe.«

Ich schaue sie prüfend an: »Ist das nicht eine grobe Verallgemeinerung, Madame?«

»Du meinst, politisch nicht ganz korrekt? Vergiss es, manche Dinge sind einfach, wie sie sind, und die Erfahrung hat mich gelehrt, dass Afrikaner Höhe nicht mögen.«

So habe ich das noch nie gehört und auch noch nie selbst bemerkt, aber mir kommt ein Buchtitel in den Sinn: »Die Ökonomie der Hexerei oder warum es in Afrika keine Wolkenkratzer gibt.« Ein über vierhundertseitiges Werk des Ethnologen David Signer, der sich aufs Intensivste mit Afrika und seinen Kulturen auseinandergesetzt hat. Ich werde ihn nach meiner Rückkehr zum Thema Afrikaner und Höhenangst befragen, und er wird sagen: »Wenn ich mit befreundeten Afrikanern in die Berge gehe, fällt mir tatsächlich auf, dass sie die Höhe nicht sehr mögen. Das hat wohl vor allem damit zu tun, dass sich ein Afrikaner Berge nicht gewohnt ist.«

Auf meine Frage, was es mit dem Wolkenkratzer in seinem Buchtitel auf sich habe, meint er: »Ein Freund in Burkina Faso fragte mich einmal: ›Weißt du, warum es in Afrika keine Wolkenkratzer gibt?‹ ›Nein‹, sagte ich. Worauf er mir folgende Geschichte erzählte: ›Auch in der westlichen Welt gab es ursprünglich nur kleine Hütten, bis einmal einer ein zweistöckiges Haus baute. Sein Nachbar wollte ihn übertrumpfen, deshalb baute er ein dreistöckiges, dessen Nachbar ein vierstöckiges, und so weiter, bis die Rivalität schließlich die Wolkenkratzer hervorbrachte. Baut hingegen ein Afrikaner eine zweistöckige Hütte, werden seine Nachbarn nicht eine dreistöckige bauen, sondern ihn für einen Wichtigtuer halten. Für einen Prahlhans, der mit Hexerei bestraft werden muss. Und davor hat er Angst, also lässt er es bleiben.‹«

»Ich mache mir jetzt Kaffee, möchtest du auch einen?«, fragt Lotti.

Früher ging Lotti, um zu frühstücken, immer zum nahen Kiosk, wo es aus einer Glasschale Kaffee mit gesüßter Kondensmilch oder schwarzen Kaffee aus einem Plastiktässchen zu trinken gibt. Seit ihr zu Ohren gekommen ist, dass HIV-Positive dort oft nicht bedient werden, hat sie damit aufgehört.

»Ich hätte schon gerne Kaffee, Lotti, aber lieber später, jetzt möchte ich eigentlich nur eines: möglichst schnell ins Sterbespital runter und die Kinder in den Arm nehmen. Meinst du, sie kennen mich noch?«

»Wir werden sehen. Weißt du was, wir frühstücken im Sterbespital. Lass uns gehen.«

Als ich ins Auto steigen will, winkt sie ab. Sie habe sich angewöhnt, zu Fuß zu gehen, erklärt sie, was nicht nur den Hühnern des Slums, sondern auch ihrer Gesundheit zugute komme. Apropos Gesundheit: »Gehts dir besser, Lotti?«

»Nein.«

Das mit den Hühnern ist ein kleiner Seitenhieb an meine Adresse, weil ich bei den vorangegangenen Besuchen immer fürchtete, dass Lotti mit ihrem eher forschen Fahrstil eines dieser total verdreckten, sehr dünnen Federviecher überfahren würde, die gackernd durch den Slum staksen, im Dreck picken und eines schönen Tages über irgendeinem Feuer landen.

Auf dem Weg vom Ambulatorium ins Sterbespital sehe – nein, es ist viel mehr ein Spüren –, spüre ich sofort, dass sich einiges verändert hat. Ein Slum, möchte man meinen, ist ein Slum – dass dem nicht so ist, habe ich längst erfahren. Es gibt Armut und es gibt Armut. Um die Bandbreite dazwischen zu erklären, braucht es folgenden, vielleicht etwas gewagten Vergleich: Die Slums können sich derart voneinander unterscheiden, wie sich bei uns ein Villenquartier von einer Blocksiedlung unterscheidet.

Adjouffou gehörte einst zu den »besseren« Elendsvierteln, aber offensichtlich hat sich dies geändert. Die Verwahrlosung hat zugenommen, in der Luft liegt nicht nur der Gestank des überall herumliegenden Abfalls, sondern auch eine Mischung aus Perspektivenlosigkeit, stiller Wut und Resignation, die die Atmosphäre vergiftet. Es ist Sonntag und erst halb sieben, es sind noch nicht viele Menschen unterwegs, aber die, die ich sehe, sind müde. Nicht aus Schlafmangel, die Müdigkeit sitzt viel tiefer. Die Slumbewohner sind des Lebens – dieses Lebens – müde.

Lotti sieht mich von der Seite an, meint: »Du nimmst es also wahr, dass vieles anders ist?« Ich nicke nur. »Früher«, erklärt sie, «lebten hier etwa zwanzigtausend Menschen, inzwischen sind es durch den wirtschaftlichen Niedergang des Landes über vierzigtausend. Fast die Hälfte der Einwohner der Elfenbeinküste hat heute pro Tag weniger als einen Dollar zur Verfügung, vierzig Prozent sind arbeitslos. Die Menschen haben Hunger, sie werden krank. Sie haben keine Aufgabe und dadurch keine Struktur mehr. Sie haben viel Zeit und finden keine Ruhe. In den Industriestaaten machen sich viele Menschen darüber Sorgen, wie es ihnen in ein paar Jahren geht, hier ist ›in ein paar Jahren‹ etwa so weit weg wie die Sonne von der Erde. Hier liegt die Zukunft im nächsten Tag. Stimmt nicht! Sie liegt noch näher. Hier sorgen sich die Menschen, wenn sie am Morgen aufstehen, darüber, ob vor dem Sonnenuntergang wenigstens ihre Kinder etwas zwischen die Zähne gekriegt haben.«

»Manchmal ist es zum Davonlaufen?«

Jetzt ist es Lotti, die nickt. Nach einer Weile sagt sie: »Aber weißt du, davonzulaufen wäre viel zu einfach. Im Übrigen – was würde ich dann tun?«

»Rosen züchten!«

Lotti kriegt einen Lachanfall, der ihr – wohl auch wegen der Malaria – Schweißtropfen auf die Stirn treibt. Die Stimmung ist nicht mehr ganz so düster. Trotzdem: Bin ich nicht hergekommen, um davon zu berichten, wie viel besser es hier geht? Und jetzt das! Ich habe diesen Gedanken nicht ausgesprochen, doch Lottis Reaktion zeigt mir, dass wir uns nach wie vor ohne viele Worte verstehen: »Keine Bange, es ist einiges sehr viel besser geworden.« Dann meint sie verschmitzt: »Du wirst schon bald sehen.«

Stimmt! Kaum sind wir um die Ecke gebogen, steht die positive Veränderung haushoch vor mir. Das Sterbespital – um einen Stock höher! Alles in einem blassen Gelb frisch gestrichen. Aus den offenen Fenstern dringen helle Stimmen. HIV-positive Kinder sind früh wach, denn die erste Ration ihres Medikamentencocktails müssen sie pünktlich um sieben Uhr einnehmen. Und diejenigen, die als Begleiterscheinung ihrer HIV-Infektion noch an Tuberkulose leiden, müssen ihre ersten Medikamente sogar schon um sechs Uhr schlucken. Auch an einem Sonntag. Immer.

Das eiserne Tor des Ambulatoriums ist orange, das eiserne Tor des Sterbespitals, das jetzt auch ein Waisenhaus ist, ist braun gestrichen. Ich klopfe den vor Schmutz schwarzen Sand des Slums an der Betonmauer von den Schuhen, stoße das Tor auf, sehe als Erstes einen Hasen, der durch den Hof in den Schatten des riesig gewordenen Sonnenschirmbaumes hoppelt. Und ich sehe Jean-Baptiste. Er kommt auf mich zu, nimmt mich in den Arm. »Bonne arrivée!« Sein Lächeln ist breit. Unglaublich, wie dieser Mann sich verändert hat.

Kennen gelernt habe ich ihn bei meinem zweiten Besuch, vor knapp vier Jahren. Er war als Putzmann eingestellt. Ein stattlicher Mann, der aber in sich zusammengefallen und dadurch so unscheinbar geworden war, dass er mir erst auffiel, als Lotti ihn in einer spontan einberufenen Sitzung fragte, ob er Pfleger werden wolle. Es waren die anderen Pfleger, die – nachdem YaYa, der Jüngste von ihnen, die Lastwagenchauffeurprüfung bestanden und gekündigt hatte – ihn als seinen Nachfolger vorgeschlagen hatten. Auf Lottis Frage zog Jean-Baptiste die Augenbrauen zusammen und antwortete mit einer Gegenfrage: »Wann soll ich beginnen?« So schnell, meinte Lotti, gehe es nicht, sie möchte, dass er sich gut überlege, ob er sich tatsächlich darauf einlassen wolle.

Sie sagte: »Nur ein Beispiel, Jean-Baptiste, Windeln zu wechseln, ist ein technischer Akt, dabei aber seinen Ekel nicht zu zeigen, das Würgen im Hals zu unterdrücken, wenn der Geruch einem in die Nase steigt, das ist etwas anderes und sehr viel schwieriger. Nehmen Sie sich Zeit, zu entscheiden, ob Sie das können, ob Sie die Kranken waschen, eiternde Wunden sehen und Tag für Tag Tote aus den Zimmern tragen können.«

Er antwortete: »Ich brauche es mir gar nicht zu überlegen, denn ich denke, ich kann das. Und ich möchte es versuchen. Im Übrigen habe ich schon längst begriffen, dass Sie Wert darauf legen, dass die Pfleger sich vorstellen, sie selbst seien es, die todkrank im Bett liegen. Oder aber es seien die eigenen Töchter und Söhne, die eigenen Väter und Mütter, die eigenen Männer und Frauen, die – bis auf die Knochen abgemagert – auf Hilfe angewiesen sind.«

Lotti insistierte: »Wir pflegen Menschen, die schwierig sind. Nicht allein wegen der Schmerzen, die sie aushalten müssen. Viele von ihnen waren im Gefängnis, sind Verbrecher! Wir haben Männer hier, von denen ich ganz genau weiß, dass sie ihre Frauen geschlagen haben, und trotz allem sind sie bei uns willkommen. Bei uns werden alle gleich behandelt.«

Jean-Baptiste, der auf einer Schachtel Windeln saß, stand auf, sagte: »Madame Lotti, lassen Sie es mich bitte versuchen.«

Lotti hat einen ziemlich harten Kopf: »Nur unter der Bedingung, dass Sie mich sofort informieren, wenn Sie merken, dass es nicht geht.«

In diesem Moment veränderte Jean-Baptiste seine Haltung. Er streckte den Rücken durch, hob den Kopf, setzte einen Punkt: »Ich bin vierundfünfzig, vergessen Sie das nicht.«

Während Lotti in die Küche geht, um unseren Kaffee zu bestellen, setze ich mich mit Jean-Baptiste auf die Bank vor dem Frauenzimmer: »Sie sehen blendend aus, es scheint Ihnen gut zu gehen.«

Er lächelt: »Ich kann nicht klagen, ich habe eine Arbeit, ich habe eine Frau, mit der ich seit zweiunddreißig Jahren zusammen bin, mein Lohn reicht für uns und all unsere Kinder, die zwar längst erwachsen sind, aber keine Arbeit finden. Und ich bin sehr stolz, Teil dieses Gefüges hier zu sein. Madame Lotti hat mit acht Mitarbeitern begonnen, heute sind es fünfzig. Ich bin einer davon, und das ist wunderbar.« Dann lacht er laut: »Und dank dem Umstand, dass in meinem Pass nicht mein wahres Alter steht, werde ich hoffentlich noch lange nicht in Pension geschickt.«

Er muss mir die Sache mit dem wahren Alter und dem geschönten Alter nicht erklären, so gut kenne ich Afrika bereits, dass ich weiß: Man nimmt es damit nicht so genau. Das hat aber nichts mit Eitelkeit zu tun – im Gegenteil, alt zu sein, ist in Afrika eine Auszeichnung –, sondern damit, dass die Kinder, die – aus welchem Grund auch immer – nicht zum richtigen Zeitpunkt eingeschult werden können, bei einem eventuellen späteren Eintritt einfach jünger gemacht werden.

Als Lotti mit dem Kaffee kommt, steht Jean-Baptiste auf, macht sich an die Arbeit. Und ich? Ich sitze wie auf Kohlen, möchte endlich zu den Kindern rauf, aber den heißen Kaffee stehen lassen? Unmöglich, denn schon kommt die neue Köchin und fragt, ob er gut sei. Um mir die Lippen nicht zu verbrennen, nippe ich ein bisschen und weiß sofort – er ist grässlich. »Haben Sie ihn gesüßt?«

»Ein bisschen«, meint sie.

Ein bisschen? Der Kaffee ist so süß, dass sogar Lotti ihn stehen lässt, und das will etwas heißen. Mir solls recht sein, nachdem wir uns wortreich entschuldigt haben, gehts über eine Steintreppe, die jeder venezianischen Villa Ehre machen würde, ab in den ersten Stock, rauf zu den Kindern.

Die, die ich von früher kenne und die trotz ihrer Aidserkrankung heute noch leben, lassen sich an einer Hand abzählen: Es sind Emanuel, der im Gefängnis geboren wurde, Christ, der, wann immer ich ihn sah, aß, Willy, der um ein Haar an seiner Tuberkulose gestorben wäre, Yusuf, dessen Mutter ihren letzten Atemzug erst machte, nachdem Lotti ihr versprochen hatte, sie würde ihn bei sich aufnehmen, als wäre er ihr eigener Sohn, und Moussa. Sie alle sind an Aids erkrankt und müssen Medikamente einnehmen.

Moussa, dessen Eltern noch leben und die – genau wie seine vier Geschwister – negativ sind, ist nicht mit dem Virus zur Welt gekommen, sondern bei einer öffentlichen Beschneidung infiziert worden. Dass er bei Lotti lebt, hat er dem schlimmen Verhalten der Nachbarn zu verdanken, die ihn mieden wie die Pest, als sie erfuhren, woran er leidet. Zu Hause war er ein Aussätziger, hier ist er das, was alle inzwischen achtunddreißig Kinder sein dürfen: herzlich willkommen – daheim!

Dass Moussa oben an der Treppe auf mich wartet, wundert mich. Ich habe den Sechzehnjährigen früher als eher scheu empfunden, seine Schüchternheit aber scheint er abgelegt zu haben. Er ist groß geworden und noch hübscher, als er schon war. Mit einem festen Händedruck und einem offenen Blick begrüßt er mich, wünscht mir ein »Bonne arrivée« und wendet sich dann an Lotti, um sie darum zu bitten, nicht zu vergessen, heute die Anmeldung für den Kung-Fu-Kurs auszufüllen. Lotti sagt: »Das erledigen wir jetzt gleich, komm, wir holen den Zettel«, und macht rechtsumkehrt. Moussa folgt ihr auf dem Fuß. Kung-Fu? Egal, ich habe keine Zeit, mir Gedanken darüber zu machen, denn durch den langen Gang stürmt ein Wesen auf mich zu, das ich an seinem unverkennbaren Lachen sofort als Emanuel identifiziere, auch wenn aus dem einstigen Kleinkind ein veritabler Schlingel geworden ist.

Schwupp, schon habe ich ihn in den Armen, drehe mich im Kreis. Damit habe ich nicht gerechnet, dass er mich wiedererkennt. Als wir uns das erste Mal begegnet sind, war er knappe zwanzig Monate alt. Dass er mich nicht vergessen hat, mag daran liegen, dass ich mich auch bei meinen späteren Besuchen immer intensiv mit ihm abgegeben habe, zum einen wegen seiner Ausstrahlung, zum andern aber auch wegen seiner traurigen Geschichte. Seine Mutter hatte ihn im Gefängnis geboren. Sie wusste, dass sie Aids hatte, sie wusste auch, dass sie ihn nicht stillen durfte, weil das HI-Virus auch über die Muttermilch weitergegeben wird. Aber in afrikanischen Gefängnissen bekommt keiner gratis zu essen. Noëlle, so hieß Emanuels Mutter, verdiente sich ihr Essen mit dem Frisieren anderer Frauen. Geld für Milchpulver blieb keines. Dass sie aus dem Knast kam – Emanuel war achtzehn Monate alt –, ist dem Umstand zu verdanken, dass die Polizei endlich ihren Mann schnappte, der Geld unterschlagen hatte und für den sie stellvertretend eingesperrt worden war. So zumindest erzählte sie das. Dass sie nach ihrer Entlassung von Lotti hörte, war eine glückliche Fügung, die aber leider – zumindest für sie – zu spät kam.

Der Verlauf ihrer Krankheit konnte nicht mehr aufgehalten werden. Noëlle starb und mit ihr um ein Haar auch Emanuel, der in seinen ersten Lebensmonaten eine äußerst intensive Bindung zu ihr aufgebaut hatte. Nicht weil sie das so gewollt hätte, sondern weil er nichts außer seiner Mutter hatte. Kein anderes Kind, kein Spielzeug, keine Musik, kaum Licht. Emanuel wurde in eine Welt von rasselnden Ketten, schreienden Menschen und ruppigen Wärtern hineingeboren. Dass er heute lebt, ist dem Umstand zu verdanken, dass Lotti das Risiko in Kauf nahm, ihn zu verlieren.

Der Kleine, der an Körper und Geist litt, brauchte, um zu überleben, viel Liebe, die konnte ihm Lotti geben, aber er brauchte auch dringend die Dreifachtherapie gegen seine Aidserkrankung. Aber die wollte ihm Dr. Henri Chenal, ein weißer Arzt, mit dem Lotti eng zusammenarbeitet, partout nicht verabreichen. »Vergiss es, Lotti«, sagte Chenal kategorisch: »Emanuel ist zu schwach – viel zu schwach! – für eine solche Rosskur.«

Chenal wusste, wovon er redete. Er ist selbst HIV-positiv. Angesteckt hat er sich bei einer Operation. Er, der Chirurg, schnitt sich, das Blut des Patienten vermischte sich mit seinem. Von Aids wusste man damals noch nichts. Jahre später wurde seine Frau krank, und nachdem man sie getestet hatte, testete man auch ihn, suchte in den Operationsunterlagen. Fand den Zwischenfall und den HIV-positiven Patienten. Seither ist der Operationssaal für Chenal, dessen Frau kurz darauf starb, tabu, und er begann sich mit Akribie, viel Herzblut und einem enormen, kräftezehrenden Engagement für das zu interessieren, womit er bis anhin nicht das Geringste zu tun haben wollte.

Von der Immunschwäche war am 5. Juni 1981 erstmals die Rede. In einem amerikanischen Fachartikel wurde davon berichtet, dass Ärzte bei fünf jungen, homosexuellen Männern aus Los Angeles ungewöhnliche Symptome festgestellt hatten. Auffällig war, dass alle Patienten an einer besonderen Form von Lungenentzündung litten. Einer Form, die man sonst nur von Immunkranken kannte. Die Experten waren absolut ratlos, wie es bei den bis noch vor kurzem völlig gesunden Männern plötzlich zu einer derart heftigen Erkrankung kommen konnte. Einen Monat später folgte im wöchentlichen Report der US-Gesundheitsbehörde CDC (Centers for

Disease Control and Preventation) der zweite Bericht. Darin wurde über sechsundzwanzig Männer aus New York und Kalifornien berichtet, die an einem bis dahin seltenen Hautkrebs, dem Kaposisarkom, erkrankt waren. 1982 gab man der nach wie vor nicht identifizierten Krankheit den Namen GRID, Gay-Related Immune Deficiency, was so viel heißt wie: mit Homosexualität verbundene Immunschwäche bei Männern. Schon kurze Zeit später wurden die Symptome aber auch bei Heterosexuellen festgestellt, und man sprach von AIDS, Acquired Immune Deficiency Syndrome – erworbenes Immundefektsyndrom. Es ging nicht lange, da waren die verschiedenen Ansteckungswege bekannt, allerdings war erst vier Jahre später erwiesen, dass man sich beim Küssen nicht anstecken kann.

Lotti wollte von Chenal wissen, was mit Emanuel passiert, wenn er die Medikamente nicht kriegt. Der ruppige Chenal, der sein Leben dem Kampf gegen Aids verschrieben hat, wurde ganz leise: »Die Chancen, dass er überlebt, stehen fünfzig zu fünfzig.«

»Und wie stehen sie, wenn wir ihm die Rosskur verabreichen?«

Chenal, heute der führende Arzt in Sachen HIV in der Elfenbeinküste, räusperte sich: »Fünfzig zu fünfzig.«

Die beiden schauten sich in die Augen, es war Chenal, der zuerst wegblickte. Emanuel bekam die Medikamente und damit sein Leben zurück.

Und jetzt hängt der Kleine an meinem Hals und herzt mich – er, der, als er aus dem Gefängnis kam, biss, schlug, schrie, wütete. Der inzwischen knapp Sechsjährige hat Lotti vor vier Monaten einen Heiratsantrag gemacht und vor etwas mehr als einem Jahr ein sehr ernstes Gespräch mit ihr geführt. Über Engel und den Nikolaus.

»Otti«, fragte er, der von Anfang an das L in ihrem Namen wegließ: »Otti, kommt der Nikolaus auch dieses Jahr wieder?«

»Was für eine Frage, Emanuel«, erwiderte Lotti, »er schaut seit Jahren bei uns vorbei, warum sollte er uns dieses Jahr vergessen?«

Emanuel zögerte keine Sekunde: »Ich möchte einfach wissen, ob dieses Jahr der echte Nikolaus kommt.«

»Der echte Nikolaus?«

»Ja, der echte!«

»Emanuel, wir hatten immer den echten Nikolaus.«

»Nein, das stimmt nicht«, stellte Emanuel fest, und seine eh schon großen Augen wurden noch eine Spur größer.

»Das stimmt sehr wohl«, stellte Lotti klar und küsste den Kleinen auf die Stirn.

Emanuel stieg von ihrem Schoß, baute sich vor ihr auf, stemmte seine beiden Arme in die Hüften und meinte: »Der echte Nikolaus, Otti, der ist weiß! Nicht schwarz!«

Lotti musste sich große Mühe geben, nur zu schmunzeln. »Vielleicht«, sagte sie, »hast du recht, vielleicht war es wirklich nie der echte.«

»Otti?«

»Ja, Emanuel?«

»Sind Engel weiß?«

»Es gibt«, meinte Lotti, »Engel, die weiß sind, und es gibt Engel, die schwarz sind. Aber das macht dort oben im Himmel keinen Unterschied. Das Einzige, was zählt, ist, dass deine Mami der schönste Engel von allen ist.«

Emanuel nickte und ging. Drei Wochen später verkleidete sich Otti als Nikolaus. Sie war die einzige weiße Alternative.

»Wo sind Christ und Willy?«, frage ich Emanuel, und er strampelt mit seinen Beinen, damit ich ihn auf den Boden stelle, dann führt er mich durch den langen Gang, dessen Wände auf der ganzen Fläche wunderschön mit Giraffen, Enten, Hunden, Lehmhütten, riesigen Blumen und Gänsen bemalt sind. Links und rechts des Ganges befinden sich je sechs Zimmer, an seinem Ende ein nicht allzu großes Spielzimmer mit einer Playstation, Toiletten, drei Duschen und Emanuels Zimmer.

Es ist möbliert mit zwei Kajütenbetten, einem Tisch mit zwei Hockern und einem Schrank mit vier abschließbaren Fächern. In der einen Ecke stehen – fein säuberlich aufgereiht – vier Paar Turnschuhe, in der anderen vier Schultornister. Auf dem obersten linken Bett sitzen drei Kinder. Zwei von ihnen kenne ich bereits. Christ mit seinen strahlenden Augen, der seinen Babyspeck verloren hat und nun definitiv kein Kleinkind mehr ist. Und Willy, den ich nur als Willy identifizieren kann, weil er sein Pyjamaoberteil ausgezogen hat und ich seine riesigen Narben sehen kann.

Willy litt nicht nur an einer schweren Tuberkulose, sondern auch an einer Gürtelrose, die ihre Bläschen über seine ganze linke Bauchseite ausgebreitet hatte. Die Narben, die geblieben sind, zeugen davon, wie schmerzhaft sie gewesen sein muss.

»Kennt ihr mich noch?«, frage ich. Christ nickt, scheint aber trotzdem nicht so recht zu wissen, wo er mich einordnen soll. Willy schüttelt lachend den Kopf. In ihrer Mitte sitzt ein Kind, das ich noch nie gesehen habe, mich in seiner Zartheit aber tief berührt.

»Und wer bist du?«, frage ich und habe eine leise Ahnung, ihn eventuell doch schon einmal gesehen zu haben.

Als Emanuel sagt: »Das ist doch Frank!«, kommt es mir wieder in den Sinn, ich habe ihn vor drei Jahren, als ich für die »Schweizer Illustrierte« einen Bericht schrieb, kennen gelernt, aber, da dieser Besuch nur sehr kurz war, keine Verbindung zu ihm aufbauen können. »Guten Tag, Frank«, begrüße ich nun auch ihn, und Emanuel erklärt: »Er kann nicht reden.«

Stimmt, er redet nicht, muss er auch nicht. Sein breites Lachen sagt alles und strahlt mit seinen Augen um die Wette. Er sitzt im Schneidersitz, seine Hände liegen ineinandergefaltet in seinem Schoß. Ich frage, ob er zu mir kommen wolle. Erst lächelt er, dann nickt er dreimal kurz hintereinander und streckt mir seine Ärmchen entgegen.

Frank ist leicht wie eine Feder. Frank ist fünf Jahre alt, hat aber irgendwie aufgehört zu wachsen. Frank leidet an einem angeborenen, irreparablen Herzfehler, und Frank, erklärt mir Lotti später, wird in zwei, drei Jahren an seinem immer größer werdenden Herzen, das jetzt schon den Brustkorb dehnt, sterben. Frank hat sehr dünne, sehr lange Finger und sehr dünne, sehr lange Zehen. Frank trägt Windeln und ist unglaublich genügsam. Er scheint einfach glücklich zu sein, dazuzugehören. Immer wenn ich in den nächsten Tagen komme, wird er die Ärmchen nach mir ausstrecken, und immer wenn ich ihn später irgendwo wieder absetze, wird er sich einfach absetzen lassen und darauf warten, dass der Nächste kommt, der ihn hochnimmt. Gehen kann er nicht. Einmal nur, ein einziges Mal wird er sich dagegen wehren, von mir abgegeben zu werden. Wild gestikulierend und leise wimmernd wird er weder zu Jean-Baptiste noch zum Kindermädchen, nicht zu seinen kleinen Freunden und noch nicht mal vor den Fernseher wollen, sondern sich mit all seiner kleinen Kraft an mich klammern. Es wird der Tag meiner Abreise sein.

Mit Frank auf dem Arm gehe ich nun in die anderen Zimmer, stelle mich überall vor und finde im vordersten Yusuf. Yusuf, dessen Mutter Maryam wunderschön aussah, obwohl sie bis auf die Knochen abgemagert war. Sie starb, gerade mal vierundzwanzig Jahre jung, drei Tage nach meiner allerersten Ankunft in Adjouffou. Ich stand damals an ihrem Bett, war dem Tod noch nie so nahe und realisierte, dass das Sterben Phasen hat, genauso wie die Geburt. Damit hätte ich klarkommen können, was ich nicht aushielt, war, dass das Treiben vor der Tür nicht aufhörte, das Lachen der Kinder auch nicht. Dass alles weiterging. Eine junge Mutter starb, und die Welt hörte nicht auf, sich zu drehen. Stunden später, es war Nacht geworden, verabschiedete ich mich wortlos von ihr, verließ das Zimmer. Lotti blieb bei ihr, bis sie gegen Mitternacht starb.

Yusuf wühlt, als ich hereinkomme, gerade in seinem Schrank. Er sieht mich, kommt auf mich zu und umarmt mich wortlos. Bei meinem ersten Besuch war er acht Jahre alt. Damals wie heute schien und scheint er mich ganz selbstverständlich zu mögen. Mir ergeht es mit ihm ebenso. Yusuf teilt sein Zimmer mit Moussa, der mit Lotti am Tisch sitzt und die Kung-Fu-Anmeldung ausfüllt. Der Dritte im Zimmer heißt Abel, und sein Anblick erinnert mich – ich kann nichts dagegen tun – an den Glöckner von Notre-Dame. Das vierte Bett ist offensichtlich noch nicht vergeben.

Im Waisenhaus gibt es noch Platz für zwölf Kinder. Bei fünfzig, so mailte mir Lotti einst, sei Schluss. Nun, im Notfall wird sie Platz schaffen. So, wie sie das bis jetzt immer schaffte. Irgendwie. Auch damals, als es das Waisenhaus noch nicht gab und die Kinder im Hof des Sterbespitals zu dritt auf einer Matratze schliefen, weil sie keines von ihnen abweisen wollte. Wie sie die Zeit des Bauens ausgehalten hat, das wird mir ewig ein Rätsel bleiben. Mich macht schon ein kleiner Umbau im Keller unseres Hauses nervös. Hier aber wurde der halbe Hof umgegraben, wurden Fundamente in den Boden getrieben, Staub ohne Ende aufgewirbelt, gehämmert, gebohrt, gesägt. Dabei blieb der ganze Krankenhausbetrieb aufrechterhalten, ohne dass Lotti je groß geklagt hätte. Erst als das Bauen um die Hälfte der prognostizierten Zeit länger dauerte, weil politische Unruhen dazwischenkamen und obendrein noch Baumaterial gestohlen wurde, beklagte sie sich einmal kurz in einer Mail.

Den Tag verbrachten die Kinder damals im Sterbespital, wenn es eindunkelte, bestiegen sie eine alte Holzkarre und ließen sich unter Freudengeschrei ins Ambulatorium ziehen, wo sie in den Betten, die tagsüber von Notfällen belegt werden, die Nacht verbrachten. Als sie ihre Zimmer im Waisenhaus beziehen durften, stürmten sie diese nicht johlend, sondern betraten sie ehrfürchtig.

Lotti scheint die Anmeldung für Moussa wunschgemäß ausgefüllt zu haben, er stellt sich vor mich hin, zeigt sie mir und lädt mich gleich ein, sein drittes Training zu besuchen, das am Mittwoch stattfinden werde. Ich verspreche ihm vorbeizuschauen.

Inzwischen hat sich vor der Zimmertür eine ganze Kinderschar versammelt. Mittendrin steht ein krausköpfiges, weißblondes, sehr weißes Kind. Soumaila. Ein Kind mit Albinismus. Als Lotti den Kleinen ins Zentrum brachte, herrschte unter den Kindern große Aufregung. Hermas, der Sohn des Kindermädchens Arlette, war es, der das, was die anderen dachten, in Worte packte: »Seht, da kommt Lottis Kind.«

Lotti schüttelte sich vor Lachen, kniete sich vor den Kleinen hin und meinte: »Hermas, ich bin nicht Soumailas Mutter, eher bin ich seine Großmutter.« Und dann erklärte sie den Kleinen, dass Soumaila genau wie sie Afrikaner sei, aber halt einfach weiß geboren wurde. Und den Größeren sagte sie: »Soumaila leidet an einer Krankheit, die vererbbar und dafür verantwortlich ist, dass seine Haut keine Pigmente aufweist. Es ist so: Die Farbe unserer Haut wird durch einen Stoff bestimmt, der Melanin heißt. Die Afrikaner haben, weil sie der Sonne sehr ausgesetzt sind, viel davon und sind deshalb schwarz. Weiße Menschen brauchen, weil es bei ihnen weniger Sonne gibt, nicht so viel Melanin und sind deshalb weiß. Soumaila hat das Pech, viel Schutz zu brauchen, aber überhaupt keinen zu bekommen.«

Es ging nicht lange, da war Soumaila, dessen Eltern gestorben waren und dessen Tante sich für ihn oder ihren Mann entscheiden musste, der »kein so weißes, bestimmt verhextes Kind« wollte, keine Ausnahme mehr, sondern gehörte einfach dazu.

Lotti fragt, ob ich sie in die Krankenzimmer begleiten wolle. Ich winke ab, bitte sie, mich jetzt nur den Patienten vorzustellen, denen es bereits so gut geht, dass sie die Zimmer verlassen und sich im Hof aufhalten können. Ich drücke zehn Hände, bekomme zehn »Bonne arrivée«. Begrüße dann das ganze Personal. Den Patienten in den Zimmern, erkläre ich Lotti, möchte ich erst am Abend vorgestellt werden, denn: »Jetzt ist erst mal Kofferauspacken angesagt, und – nun ja.«

»Ich weiß schon, du brauchst noch etwas Zeit.«

Ja, genau. Ich brauche noch etwas Zeit, will noch nicht in die Zimmer gehen, in welchen ich zwei Menschen schmerzlich vermissen werde. Zum einen den blinden Felix. Zum anderen den sanften Aimé.

Beide waren mir ans Herz gewachsen, und bei beiden war ich – als ich ihnen vor drei Jahren Adieu sagte – felsenfest davon überzeugt, dass ich sie wiedersehen würde. Aber der blinde Felix starb schon kurz nach meiner Abreise. Nicht an Aids, er war der Einzige im Spital, der HIV-negativ war. Lotti hatte ihn aufgenommen, weil er erblindet war. Felix wusste weder, an welchem Tag er geboren, noch, wie alt er war. Aber einmal hatte er angedeutet, er glaube, er habe jetzt dann bald Geburtstag. Für Lotti Anlass genug, ihm ein Fest zu veranstalten, das notabene dem ganzen Zentrum guttat. Ein Fest mit Kuchen und Kerzen. Lotti hatte entschieden, dass es sechzig sein sollten. Die Kinder sangen »Happy Birthday«, und er bekam, als Geschenk verpackt, was er sich so sehnlichst gewünscht hatte: ein Paar Turnschuhe.

Felix war Nigerianer, darum sprach er nicht Französisch, sondern Englisch. Außer mit Lotti konnte er sich daher mit niemandem unterhalten, und so freute er sich immer sehr, wenn ich da war. Er erzählte mir von seinen Fahrten als junger Matrose über die Weltmeere und von seinem Glück, hier sein zu dürfen. »Es ist«, pflegte er zu sagen, »wie in einer Kapitänskajüte.«

»Das passt gut«, sagte ich dann zu ihm, »denn du siehst auch aus wie ein Kapitän.«

Felix musste sehr lachen. Aber es stimmte, er hatte eine kerzengerade Haltung, und sein Blick war in eine Ferne gerichtet, die wir Sehenden wohl nie erblicken können. Es war, als schaute er durch mich hindurch und gerade deshalb mitten in mich hinein. Felix starb drei Tage nach seinem allerersten Geburtstagsfest. An einem schweren Malariaanfall.

Und Aimé? Aimé. Nun – Aimé war einer jener Menschen, von denen man in seinem Leben nur wenigen begegnet. In seiner Stimme lag, vor allem dann, wenn er leise sprach, und das tat er oft, eine Weisheit, die seinem jugendlichen Alter überhaupt nicht entsprach, mir aber hätte verraten müssen, dass er nicht alt werden würde, weil er das Altwerden gar nicht mehr nötig hatte. Er hatte das, was andere in hundert Jahren nicht durchmachen, in siebzehn erlitten. Das HI-Virus hatte ihm nicht nur eine Tuberkulose eingebrockt, sondern auch noch das Kaposisarkom, den bei HIV-Positiven häufig auftretenden Hautkrebs, der die Haut seiner Füße fraß und sein Gesicht entstellte. Trotzdem war er ein sehr hübscher Junge. Und intelligent. Aimé war Gymnasiast. Als er krank wurde, verstieß ihn seine Familie. Er war tiefgläubig.

Lotti sagte einmal zu ihm: »Warum lässt Gott dich nur so leiden?« Und er antwortete: »Ich glaube, es ist eine Prüfung.«

Lotti und ich hatten die etwas verrückte Idee, dass Aimé und drei andere Jugendliche im Sommer 2005 zusammen mit ihr in die Schweiz fliegen sollten. Dies anlässlich der Feier, die ihr zu Ehren auf der Alp Aellgi veranstaltet wurde, da sie zur »Schweizerin des Jahres 2004« gewählt worden war.

Zuvor träumten wir, als Lotti für die Buchvernissage des zweiten Buches in Zürich war, einmal davon, die Kleinen in den Flieger zu packen. Da gerade Dezember war, ließen wir sie in Gedanken an einer Weihnachtstheateraufführung teilnehmen, zeigten ihnen die Lichter an der Bahnhofstraße in Zürich und den Schnee in den Bergen. Wir wussten, man hätte uns für verrückt erklärt, wenn wir das durchgezogen hätten, aber wir fanden die Idee so reizvoll, dass wir stundenlang Pläne schmiedeten und uns entschieden, dass Lotti unser Vorhaben – allen Bedenken zum Trotz – anlässlich eines Radiointerviews publik machen würde.

Wir ernteten die unterschiedlichsten Reaktionen. Menschen, die uns ihre Häuser in den Bergen zur Verfügung stellen oder für diese Aktion Geld spenden wollten. Und solche, die das sagten, was wir erwartet hatten: »Ihr spinnt ja total, dann sehen die Kinder den ganzen Luxus, wollen nicht mehr zurück und sind unglücklich.«

Im Gegenteil! Sie hätten sich gefreut, wieder zurückzukehren, in ihren Taschen Geschenke für ihre Freunde und für sich selbst wunderbare, einmalige Erinnerungen.

Nun, wie auch immer – bezüglich der Kleinen ließen wir die Idee fallen. Nicht weil wir mit einem Kulturschock rechneten, sondern einen Kälteschock befürchteten, was uns ernsthaft Sorgen machte.

Die vier Größeren aber, die wollten wir unbedingt dabeihaben auf der Alp, schließlich würde das Fest im Sommer über die Bühne gehen. Lotti verbrachte Stunden damit, Pässe für sie zu besorgen, was alles andere als einfach war, da sie bei zweien noch nicht mal den vollen Namen wusste. Gleichzeitig musste sie versuchen, Visen zu erhalten. Das Schweizer Konsulat spielte mit und sicherte ihr diese zu. Dass die ganze Reise schließlich doch scheiterte, lag daran, dass die Pässe nicht rechtzeitig ausgestellt wurden. Und ohne Pass geht es nun mal nicht. Der Einzige, der einen Pass gehabt hätte, war Aimé. Aber Aimé starb.

Es war die besiegt geglaubte Tuberkulose, die erneut ausbrach. Und dies mit einer Heftigkeit, die seine durch das HI-Virus geschwächte Immunabwehr kapitulieren liess. Das Einzige, was ihn am Leben hielt, war die Aussicht, mit Lotti in die Schweiz fliegen zu können. Immer dann, wenn sie mit ihm über die bevorstehende Reise sprach, ging es ihm besser. Doch dann kam der Tag, als Aimé am Morgen nicht zum Frühstück erschien. Lotti besuchte ihn in seinem Zimmer, setzte sich auf sein Bett, streichelte ihm über den Kopf.

»Lotti«, wollte er wissen, »werde ich die Schweiz sehen?«

Lotti schluckte. »Frag nicht mich, Aimé. Frag dich, frag dein Herz.«

»Ich werde nicht mitkommen können, ich bin zu krank.«

Lotti schwieg, saß einfach da, seine Hand in ihrer.

Nach einer Weile kam die Frage: »Lotti, werde ich sterben?«

Lotti brauchte ihren ganzen Willen, um nicht das zu tun, was sie tun wollte. Flüchten. Weg. Fort. Raus. Sie schluckte die Tränen, so gut es ging, und sagte nach einer Weile. »Aimé, frag nicht mich.«

Und Aimé sagte: »Mein Herz sagt Ja. Ja, ich werde sterben.«

In den folgenden zwei Tagen saß Lotti oft an seinem Bett und versuchte, auf all seine Fragen eine Antwort zu finden. Wenn sie keine hatte, sagte sie: »Ich weiß es nicht, Aimé. Was ich weiß, ist, dass du, wenn du oben ankommst, direkt neben Gott sitzen wirst und dass, wenn wir in der Nacht in den Himmel schauen werden, du der Stern sein wirst, der am hellsten leuchtet.« Immer wieder versicherte sie ihm, wie sehr sie ihn liebe. Aimés Sterben dauerte Tage. Sein Tod war – ganz am Schluss – vor allem eines: eine große Erlösung.

— Es ist Lotti zu verdanken, dass ich meinem eher schwierigen Schwiegervater, als er krank war und es sich abzeichnete, dass er sterben würde, sagen konnte, wie sehr wir ihn alle mochten. Und es ist meinen Erfahrungen in Adjouffou zu verdanken, dass ich ihn immer wieder fragte, ob er nicht reden wolle. Über anderes als über das Wetter und die schlechte Spitalküche. Er wollte, ich sah es in seinen Augen. Er wollte es wirklich, aber er schaffte es nicht. Also zeigte er uns all das, was er nicht aussprechen konnte, in seinen Tränen. Er starb, als wir nicht dabei waren. Der Anruf mit der Nachricht kam morgens um sechs. Ich bat darum, ihn im Zimmer zu behalten, bis wir vorbeigekommen waren. Eine der Krankenschwestern führte uns hinein. Es brannte eine Kerze, in seinen gefalteten Händen lag eine Rose, das Fenster stand sperrangelweit offen. »Damit die Seele rauskann«, erklärte sie den Kindern, dann verließ sie den Raum. Für die Kinder war es ein sehr trauriger Moment, sie sagten danach aber oft, es sei auch schön gewesen. Und mein Mann meinte später, er hätte nie gedacht, wie wichtig dieser stille Abschied für ihn war.

Aber zurück zum Heute: Während Lotti die Kranken besucht, begrüße ich die Krankenschwestern, die Pfleger, die Wäscherinnen, die zweite Köchin, die Putzmannschaft, die Kindermädchen.

Diejenigen, die mich von früher kennen, freuen sich riesig, dass ich wieder gekommen bin, stellen Fragen, erzählen, möchten wissen, wie lange ich dieses Mal bleibe. Die Begrüßung dauert. Auch, weil mir Espoir, die Katze, die das Sterbespital in eine mausfreie Zone verwandelt hat, schnurrend über den Weg läuft. Dass sie den Hasen, der erst seit gut drei Wochen hier ist, noch nicht angegriffen hat, mag daran liegen, dass er größer ist als sie.

Wieder im Ambulatorium, finde ich Lotti auf ihrem Bett vor. Sie hat die Tür offen gelassen, damit es ein bisschen Durchzug gibt. Auf dem Nachttisch liegen ihre Malariamedikamente. Weil sie meiner Meinung nach konstant zu wenig trinkt, fülle ich ihr ein Glas mit Leitungswasser. Wasser, das ich früher so lange getrunken hatte, bis mich Bauchkrämpfe und vierzig Grad Fieber flachlegten. Lotti behauptet heute noch, daran sei nicht das Wasser schuld gewesen, sondern die Eindrücke, die ich bei meinem ersten Besuch verarbeiten musste. »Es hat dir – meine Liebe – ganz einfach auf den Magen geschlagen.«

Wie auch immer, ich wollte kein Risiko mehr eingehen und kaufte von da an das Wasser in der Boutique, so werden die Läden im Slum genannt. Wohl wissend, dass das Geld, das ich für eine große PET-Flasche bezahle, anders eingesetzt eine ganze Familie hätte sättigen können. Inzwischen habe ich mich dazu entschlossen, »Micropur« mitzunehmen. Kleine weiße Tabletten, die das Leitungswasser keimfrei machen. Um Lotti ein Lächeln abzuringen, frage ich: »Soll ich dir auch eine Tablette auflösen?«

»Wie bitte?«, tönt es aus ihrem Zimmer.

Ich rufe: »Ob ich dir das Wasser keimfrei machen soll?«

»Ich verstehe dich nicht!«

»War ja auch nicht so wichtig.«

»Wie bitte?«

»Vergiss es!«

Als ich ihr das Glas mit der Aufforderung: »Trink!«, in die Hand drücke, lächelt sie: »Du musst lauter sprechen, die Malariamittel schlagen mir inzwischen aufs Gehör. Aber keine Bange, das kenne ich, in drei Tagen ist der Spuk vorbei.« Sie trinkt aus, legt sich hin und ist, bevor ich draußen bin, schon eingeschlafen.

Nachdem ich fertig ausgepackt habe, mache auch ich eine Siesta. Die fast neunzigprozentige Luftfeuchtigkeit zieht einem, bei einer Temperatur von zweiunddreißig Grad, das allerletzte Quäntchen Energie aus den Knochen.

Um vier klopft Lotti an meine Tür: »Komm, wir gehen essen.«

Als ich den Kopf zum Zimmer rausstrecke, ist mir klar, dass sie nicht einfach um die nächste Ecke gehen und für dreißig Francs Spaghetti mit Nierchen essen, sondern wegfahren will.

Eine Stunde später sitzen wir im »Petit Bateau«, im »Kleinen Schiff«, einem einfachen Restaurant direkt am Meer, vor einem fangfrischen Fisch. Es weht ein leichter Wind. Auf den Wellen schaukeln Boote aus Holz. Sie sind groß, sehr schmal und lang. Jedes einzelne ist mit unzähligen bunten Fahnen und Wimpeln geschmückt. Sie ankern etwa dreißig Meter vom Ufer entfernt. Der Fang, große, silbern schimmernde Fische, wird von jungen Burschen, die erst watend, dann schwimmend zu den Booten gelangen, ans Ufer gebracht. Die fünfzehn Boote scheinen, obwohl sie große Außenbordmotoren haben, aus einer anderen Zeit zu kommen. Aus einer Zeit, wo alles noch so war, wie es sein sollte. Aus einer Zeit also, die längst vergangen ist und heute als vorkolonial gilt.

Die Fischer, es sind bis zu zehn auf jedem Boot, teilen sich die Arbeit auf. Einige reichen die Fische an die jungen Burschen, andere reparieren die Netze, wieder andere machen das Boot startklar, offenbar wollen sie nochmals raus. Ihre Stimmen schaffen es nur knapp bis zu uns, was sie reden, ist nicht verständlich. Was wir verstehen, ist das, was alle Menschen in jeder Sprache verstehen, ihr helles Lachen.

Es weht ein kühler Wind. Die Luft ist lau. Das Auge wird vom bunten Treiben auf dem Meer verwöhnt, der Gaumen vom gegrillten Fisch, das Ohr von den Wellen, die so rhythmisch ans Ufer schlagen, als wären sie der Puls der Welt. Lotti und ich trinken Wasser. An unserem Nachbartisch genehmigen sich ausländische Monteure flaschenweise Bier. An den anderen Tischen sitzen afrikanische Familien. An einem ein offensichtlich frisch verliebtes Paar. Das »Petit Bateau« war einmal eine sehr besondere Adresse, eine, die Lotti mit ihrer Familie oft besucht hat, als alle noch in Abidjan lebten. Dass ich das Restaurant als einfach bezeichne, hat mit dem wirtschaftlichen Zerfall zu tun. Er zeigt sich in bröckelnder Fassade, in nicht ausgebesserten Löchern im Fußboden, in ausgebleichten Wänden, die schon lange keinen Neuanstrich mehr erhalten haben, und hinter der Bar in herausgefallenen Kacheln, die nicht ersetzt werden.

Hinter dem Zerfall liegt folgende Geschichte: Die Elfenbeinküste, die Côte d'Ivoire, der weltweit größte Kakaoproduzent (vierzig Prozent der Weltproduktion), war einst ein Vorzeigeland für politische Stabilität im Afrika südlich der Sahara und eines der reichsten Länder der Subsahara. Dem Land ging es gut. So gut, dass man die heutige Hauptstadt Yamoussoukro mit einer fast originalgetreuen Kopie des Petersdoms schmückte. Die Basilika Notre-Dame de la Paix ist – abgesehen von der Kuppel – höher, breiter und länger als das Original in Rom. Kurzum, sie ist die größte katholische Kirche der Welt. Ein weiteres Indiz des früheren Wohlstandes: Für die Touristenströme, die einst in die Elfenbeinküste kamen, baute man im heißen Abidjan eine Curlinghalle.

Es kam der Tag, als die seit Generationen im Land anwesenden »Gastarbeiter«, die dabei helfen, den Kakao zu ernten, damit begannen, ihre Einbürgerung zu fordern. Der damals und heute noch amtierende Präsident Laurent Gbagbo (sprich Bagbo), der von der Wirtschaftsmetropole Abidjan aus regiert, verweigerte ihnen diese. So kam es im September 2002 zum Bürgerkrieg. Natürlich stecken dahinter noch diverse andere Probleme, Probleme, wie sie in Schwarzafrika leider viele andere Länder auch kennen. Auf die einzugehen, würde den Rahmen dieses Buches sprengen. Deshalb kurz und bündig: Die Rebellen brachten den muslimischen Norden unter ihre Kontrolle. Der christliche Süden blieb in Regierungshand. Dazwischen liegt eine etwa zwanzig Kilometer breite und tausendneunhundert Kilometer lange Pufferzone. Rund siebentausend UN-Blauhelme und über viertausend französische Soldaten sollen für Ruhe sorgen. Immer wieder aber flammt die Gewalt auf. Keines der zahlreichen Friedensabkommen wurde bis jetzt umgesetzt. Ob der Friedensvertrag eingehalten werden wird, welchen der Präsident Laurent Gbagbo und der Rebellenführer Guillaume Soro am 4. März 2007 unterzeichnen werden, steht in den Sternen.

Der Bürgerkrieg forderte Tote, brachte Armut und Elend. Inzwischen sind vierzig Prozent der Bevölkerung arbeitslos, fünfundvierzig Prozent leben mit weniger als einem Dollar pro Tag. Hinzu kommt die hohe Rate der HIV-Infizierten.

Als das letzte Boot den Anker gelichtet hat, zahlen wir. Viel geredet haben wir nicht. Auch, weil ich so laut hätte werden müssen, dass alle ringsum den Kopf gedreht hätten. Lottis Medizin scheint tatsächlich mehr auf die Ohren zu schlagen als auf den Erreger der Malaria. Sie hat ganz offensichtlich Fieber. Als wir im Ambulatorium ankommen, schicke ich sie ins Bett und sage, ich würde im Sterbespital Bescheid geben, dass sie heute nicht mehr komme, um gute Nacht zu wünschen. Dass die protestierende Lotti schließlich doch noch klein beigibt, zeigt mir, wie sehr sie ihren Schlaf braucht.

Montag, 19. Februar 2007

Ich höre Lotti um sechs aus ihrem Zimmer kommen. »Wie fühlst du dich?«

«Besser! Aber um ehrlich zu sein – miserabel«, sie lächelt. »Ich gehe jetzt ins Sterbespital runter, um guten Morgen zu sagen, machst du inzwischen Wasser heiß für den Kaffee?«

»Mach ich, aber bevor du gehst: Ich habe gestern Abend noch erfahren, dass die Kinder heute keine Schule haben.«

»Okay. Bis gleich.« Und schon steigt Madame die steilste aller Treppen nach unten. Okay? Wenn ich am Abend erfahre, dass meine Kinder am nächsten Tag keine Schule haben, dann finde ich das alles andere als okay. Aber – erklärt mir Lotti später – das komme hier so oft vor, dass man sich darüber nicht aufzuregen brauche. Überhaupt: »Wenn ich hier etwas gelernt habe, Gaby, dann ist es Folgendes: Es gibt Dinge, die kann man verändern und die soll man verändern. Und es gibt Dinge, die kann man nicht verändern, und mit denen soll man sich arrangieren.«

Bevor ich den Gaskocher bediene, gehe ich in die Boutique, um Tee zu kaufen, ich mag Nescafé nicht so. Überhaupt bin ich nicht wirklich eine Kaffeetrinkerin und kann gut ohne auskommen. Den einzigen Kaffee am Tag, den ich zu Hause trinke, kommt aus der Nespresso-Maschine, die Nestlé vertreibt. Ich habe Lotti mehr als einmal damit aufgezogen, dass ich nicht verstehe, dass sie – als Gattin eines Nestlé-Mannes – keine solche besitze, um sich wenigstens diesen kleinen Luxus zu gönnen. Sie reagierte immer gleich: »Völlig unnötig!«

Die drei Verkäufer der Boutique begrüßen mich herzlich. Als ich um Tee bitte, kommt die Gegenfrage: »Wie viele Beutel?« Ich nehme drei.

Hier kauft man pro Stück. Nicht nur Teebeutel, sondern auch Zigaretten, Suppen- und Zuckerwürfel. Öl lässt man sich in kleine Plastiksäckchen von einem Deziliter abfüllen, in ebensolchen kauft man eiskaltes Wasser. Was Eiscreme für unsere Kinder, ist dieses abgepackte Nass für die Kinder hier. Eine Köstlichkeit. Sie kostet fünf afrikanische Francs. Eine Büchse mit proteinreichen Sardinen bekommt man für zweihundertfünfzig afrikanische Francs. Ein Joghurt ist hier eine Köstlichkeit, die ebenso viel kostet wie ein Kilo Reis, nämlich zweihundertdreißig Francs.

Die Währung der Elfenbeinküste ist der CFA – der afrikanische Franc. Der Umrechnungskurs blieb in den letzten Jahren unverändert. Der Kaufwert aber verlor drastisch. Früher bezahlte Lotti für eine Gasflasche zweitausendfünfhundert CFA, heute sind es viertausend!

Dass eine solche unter Lottis Herd steht und ich das Wasser für Kaffee und Tee heiß machen kann, ist ein Glück. Gas ist – wie so viele andere »Luxusgüter« auch – kaum noch zu bekommen. Und wie sich herausstellen wird, ziemlich schwer zu entfachen. Die Zündköpfchen der Streichhölzer haben Feuchtigkeit aufgenommen und zerbröseln, sobald ich sie über die Reibefläche ziehe. Dass es beim sechsten Versuch dann doch noch klappt, ist mehr Zufall als etwas anderes.

»Lotti«, schimpfe ich, als sie zurück ist, »du hättest mir etwas sagen sollen, dann hätte ich eine Metallbox mitgebracht, damit du die Zündhölzer da drin aufbewahren könntest.«

Und sie schimpft zurück: »Es geht doch auch so, oder?«

»Ja, es geht auch so.«

Im Französischen gibt es ein wunderbares rückbezügliches Verb für »man muss halt zurechtkommen«: »se débrouiller«. Es hat aber noch eine zweite Bedeutung: »sich zu helfen wissen«. Und weil mir die feuchten Streichhölzer auch noch am dritten Tag auf die Nerven gehen, begebe ich mich zur Boutique, um »un briquet« zu verlangen. Ernte Lachen.

»Wir haben hier doch keine Feuerzeuge, wer sollte die denn kaufen, die sind viel zu teuer, aber wir haben Streichhölzer.«

Ich winke ab und erledige das später in der Stadt, kaufe, weil Feuerzeuge dort nicht einzeln angeboten werden, ein Dreierpack. Und höre später: »Musste das sein?« Bei meinem ersten Besuch hätte mich das noch verunsichert, inzwischen kenne ich Lotti.

»Ja, Madame, das musste sein!«

»Was hast du gesagt?«

»Vergiss es. Wie lange musst du die Medikamente denn eigentlich noch einnehmen?«

»Nicht so laut, ich bin doch nicht schwerhörig!«

»Nicht?«

»Wie bitte?«

Nach dem Kaffee nimmt Lotti in ihrem Büro Platz. In einem der Schiffscontainer also, aus dem ein Fenster und eine Tür ausgeschnitten wurden. Hinter ihr dreht ein Ventilator, vor ihr stehen zwei Stühle, auf denen von acht Uhr morgens bis mindestens vier Uhr nachmittags rund hundertfünfzig Frauen Platz nehmen werden, um zu berichten, wie es ihnen geht, um die Medikamente zu holen und das Geld, das Lotti ihnen dank der vielen Spenden, die sie inzwischen erhält, jede Woche geben kann, damit sie sich richtig ernähren können. Die Medikamente, die das Aidsvirus in Schach halten, setzen eine proteinhaltige Nahrung voraus. Nur so kann der Wirkstoff resorbiert werden. Aber Eier, Fisch oder Fleisch könnten sich die Frauen nicht leisten. Sie alle sind als »cas sociaux«, als Sozialfälle, eingestuft worden, da sie in erbärmlichsten Zuständen leben. Pro Familie gibt es je nach Kinderzahl zwischen dreitausend und sechstausend CFA.

Früher kamen die »cas sociaux« nur am Montag. Damals waren es etwa siebzig, inzwischen sind es dreihundert, und Lotti hat für ihre Betreuung noch zusätzlich den Dienstag eingesetzt.

Während Lotti zu arbeiten beginnt, wasche ich unsere Tassen im Lavabo. »Madame Gaby«, erschreckt mich eine Stimme, »was machen Sie da bloß, das ist doch meine Arbeit?!«

»Madame Hortense!«

»Bonne arrivée!« Madame Hortense strahlt übers ganze Gesicht. Um ihren Kopf hat sie – wie immer sehr farbenfroh und kunstvoll – ein Tuch gewickelt.

Die kleine Frau ist seit der ersten Stunde Mitarbeiterin des Ambulatoriums und Mutter von neun Kindern. Ihr Mann ist gestorben. Warum, weiß sie nicht. Aids hatte er nicht, und auch sie und ihre Kinder, das jüngste ist vierzehn, sind negativ. Lotti hat sie als Putzfrau für das Ambulatorium eingestellt. Ihre kleine Wohnung putzte Lotti lange selbst, aber irgendwann hat sie es aufgegeben, sich gegen Madame Hortense' Drängen aufzulehnen, und lässt sie seither wenigstens den Gang, die Kochnische und das Bad putzen.

»Weißt du«, erzählte mir Lotti einmal, »Madame Hortense begann eines Tages damit, ausgiebig die untersten Treppenstufen zu schrubben, mit jedem Tag nahm sie eine neue dazu. Oben angelangt, begann sie, den Gang zu wischen, und arbeitete sich langsam bis zum Bad vor. Mein Einverständnis bekundete ich schließlich mit einer Lohnerhöhung.«

Ich musste schmunzeln, als Lotti mir diese Geschichte erzählte, allerdings nicht wegen der Eroberungstaktik der pfiffigen Madame Hortense, sondern wegen Lotti! Wie oft habe ich ihr gesagt, sie solle sich Hilfe leisten, sie solle auch nehmen, nicht immer nur geben, sie solle ihr Personal aufstocken, sie solle endlich lernen, Geld auszugeben.

Dass sie Fortschritte macht, zeigt nicht nur der erweiterte Aufgabenbereich von Madame Hortense, sondern noch deutlicher, dass sie bei meinem ersten Besuch im Juni 2003 fünfundzwanzig

Mitarbeiter hatte, es ein Jahr später, im März 2004, bereits zehn mehr waren und heute fünfzig Frauen und Männer über einen Arbeitsvertrag verfügen. Die meisten von ihnen sind selbst mit dem HI-Virus infiziert, oder es sind allein erziehende Mütter oder Partner eines körperlich Behinderten.

Immer wieder wird Lotti von Menschen aus Europa angefragt, ob sie nicht bei ihr mithelfen dürften. Einige reden von einer Woche, andere wollen Monate kommen. Lotti akzeptiert – außer den beiden Franzosen Yvon und Marie-Odile, einer Krankenschwester, die beide schon von allem Anfang an mithelfen – niemanden.

Dafür gibt es drei Gründe. Erstens macht es keinen Sinn, freiwillige Helfer kommen zu lassen, wo es im Slum schon so viele Arbeitslose gibt, sie nähmen den Afrikanern nur Arbeit weg. Zweitens gibt es wenige, die so gut Französisch sprechen, dass sie mit dem afrikanischen Französisch zurechtkommen würden. Und drittens – und das ist das wichtigste Argument – hat Lotti die Erfahrung gemacht, dass die Kinder, die sich sehr schnell an eine neue Bezugsperson gewöhnen, jedes Mal bitter enttäuscht sind, wenn diese nach einiger Zeit wieder abreist.

Lotti hat Ausnahmen gemacht. Die erste musste sie mit psychiatrischer Betreuung per Air France nach Europa zurückbringen lassen. Die zweite stellte von Anfang an klar, dass sie, um zu überleben, jeden Tag ein Joghurt brauche. Als Lotti ihr sagte, das sei überhaupt kein Problem, in der Boutique gebe es ein sehr feines Vanillejoghurt, verfiel sie in einen leicht hysterisch anmutenden Lachanfall: »Ich rede doch nicht von irgendeinem Joghurt! Ich leide an Verstopfung und brauche ein Joghurt mit Bifiduskultur!« Die dritte Ausnahme war mehr auf der Suche nach einem Mann als nach etwas anderem, und die vierte setzte sich stundenlang zu den Kranken. Um mit ihnen zu reden. Darüber, wie gut es ihr in Deutschland gehe.

Langer Rede kurzer Schluss: Lotti hat damit aufgehört, Ausnahmen zu machen.

»Madame Hortense! Wie geht es Ihnen?«

»Gut«, sagt sie, »es geht mir eigentlich immer gut. Aber, Madame Gaby, ich werde alt!«

»Wie alt sind Sie denn?«

»Uh, das weiß ich nicht so recht, meine Mutter hat mich in einem Dorf zur Welt gebracht, ohne Hebamme, wissen Sie, und deshalb hat niemand mein Geburtsdatum aufschreiben können. Irgendwann sagte man, ich sei im Jahr 1951 geboren worden. Ich werde am Ende des Jahres also sechsundfünfzig sein. Und das ist gar nicht gut, denn dann kann ich nur noch ein Jahr hier sein, danach werde ich nämlich pensioniert und darf vom Staat aus nicht mehr arbeiten.« Sie zieht die Mundwinkel kaum merklich nach unten, lächelt dann spitzbübisch, »aber Madame Lotti hat schon gesagt, wir könnten mich ja vielleicht noch verjüngen. Sie weiß, dass ich arbeiten muss. Meine neun Kinder haben alle keinen Job. Und sie weiß, dass ich arbeiten will. Was ist das Leben schon ohne Arbeit? Wissen Sie, ich freue mich jeden Morgen darüber, hierherkommen zu dürfen. Ich bin sehr – wie sagt man schon wieder?«

»Privilegiert?«

»Genau! Ich bin sehr privilegiert.«

Ich weiß, dass Madame Hortense nie die Möglichkeit bekam, lesen und schreiben zu lernen. Man schätzt, dass in der Elfenbeinküste vierzig Prozent der Männer und fünfundfünfzig Prozent der Frauen Analphabeten sind. Mir wurde erst in Afrika wirklich bewusst, wie demütigend es ist, seinen eigenen Namen nicht schreiben zu können. Denn nie vorher habe ich mir überlegt, wie es wäre, wenn ich keine Adresse notieren könnte und keine Telefonnummer. Wie es wäre, die liebevolle Notiz, die mich manchmal auf meinem Kopfkissen erwartet, nicht lesen zu können. Nie zuvor habe ich mir vorgestellt, wie es wäre, wenn meine Kinder ihr Zeugnis nach Hause brächten und dieses für mich ein Buch mit sieben Siegeln wäre. Nie, wie es wäre, wenn ich diese Zeugnisse mit einem Kreuz unterschreiben müsste.

Ein prioritäres Ziel der Unesco ist »Bildung für alle«. Auf dem

Weltbildungsforum 2000 in Dakar haben sich 164 Länder dazu verpflichtet, dieses Ziel bis ins Jahr 2015 zu erreichen. Sieben Jahre später stellt die Unesco in ihrem Weltbildungsbericht 2007 zwar Fortschritte fest; so stieg zum Beispiel die Einschulungsrate für die Grundschule von dreiundachtzig Prozent im Jahr 1999 auf sechsundachtzig Prozent im Jahr 2004. Aber das ist längst nicht, was man erreichen wollte. Der Bericht zeigt die Kluft zwischen armen und reichen Ländern deutlich auf: In Westeuropa besucht nahezu jedes Kind ein vorschulisches Programm, in Lateinamerika und der Karibik sind es nur zweiundsechzig Prozent, in den arabischen Staaten noch weniger, nämlich gerade mal sechzehn, und in Schwarzafrika – zwölf.

Die Unesco schätzt, dass jährlich elf Milliarden US-Dollar, das ist mehr als ein Dreifaches der bisher zur Verfügung stehenden Mittel, nötig wären, um das ehrgeizige Ziel »Bildung für alle« zu erreichen, und stellt ernüchtert fest, dass, selbst wenn alle beteiligten Länder ihre bis 2010 zugesagten Anhebungen einhalten würden, jährlich nur 5,4 Milliarden US-Dollar zur Verfügung stünden, also die Hälfte der erforderlichen Summe.

Dass das Geld nicht bereitsteht, ist umso bedauerlicher, als dass längst erwiesen ist, dass Bildung ein wesentlicher Faktor für die Zukunftschancen eines Kindes und somit eine unerlässliche Voraussetzung für die Entwicklung eines Landes ist. So hat sich beispielsweise bestätigt, dass besser ausgebildete Frauen später heiraten und weniger und gesündere Kinder bekommen. Statistisch betrachtet, senkt ein zusätzliches Schuljahr die Kinderzahl signifikant.

Madame Hortense konnte nicht zur Schule gehen und muss heute neun Kinder durchbringen. Umso erstaunter bin ich, wie zufrieden sie wirkt und – vor allem – wie viel sie neuerdings spricht. Bis jetzt habe ich sie als eher scheu und introvertiert erlebt.

»Madame Hortense, so viel wie heute haben Sie noch nie mit mir gesprochen!«

Ihr spitzbübisches Lächeln verschwindet sofort: »Oh, das tut mir leid, ich hoffe, das hat Sie nicht beleidigt.«

»Nein, nein, es wundert mich bloß, dass Sie jetzt so offen sind.«

»Nun, Sie sind jetzt schon zum sechsten Mal hier, Madame Gaby, inzwischen gehören Sie auch zur Familie.« Dass sie damit nicht ihre Familie meint, sondern die von Lotti und ihren Mitarbeitern, ist mir klar. Wie wichtig es für sie ist, ein Teil davon zu sein, werde ich erst später erkennen. »Aber jetzt«, meint sie dann, »jetzt muss ich arbeiten, wir reden morgen weiter.«

Und so werde ich nett aus dem Badezimmer komplimentiert und gehe in den Hof des Ambulatoriums. Dort begrüße ich den Rest der »Familie«, zu welcher inzwischen auch drei Ärzte gehören, erhalte viele »Bonne arrivée«. Und ein fast schon gejauchztes: »Enfin!« – »Endlich! Endlich bist du da, Gaby, ich freu mich so, dass du wieder gekommen bist!« Schon umschließen mich zwei Arme und mein Kopf wird auf eine warme Schulter gedrückt.

Adelaide! Auch sie hat nie schreiben und lesen gelernt, weshalb es Lotti bei meinem ersten Besuch sehr erstaunte, dass sie, als ich sie bat, einen Wunsch zu äußern, am liebsten meinen Kugelschreiber haben wollte.

Adelaide ist allein erziehende Mutter von sieben Kindern. Ihr Mann ist gestorben. Nicht an Aids, er ist tödlich verunfallt. Adelaide zeichnet im Ambulatorium für vieles verantwortlich. Sie versorgt die Kleinsten mit Brei. Gibt Babymilch ab, macht Hausbesuche, um zu sehen, wie die Mütter der Neugeborenen leben. Haben diese keinen Strom in ihren Hütten und kochen sie auf einem der hier üblichen kleinen Kohlegrills, nimmt sie die Frauen ins Programm der »cas sociaux« auf. Sie erklärt den HIV-positiven Müttern, dass sie ihr Kind nicht stillen dürfen, weil die Muttermilch das Virus auf das Baby übertrage. Sie erklärt ihnen die Handhabung der Flasche und bestärkt sie darin, ihr Kind auch dann mit künstlicher Muttermilch aufzuziehen, wenn die Nachbarn mit Fingern auf sie zeigen. Und das wird garantiert passieren, denn eine Mutter, die ihr Baby hier in Afrika nicht stillt, könnte sich ebenso gut ein Plakat um den Hals hängen, auf dem steht: »Ich habe Aids!« Und schließlich schenkt Adelaide den Müttern, deren Neugeborenes positiv getestet wurde, eine große Hoffnung: »Das Virus hat das Baby von dir bekommen. Dein Kind kann aber – wohl verstanden nur, wenn du es nicht stillst! – gesund werden. Das dauert in der Regel etwa fünfzehn Monate. Nach dieser Zeit macht Madame Lotti noch einmal einen Test, und wenn wir dann Glück haben, ist dein Kind negativ!« Das ungläubige Staunen der Mütter quittiert sie mit: »Ja, schau mich nur an, sehe ich aus wie eine Lügnerin?«

Nein, so sieht sie nicht aus, aber – sie ist eine. Und was für eine! Ich fiel fast um, als ich sie einmal mit einer Patientin reden hörte: »Du willst die Medikamente gegen Aids nicht einnehmen?«

»Nein.«

»Warum nicht?«

»Weil ich Angst habe.«

»Angst? Wovor? Die Tabletten, die vergiften dich nicht, die helfen dir! Die machen, dass du wieder zunimmst und lachen kannst.«

»Ich will nicht.«

»Du willst nicht? Schau mich an, sehe ich krank aus?« Die Frau musste Adelaide gar nicht erst ansehen. Man erkennt im ersten Moment, dass sie putzmunter ist. Die erschöpfte Frau schüttelte also den Kopf. »Weißt du, warum ich so gesund aussehe? Das hat damit zu tun, dass ich die Medikamente – im Gegensatz zu dir – nehme! Ja, ich bin auch HIV-positiv«, log Adelaide und meinte weiter: »Ich war auch mal so dünn wie eine hungernde Giraffe. Und heute, heute schaue ich aus wie ein zufriedenes Nilpferd. Also, nimm jetzt die Medikamente, bitte, und lerne mit dieser Krankheit zu leben. Überlebe! Deine Kinder brauchen dich.«

Auf meine Frage, warum sie erzähle, dass sie positiv sei, wo sie doch negativ ist, meinte sie: »Weil ich den Frauen Mut machen will! Darum!«

Lotti erzählte mir danach, dass Adelaide, als eine junge Mutter die Tabletten partout nicht einnehmen wollte, auch schon selbst zum Wasserglas gegriffen habe. Und – zu Demonstrationszwecken – schluckte, was sie gar nicht schlucken muss.

Immer wieder kommen Patientinnen ins Ambulatorium, die

nicht Französisch sprechen, sondern nur Djoula, eine der vielen Landessprachen. Ist dies der Fall, tönt es »Adelaiiide!« aus Lottis Container, und draußen wird die Nachricht von den anderen Mitarbeitern weitergeleitet: »Aaadeee – laiiide!« Und schon taucht sie auf, stürzt in Lottis Büro und übersetzt und überzeugt und überrascht – selbst Lotti immer wieder.

Als sie mich aus ihrer Umarmung freigibt, schaue ich Adelaide an. Sie ist dieselbe geblieben. Nur gerade ein Jahr jünger als ich, sieht man ihr das Alter nicht an. Keine Fältchen um die Augen, obwohl sie gern und viel und herzhaft lacht, keine Sorgenfalten, obwohl sie – wenn sie die jungen Mütter »erzieht« – gerne sehr ernst dreinschaut, keine grauen Haare. Kein einziges.

»Adelaide, gut siehst du aus!«

Aber Adelaide hat nach der herzlichen Begrüßung keine Zeit für Floskeln: »Komm, ich muss dir etwas zeigen.« Wir gehen durch den Hof zu dem offenen Raum, in welchem dreimal pro Woche die Mütterberatung stattfindet. Adelaide drückt mir dort ein in Tücher gewickeltes Baby in die Arme. Seine Augen sind groß, seine Haut ist sehr weiß, sein Kopf ohne Haar, sein kleines Gesicht ist nicht pausbäckig, sondern besteht aus den Konturen seines kleinen Schädels. Die Haut über seinen Fingerchen wirft Falten, sie liegt direkt auf den Knochen. Das Bündel hat kein Gramm Babyspeck. Es ist federleicht. Und wiegt – in dem Moment, wo Adelaide mir mit einem langsamen Nicken bestätigt, was ich befürchte – plötzlich schwer.

»Ein sterbendes Kind«, sagte Lotti einmal, »ein sterbendes Kind wiegt Tonnen.«

Drei Stunden später ist das kleine Wesen tot. Es war knappe zwei Wochen alt und hatte nie recht getrunken. Warum es gestorben ist, wird in diesem Teil der Erde nicht untersucht werden. Denn dass Babys hier sehr oft sterben, gehört in Schwarzafrika zur Tagesordnung: Jedes fünfte Kind stirbt, bevor es seinen fünften Geburtstag erreicht hat. Hauptursachen für die hohe Kindersterblichkeit sind verschmutztes Wasser, mangelnde Sanitäreinrichtungen und fehlende Impfungen. In mehr als der Hälfte aller Todesfälle kommt Untererernährung hinzu, darüber hinaus fehlen wirksame Maßnahmen gegen die Stiche der Anopheles-Mücke, sodass etwa eine Million Kinder an Malaria sterben. Laut der deutschen Welthungerhilfe verzeichneten im Jahr 2005 sechsundzwanzig Staaten eine Kindersterblichkeit von über fünfzehn Prozent. Außer Afghanistan lagen sie alle in Afrika. Die Unicef, 1946 gegründet, rechnete im Bericht zu ihrem 60-jährigen Bestehen damit, dass im Jahr 2006 pro Tag weltweit etwa neunundzwanzigtausend Kinder unter fünf Jahren sterben. In Ziffern: 29 000 Kinder unter 5 Jahren! Pro Tag! Das sind rund 10,6 Millionen Kinder pro Jahr, so viele Kinder, wie zurzeit in Deutschland, Frankreich, Griechenland und Italien leben.

Jetzt anzunehmen, dass eine Mutter mit dem Tod ihres Kindes in einer Umwelt, wo der häufige Tod bei Kindern eine traurige Tatsache ist, besser umgehen kann als eine Mutter in einem Industrieland, ist nicht nur vermessen, es ist dumm. Aber es kommt vor. Lotti hat solche Aussagen von so genannt Zivilisierten nicht nur einmal gehört. Die drastischste Form war zynischerweise auch noch tröstend gemeint. »Weine doch nicht, Lotti, die Mutter wird ein neues Baby machen, das wird ganz schnell gehen, die kriegen in Afrika ja Kinder wie die Karnickel!«

Der Tod von Ferdinand, der Katze unseres Nachbarn, die vor der eigenen Haustür überfahren wird, treibt uns die Tränen in die Augen, vom Kind, das in Afrika stirbt, wissen wir weder den Namen, noch hören wir das Trauern der Mutter, es wird uns keine einzige Träne kosten. Das Baby, das heute stirbt, hat noch keinen Namen. In Afrika ist es so, dass man sich erst einige Zeit nach der Geburt auf einen Namen festlegt, weil man das Wesen des Kindes erst erfassen möchte und es dann meist nach einem nahen Verwandten nennt. Oder aber – sollte es sich herausstellen, dass es zum Kind passt – ihm den Namen einer Person gibt, bei der man sich bedanken möchte. Als Lotti vor zehn Jahren in Adjouffou zu arbeiten begann, gab es keine einzige Lotti. Heute sind es viele. Auch Yvons gab es früher kaum. Genauso wenig wie Aziz.

Die Mutter, sie heißt Anne, die heute ihr Baby sterben sieht, nennt es »mon bébé«, und ihr Weinen ist so verzweifelt, ihre Trauer über das Unfassbare so fassbar, dass Adelaide sie nicht allein nach Hause gehen lässt. Also packt sie sich das tote Kind auf den Rücken und begleitet Anne nach Hause. Dort wartet die Großmutter, sie nimmt Adelaide das Kind ab, wickelt es erst aus den Tüchern und dann sorgfältig wieder ein. Danach gehen die drei Frauen zum Friedhof, wo sie den Totengräber darum bitten, das Baby begraben zu dürfen. Ein Grab, fordert dieser, koste dreizehntausend afrikanische Francs. Als alles Bitten nichts hilft, bettelt Anne vor dem Friedhof um Geld, während die Großmutter nach Hause geht und ihre gesamten Ersparnisse von achttausend Francs holt. In der Zwischenzeit handelt Adelaide den Totengräber auf neuntausend runter. Als das Geld zusammen ist, hebt er mit drei Spatenstichen ein kleines Loch aus, legt »mon bébé« hinein und schüttet das, was kaum ein Grab zu nennen ist, ohne ein Wort des Gebetes achtlos zu.

Als Adelaide zurück ist, ist die Sonne längst untergegangen. Sie kommt auf mich zu und sagt: »Ich habe eigentlich gewollt, dass du mitkommst, aber du warst nicht da.«

Stimmt. Ich habe mich, nachdem ich das Baby der Mutter wieder in die Arme gelegt hatte, verzogen. Ich wollte dem Unausweichlichen ausweichen. Ich wollte das Kind nicht sterben sehen und das Weinen der Mutter nicht hören, ich war gekommen, um vom Positiven zu berichten. Ich war fest entschlossen, es zu suchen, und ich wusste, wo ich es finden konnte. Bei den Kindern, die heute keine Schule hatten und im Hof des Sterbespitals für viel Leben sorgten. Sie freuten sich riesig, als ich mich zu ihnen setzte. Auf meinem linken Knie den kleinen Frank mit dem Herzfehler. Auf meinem rechten den weißen Soumaila, an dessen Aussehen ich mich auch in den nächsten Tagen nicht gewöhnen konnte. Anders kann ich mir nicht erklären, warum ich ihn kein einziges Mal allein fotografierte.

Soumaila ist nicht süß wie die anderen. Seine Augen sind nicht schwarz und groß. Sie sind klein und sehr hell. Seine leicht bläuliche Iris – und das ist das eigentlich Irritierende an seinen Augen – hält nicht still, sie flackert. Unablässig. Die Erklärung dafür liefert mir Lotti: »Das ist ein Phänomen, das bei Menschen mit Albinismus bekannt ist, man nennt es ›Nystagmus‹.«

Der Kleine würde auch bei uns in Europa auffallen. Hier in Afrika sticht er hervor, als hätte man ihn in ein signalfarbenes Outfit gesteckt. Es gibt Stämme, die die weißen Kinder als fast heilig verehren, die Mehrheit der Afrikaner aber hat Angst vor Menschen mit Albinismus. Assoziieren sie mit Sünde, manchmal sogar mit dem leibhaftigen Teufel. Albinismus kommt weltweit mit einer Häufigkeit von eins zu zwanzigtausend vor. In Afrika im Verhältnis eins zu zehntausend oder noch häufiger.

Dass Soumaila von Lotti, allen Mitarbeitern, seinen »Brüdern« und »Schwestern« genauso geliebt und behandelt wird wie alle anderen, zeigt, dass er – mit der Zeit – ein Teil von ihnen wurde. Er, der am Anfang wie ein scheues Reh jeden Kontakt gemieden, sich in sich selbst zurückgezogen hatte, wurde von Tag zu Tag zugänglicher, begann, vorsichtig zu lächeln, später zu lachen, wurde zu einem vierjährigen Lausbub. Wurde zu einer kleinen Persönlichkeit.

Es ist schon drei Uhr nachmittags, als ich mich von den Kindern verabschiede. Noch immer bin ich nicht in den Krankenzimmern gewesen, nicht weil ich Angst davor gehabt hätte, sondern weil ich möchte, dass Lotti mir die Kranken vorstellt.

Als ich im Ambulatorium eintreffe, sitzt Nestor im Hof, kommt auf mich zu, meint: »Madame Lotti hat mir gestern noch gesagt, du würdest gerne mit mir über den Überfall sprechen, ich bin einverstanden.« Auf meine Frage, wann es ihm denn am besten gehe, meint er: »Jetzt. Am liebsten jetzt gleich, denn weißt du, jedes Mal, wenn ich erzählen kann, geht es mir ein kleines bisschen besser.«

Also hole ich in der Boutique zwei kalte Colas und setze mich mit Nestor in den Gang von Lottis kleiner Wohnung. Höre zu, unterbreche selten und weiß schon bald, dass ich einem sehr präzisen Erzähler gegenübersitze. Irgendwann realisiere ich, dass er nicht einfach will, dass ich etwas erfahre, er möchte, dass ich es begreife. Nicht nur den Überfall, auch sein Leben.

Deshalb beginnt er ganz von vorn: »Ich heiße Nestor Kouaho, und ich bin im Jahr 1956 geboren. Ich arbeite seit Februar 2006 hier. Als Nachtwächter. Zuerst nur an den Wochenenden, später auch unter der Woche.

Im März 2005 kam ich zum ersten Mal ins Ambulatorium. Ich war krank, und Lotti bat mich, einen Aidstest zu machen. Es brauchte sehr viel Mut, aber ich glaubte ihr, dass sie mir nur dann helfen könne, wenn sie wisse, warum es mir so schlecht gehe. Sie hatte recht mit ihrer Vermutung. Ich war positiv. Sie bat mich, auch meine Frau und unsere Kinder zum Test vorbeizubringen. Meine Frau war auch positiv, alle sechs Kinder aber waren, ich danke Gott jeden Tag dafür, negativ. Ich begann mit der Behandlung, die Lotti mir ermöglichte. Meine Frau wollte davon nichts wissen. Die Krankheit war bei ihr noch nicht ausgebrochen. Es ging ihr gut. Sie wollte mein Leiden nicht sehen. Sie wollte leben. Sie fand einen anderen, zog aus. Die Kinder sind bei mir.

Ohne Lotti wäre ich heute tot. Das sagte ich mir in der Nacht des Überfalls immer wieder. ›Ohne Madame Lotti wärst du schon längst tot – ohne Madame Lotti wärst du schon längst tot.‹ Das half mir dabei, Lotti auch dann nicht zu verraten, als sie drohten, sie würden mich umbringen. Ich versuchte, mutig zu sein, und weil ich an Lotti dachte, gelang mir das ziemlich gut, denn Lotti ist in Sachen Mut ein richtiges Vorbild für mich. Als einzige Weiße in einem Slum zu leben, auf das Leben, das sie sonst haben könnte, auf all den Luxus, mit dem sie sich verwöhnen könnte, zu verzichten, um uns zu helfen, eine solche Frau hat nicht nur Mut, eine solche Frau verrät man nicht. Lieber wäre ich gestorben. Das habe ich mir schon in der ersten Minute vorgenommen, dass keiner erfahren würde, dass Madame Lotti friedlich in ihrem Bett schlief. Man muss sich im Leben für etwas engagieren, sonst hat das Leben keinen Wert.

In der Nacht vom 25. auf den 26. Januar hörte ich in der Waschküche hinten ein verdächtiges Geräusch. Mitternacht war schon vorbei, es war gegen ein Uhr. Da wir wie so oft keinen Strom hatten, war alles stockdunkel. Ich nahm meine Taschenlampe, sie war klein, nicht so groß wie die, die du uns mitgebracht hast, und ging über den Hof, um nachzusehen. Allerdings nicht weit, denn plötzlich waren da diese Schatten. Ich wusste sofort, das sind Einbrecher. Ich hatte Angst, fühlte mich schutzlos und machte rechtsumkehrt. Erstens, um die Männer, die vor dem Ambulatorium ihre Taxis bewachen, zu alarmieren. Aber das hätte, auch wenn ich es geschafft hätte, nichts geholfen, die hatten nämlich selber Angst, als sie die Kerle kommen sahen, und haben sich in ihren Taxis eingeschlossen. Zweitens, um meine Machete zu holen. Aber ich hatte mich kaum umgedreht, da war ich schon von vier Männern umringt. Ich glaube, dass die drei, die in die Waschküche einstiegen, bewusst Lärm machten, um mich abzulenken, so, dass die anderen vorne über die Mauer klettern und mich abfangen konnten. Im ersten Moment sah ich ihre Kalaschnikows nicht, aber ich spürte sie. Sie stießen sie mir in die Rippen. Sie zischten: ›Wo ist deine Chefin?‹ In diesem Moment war ich überzeugt davon, dass ich nicht lebend aus dieser Sache herauskommen würde. Ich antwortete, meine Chefin sei nicht da. Also wollten sie wissen: ›Und wo ist der dicke Weiße?‹ Ich log, der sei auf dem Flug zurück nach Frankreich.

Einen Moment lang schienen sie aus dem Konzept zu sein, dann befahl der Kleinste von ihnen, sie waren übrigens alle sehr, sehr groß: ›Zeig uns, wo das Geld ist!‹ Und ich erwiderte, dass, wenn meine Chefin nicht da sei, es kein Geld gebe hier, dass sie nie Geld im Zentrum herumliegen lasse und dass – aber weiter kam ich nicht, ich bekam einen kräftigen Fausthieb in die Magengrube, und eine Stimme sagte: ›Du redest zu viel! Sag uns, wo wir das Geld finden.‹ Weil er ja gesagt hatte, ich rede zu viel, entschied ich mich zu schweigen. Aber auch das fanden sie offenbar nicht gut, ich bekam einen Faustschlag auf den Hinterkopf und kippte vornüber. Jetzt drückte einer seinen Stiefel auf meinen Nacken, bis ich flach auf dem Boden lag, und meinte: ›Du lügst! Madame Lotti ist hier, ich bin ganz sicher. Sag uns, wo sie ist!‹ Ich erschrak zutiefst. Warum wussten die ihren Namen?

Da ich wieder keine Antwort gab, stieß mir einer seine Stiefelspitze in die Rippen. Als ich wieder Luft bekam, appellierte ich an ihre Vernunft: ›Wenn es hier Geld zu holen gäbe, wäre ich wohl nicht der einzige Nachtwächter und erst recht nicht unbewaffnet!‹ Daraufhin verhöhnte mich einer: ›Vielleicht hat er recht, ich meine, wer würde einem so kleinen, dürren Hampelmann schon Geld zum Bewachen geben.‹ Das fanden sie alle sehr lustig. Es dauerte aber nicht lange, da vergaßen sie das Lachen wieder und forderten noch einmal, ich solle ihnen endlich sagen, wo das Geld sei. Da ich hartnäckig schwieg, riss mich einer auf die Knie, gab mir eine schallende Ohrfeige, drehte dann meinen Kopf zur Seite. Ich sah sie nicht, ich spürte sie bloß, die Klinge, die er mir an die Halsschlagader drückte. Er knurrte: ›Rede, sonst bringen wir dich um.‹ Und ich erwiderte, dann solle er mich halt umbringen, denn ich könne nicht mehr sagen, als dass die beiden Weißen nicht da seien. ›Sag uns, wo sie das Geld versteckt haben!‹ Der Mann musste sich anstrengen, nicht zu laut zu werden, er war ziemlich sauer. Als ich wieder nichts sagte, meinte er: ›Wir wissen, dass das Geld hier sein muss, wir beobachten das Zentrum nun schon seit über drei Monaten.‹ Ich konzentrierte mich darauf, meinen Kopf sehr still zu halten, der Druck des Messers an meinem Hals hatte sich bei seinen Worten deutlich verstärkt. Ich schwieg. Nun wollten sie wissen, wo die Apotheke sei, und ich antwortete: ›Wenn ihr das Zentrum seit über drei Monaten beobachtet, werdet ihr das wohl selbst wissen.‹

Daraufhin schlugen die Kalaschnikows auf mich ein – nicht ihre Kugeln, nur ihre Läufe, und einer zog mir seine Pistole über den Kopf. Meine Augenbraue platzte. Ich spürte nicht den Schmerz, nur die Wärme des Blutes. Es blutete sehr, und ich überlegte, ob ich ihnen sagen sollte, wenn sie nicht aufpassten, würden sie sich mit meinem Aidsvirus infizieren, aber dazu kam es dann nicht mehr. Sie drückten mich erneut auf den Boden, einer knebelte mich, ein anderer band mir meine Hände auf den Rücken, beugte meine

Unterschenkel nach hinten hoch und band meine Fußgelenke an die Hände, ich … warte, Gaby, ich zeig es dir.«

Nestor steht auf, legt sich flach auf den Boden, dreht seinen Kopf nach links, legt seine Hände auf den Rücken, winkelt seine Knie an, und ich kann mir vorstellen, dass er ausgesehen haben musste wie ein Päckchen, bereit zum Verschiffen. Als ich ihm das sage, nickt er erst, dann lächelt er.

»Sie hoben mich auf und trugen mich in die hinterste Ecke der Waschküche. Bevor sie gingen, untersuchten sie meine Taschen. Sie fanden meine Identitätskarte, behielten sie. Dann stahlen sie mir meine Uhr, und schließlich stülpten sie ein Leintuch über meinen Kopf, banden es um meinen Hals und zogen es so über meinem Nacken fest, dass ich glaubte, sie würden mich erwürgen. Ich bekam nur noch sehr schwer Luft.

Sie gingen, und ich hörte, wie sie die Türen der Container öffneten. Da wir die Türen nicht abschließen, mussten sie keine kaputt schlagen. Außer die der Apotheke, die mussten sie gewaltsam öffnen, was ein wenig Lärm machte, sodass ich hoffte, jemand möge es hören. Aber dem war leider nicht so. Später erzählte mir Lotti, die Räuber hätten alle Schubladen und Schränke durchsucht, aber nichts gefunden, was sie interessiert hätte. Ihre einzige Beute bestand in Medikamenten. Sie haben auch keine große Unordnung gemacht, obwohl sie sicher wütend waren, dass sie nichts gefunden hatten. Gewütet aber, das haben sie nicht. Wenigstens das nicht.

Als ich so dalag, begann ich zu beten. Ich bat Gott darum, dass er Madame Lotti und Monsieur Yvon, mit dem ich bis kurz nach Mitternacht noch bei einem Kaffee zusammengesessen und ihn nach dem Leben in Europa ausgefragt hatte, beschütze. Und er die Verbrecher nicht auf die Idee kommen liess, die Treppe hochzusteigen. Das war meine schlimmste Befürchtung. Meine zweite große Sorge war, dass ich doch noch in Panik geraten könnte, denn dann hätte ich nicht mehr so ruhig geatmet, was aber ganz wichtig war, denn durch den Knebel und das über meinem Gesicht festgezurrte Leintuch bekam ich kaum noch Luft.

Schließlich atmete ich gar nicht mehr, sondern erstarrte, denn ich hörte Schritte auf mich zukommen, spürte, wie jemand neben mir stehen blieb. Ich erwartete einen Stich mit dem Messer, einen Strick um den Hals, der zugezogen wird, ich war sicher, irgendwie würden sie mich nun umbringen. Aber – der Typ hielt mir nur seine Hand auf den Rücken und flüsterte seinen Kumpanen zu: ›Entweder ist er tot oder ohnmächtig.‹ Dann verschwanden sie.

Ich wartete eine Weile, und als ich überzeugt war, dass sie nicht zurückkommen würden, überlegte ich mir, was zu tun sei. Ich erkannte, dass mir nur noch meine Stimme helfen konnte. Also versuchte ich mit ganz kleinen Bewegungen, das Leintuch um meinen Kopf – Millimeter um Millimeter – abzustreifen, gleichzeitig drückte ich mit der Zunge gegen das Stoffstück in meinem Mund. Es dauerte lange, aber irgendwann gab der Knebel so weit nach, dass ich durch die entstandene Lücke um Hilfe schreien konnte. Beim ersten Versuch brachte ich keinen Ton heraus, ich versuchte es wieder, und da ging es, zwar leise, fast heiser, aber immerhin: ›Au secours, au secours!‹

Lotti entschuldigte sich später, dass sie nicht sofort gekommen war, sie sagte, es habe sie fast zerrissen da oben, sie habe nur runtergewollt. Aber sie sei sicher gewesen, dass es eine Falle war, denn meine Stimme habe getönt, als hätte mir einer einen Plastiksack über den Kopf gezogen. Sie hat richtig entschieden und Ouattara kommen lassen. Als dieser vor dem Tor stand und rief, dass draußen alles in Ordnung sei, kam Yvon runter und öffnete ihm das Tor.

Später erfuhr ich, dass die Taxiwächter die Einbrecher verfolgten, als diese aber zweimal in die Luft schossen, nur noch einer hinterherschlich und sah, wie sie oben an der Straße in ein Auto stiegen.«

Nestor macht jetzt – nach vielen kürzeren – eine längere Pause. Ich sehe ihm an, dass er nicht auf eine Frage wartet, sondern sich erst sammeln muss, und lasse ihm Zeit.

»Ouattara hob mich vom Boden auf und legte mich Lotti vor die Füße, sie begann, meinen Kopf von den Tüchern zu befreien, und

Yvon schnitt meine Fesseln auf. Es gab keinen Knochen, der nicht geschmerzt hätte, aber am meisten schmerzte es mich, als ich die Tränen in Lottis Augen sah, die sie mit aller Kraft zurückzuhalten versuchte. Madame Lotti ist eine Kämpferin, sonst könnte sie nicht tun, was sie tut, sie hat eine unheimliche Energie, sie… warum schmunzelst du?«

»Weil deine Beschreibung sie so gut trifft. Sprich ruhig weiter. Du hast gesagt, Lotti sei eine Kämpferin, sie habe eine unheimliche Energie, sie …?«

»Nun, sie ist halt einfach einmalig. Als ich sie so sah, da dachte ich als Erstes, wenn dieser Überfall bloß nicht das Aus ist. Ich hatte wirklich Angst, sie würde gehen. Abreisen. Für immer. Was dann? Nach gut einer Stunde kam die Polizei, und als ich meine Aussage gemacht hatte, brachte mich Ouattara ins Krankenhaus, wo meine Wunde über dem Auge genäht wurde. Es begann bereits zu dämmern, als wir zurückkamen. Im Ambulatorium herrschte reges Treiben. Nicht von den Patienten, Lotti hatte Plakate aufgehängt, auf denen stand, dass das Zentrum heute geschlossen bleibe. Es waren die Nachbarn, die ins Zentrum strömten und sich darüber Gedanken machten, wie man das Quartier besser schützen könnte. Madame Lotti hat später die ganze Nachbarschaft mit Trillerpfeifen ausgerüstet, damit, wenn einer etwas Verdächtiges bemerkt, er pfeifen und die anderen wecken kann, die dann wieder pfeifen und andere wecken, sodass alle alarmiert werden und einander zu Hilfe eilen können.

Die Nachricht vom Überfall hatte sich ausgebreitet wie ein Lauffeuer. Ein paar Stunden später war das Zentrum voller Menschen. Ein Großteil davon waren die Frauen, die Aids haben und in Madame Lottis Programm stehen. Sie kamen samt Nachwuchs, setzten sich in den Hof des Ambulatoriums, besprachen die Situation und beschlossen, dass sie die Nacht ab sofort im Zentrum verbringen würden. Ihre Strategie war folgende: Wäre der ganze Hof mit schlafenden Frauen bedeckt, würde für einen Einbrecher kein Platz mehr sein, um auch nur einen Fuß vor den anderen zu setzen. Lotti brauchte ihre ganze bereits wiedergewonnene Energie, um ihnen diese Idee auszureden. Die Frauen, von denen viele so geschockt waren, dass sie weinten, beschlossen dann, dass sie sich eigentlich sowieso keine allzu großen Sorgen machen müssten. Sie sagten: ›Madame Lotti, dir wird nichts passieren. Weil dir nichts passieren kann, denn du stehst unter dem direkten Schutz von Gott.‹

Madame Lotti wollte mich nach dieser Nacht krankschreiben. Sie bat mich, vorerst zu Hause zu bleiben und mir zu überlegen, ob ich im Zentrum einen neuen Job wolle. Aber ich blieb nicht zu Hause, und ich will auch keine andere Arbeit. Ich werde mir mein neues Leben von niemandem kaputt machen lassen. Mein Platz ist hier, bei Madame Lotti. So kann ich ihr für all das danken, was sie mir gegeben hat. Ich muss und ich werde das Geschehene verarbeiten. Dass Abbass und Frank da sind, das hilft mir sehr. Wir sind jetzt zu dritt, das ist schon ein gutes Gefühl.«

»Sie haben dir deine Uhr geklaut.«

»Ja, das ist schade, aber sie haben mir nicht mein Leben genommen.«

»Es hätte gut anders enden können.«

»Ich bin froh, überlebt zu haben, aber ich bin vor allem sehr froh, dass Lotti nichts passiert ist. Die Frauen haben schon recht, Gott gibt auf seine Engel acht!«

»Lotti ein Engel? Nestor, das hört sie gar nicht gern.«

»Ich weiß, ich weiß. Aber sie ist einer. Einer, dem die Flügel gestutzt wurden, damit er nicht wegfliegen kann. Genau so ein Engel ist sie.«

»Nestor, gingst du zur Schule?«

»Oh, ja, ich hatte sogar eine Arbeit, in einer Textilfabrik. Aber dann kam der Krieg, und die Firma ging Bankrott, und ich stand auf der Straße. Es ist schlimm, wenn man seine Kinder kaum ernähren kann. Ich glaube, das Schlimmste ist, in ihren Augen den Hunger zu sehen. Als ob dies nicht schon genug wäre, wurde ich dann auch noch krank. Madame Lotti bezahlte die Medikamente, die

Laboruntersuche, einfach alles. Das machte mich auf der einen Seite sehr glücklich. Aber glaub mir, es war auch sehr schwierig, ihr nie etwas bezahlen zu können. Ich bat sie um Arbeit. Sie fragte, ob ich auch putzen würde. Und ob ich putzen würde, erwiderte ich, und so ließ sie mich jeden Sonntag die Container sauber machen, und weil ich das gut gemacht habe und sie wusste, dass das Geld, das ich damit verdiente, nicht für meine ganze Familie reichte, bot sie mir, als sie einen neuen Nachtwächter brauchte, eben diesen Job an.«

»Und wer passt denn in der Nacht auf deine Kinder auf?«

»Aber Gaby, die sind doch schon groß. Zumindest die Großen! Also meine älteste Tochter ist dreißig und hat selbst schon zwei Kinder, ich bin also Großvater! Mein Jüngster ist fünf. Aber da keines der Kinder Arbeit finden kann, wohnen sie immer noch bei mir. Meine Tochter kocht und macht die Wäsche. Mein Lohn reicht für alle. Knapp reicht er. Aber – ich will mich nicht beklagen. Weißt du, ich habe mich sehr geschämt, als ich betteln musste. Immer die Hand aufhalten müssen raubt einem die Würde.«

Unvermittelt steht Nestor auf, gibt mir die Hand. »Danke, dass du mir zugehört hast.« Dann steigt er die steile Treppe hinunter. Ich schaue ihm nach, sehe, wie er sich beim Tor von Ouattara verabschiedet und das Ambulatorium verlässt. Ich stehe noch an der Tür, als Lotti raufkommt.

»Na? Hast du mit Nestor gesprochen?«

»Ja, er ist ein Held!«

»Held? Hast du Held gesagt?«

Ich werde etwas lauter: »Ja, Held, ich habe Held gesagt!«

»Nun, vielleicht ist er das, aber weißt du, ich mag das Wort, so wie ihr es in Europa einsetzt, ganz und gar und überhaupt nicht. Ihr bezeichnet Menschen als Helden, die so genannte Heldentaten vollbracht haben, und vergesst all die wirklichen Helden. Die, die tagtäglich um ihr Überleben kämpfen, die jeden Tag aufstehen, obwohl sie wissen, dass die nächsten Stunden für sie nichts als Hunger bringen werden und ihre Hände keine Arbeit bekommen werden und ihr Kopf keine Herausforderung. Ich sehe Nestor auch als Helden, aber nicht dieser vermaledeiten Nacht wegen, sondern weil er nie aufgegeben, sondern immer gekämpft hat.«

»Sie haben«, scherze ich, »wie immer recht, Madame! Sehr recht.«

»Schlecht? Nein, mir ist nicht schlecht! Ganz und gar nicht!«

»Lotti, ich habe recht gesagt, nicht schlecht. Ich habe gesagt, du habest reeecht!«

»Schrei doch nicht, ich habe dich doch schon beim ersten Mal verstanden, aber man darf ja wohl auch mal einen Witz machen. Komm, wir gehen!«

»Ins Sterbespital?«

»Ja, ich werde dich endlich den Patienten vorstellen, und dann koche ich dir etwas zum Abendessen, und dann falle ich ins Bett. Komm!«

»Ich kann ja wohl auch selber kochen!«

Aber Lotti ist schon auf dem Weg nach unten und – hört nichts. Egal. Das Kochproblem löse ich, wenn wir wieder zurück sind. Eines nach dem anderen. Auch das lehrt einem das Leben hier.

Im Sterbespital angekommen, empfängt uns Kindergesang, begleitet von einer afrikanischen Trommel, die Abel zwischen seinen Beinen eingeklemmt hält. Später klärt er mich darüber auf, dass das keine Trommel sei, sondern ein Tamtam. Abel, der Junge, dessen gebückte Körperhaltung mich an den Glöckner von Notre-Dame erinnert, schlägt einen perfekten Rhythmus.

Wir schauen dem bunten Treiben kurz zu, ich streichle Frank, der mich mit seinem besonderen Lächeln anstrahlt, das immer leicht schief herauskommt, über die Wange, erkläre ihm, ich könne ihn nicht aufnehmen, da ich die Patienten besuchen würde.

Es gibt ein kleines und ein großes Männerzimmer, und es gibt ein kleines und ein großes Frauenzimmer. In den kleinen Zimmern liegen jeweils vier Patienten, in den großen acht. Im Hof sind nochmals vier Betten aufgestellt.

Ich weiß, was mich erwartet, und wappne mich innerlich. Bevor ich eintrete, atme ich bewusst ein und langsam wieder aus. Dann erst folge ich Lotti, gehe mit ihr von Bett zu Bett, sehe in ausgemergelte Gesichter, denen man ihre einstige Schönheit ansieht, drücke knochige, sehr kalte Hände, streichle über schweißnasse Stirnen, blicke in Augen, in denen eine Weisheit liegt, die von vielen gelebten Jahren zeugt, auch dann, wenn die Menschen, zu denen sie gehören, noch keine dreißig sind, und ich höre immer wieder dasselbe. Manchmal etwas lauter, manchmal ganz kraftlos: »Bonne arrivée!« Ich lerne zwölf Frauen kennen und zwölf Männer, die ich in den nächsten Tagen immer wieder besuchen werde, um allen – auch jenen, die im Koma liegen – einen guten Tag zu wünschen. Nicht wie Lotti bereits morgens um sechs, sondern irgendwann im Laufe des Tages. Ich werde dabei den Tod riechen. Dass ich ihm ausweichen werde, weiß ich schon jetzt.

Den Tod habe ich in meinen beiden ersten Büchern beschrieben. Im ersten den von Aïcha, im zweiten den von Noël. Beide waren keine zwanzig. Beide waren Menschen, deren Geschichten mich zutiefst berührt haben. Beide haben mich gelehrt, dass der Mensch, der bei seiner Geburt weint, bei seinem Tod das Gegenteil tut. Er lächelt.

Ich will nicht mehr über den Tod schreiben, ich will über das Leben schreiben. Nicht nur, weil ich mir vorgenommen habe, vom Positiven zu berichten, sondern auch – und dies vor allem – weil Aïcha und Noël mich nachhaltig geprägt haben. Ich will ihre Geschichten nicht mit einer neuen überdecken. Eine Entscheidung, die ich treffen kann. Etwas, was Lotti nicht tun kann. Sie hat in all den Jahren Hunderte von Menschen in den Tod begleitet, kein einziges Mal hat sie gesagt, ihr Herz sei zu klein für so viel Trauer. Woher sie die Kraft nimmt? Es ist ein unbändiger Wille, der sie treibt: die Welt ein kleines bisschen gerechter zu machen. Sie ist sich sicher: »Kein Mensch sollte sterben müssen, ohne davor gespürt und gehört zu haben, dass er wenigstens einmal im Leben von ganzem Herzen geliebt worden ist.«

Nach unserem Besuch in den Frauenzimmern kommen wir ins

große Männerzimmer. Ich bin überrascht von der Stimmung, die uns hier empfängt. Sie ist gut, um nicht zu sagen ausgelassen. Alle scheinen sie – auch wenn viele von ihnen in Windeln liegen – auf dem Weg der Besserung. Die Männer, erklärt mir Lotti, seien allesamt dem Tod nah gewesen, als sie kamen. Außer einem. Monsieur Zerbo. Er liegt nicht hier, weil er Aids hat, sondern weil ein Pfarrer Lust auf Papaya hatte. Eine Geschichte, die Monsieur Zerbo mir gerne in aller Ausführlichkeit schildern würde, aber ich möchte jetzt nicht zu lange bleiben, sondern mit Lotti möglichst bald zurück ins Ambulatorium, damit sie ins Bett kommt – was ich ihr nicht sage. Ich verspreche Monsieur Zerbo, morgen zuzuhören, womit er sehr einverstanden scheint.

Als uns der Rundgang ins letzte, das kleine Männerzimmer führt, sitzt der Tod in jeder Ecke. Beim Bett von Valdéra springt er mich förmlich an. Valdéra ist ein Junge, dessen Zuhause die Straße war und der zu Beginn seines Aufenthaltes sein Essen in den Kehrichteimern des Sterbespitals suchte. Es dauerte Tage, bis er begriff, dass das, was auf seinem Teller lag, sein Essen war. Und Wochen, bis er nicht mehr aß wie ein Tier. Valdéra ist siebzehn, seine Haut ist von vernarbten Verletzungen übersät. Die Verletzungen seiner Seele sehe ich in seinen Augen. Sie sind alles andere als verheilt.

Nachdem Lotti sich die Treppe hochgeschleppt und mir dabei den Menüplan für heute Abend verkündet hat, bitte ich sie, sich endlich hinzulegen. Aber Lotti will sich nicht hinlegen, sie will duschen. Auf ihrer Stirn perlt Schweiß. Sie hat hohes Fieber. Sie verspricht, morgen einen Bluttest zu machen, um herauszufinden, ob das Malariamittel, das sie einnimmt, nicht nur auf ihre Ohren schlägt, sondern auch auf den Erreger wirkt.

Ich koche zwei Eier, schäle, zerhacke und würze sie mit der Fertigsalatsauce, die in Lottis kleinem Kühlschrank steht. Dann gebe ich die Mischung über eine bereits in Scheiben geschnittene Avocado, würze mit ein bisschen Salz und ein paar Tropfen Zitrone. Im Slum, wo sich nicht viele Menschen eine Avocado, geschweige denn ein Ei leisten können, ein regelrechtes Festessen.

Mein letzter Gedanke an diesem Abend gehört einer ungeheuerlichen Meldung, die ich in den Tagen vor meiner Abreise gelesen und von der ich gedacht hatte, sie sei vielleicht ein verfrühter Aprilscherz. Wieder zu Hause, recherchiere ich und finde die kurze Meldung, die mich am 8. Februar in der Gratiszeitung »heute« glauben machen wollte, ich hätte mich im Datum geirrt:

»Das teuerste Menü der Schweiz, das 6000-Franken-Menü im Kempinski Hotel in St. Moritz, bekommt Konkurrenz: Sechs Gourmetköche bereiten übermorgen in einem Bangkoker Luxushotel ein 36 000 Franken teures Dinner zu. Das elfgängige Menü eröffnen Gänseleber, Tatar und Kaviar. Als Hauptspeisen kommen Krebse, Trüffel-Risotto und Lamm auf den Tisch.«

Dass beim Sechstausend-Franken-Menü in St. Moritz die Getränke nicht inbegriffen waren, erfahre ich im Zuge meiner Recherche in der »Basler Zeitung«, die am 15. Januar erklärte, dass es die in den Menüs verkochten französischen Spitzenweine seien, die das Ganze so teuer machten, und weiter:

»Wer zu jedem Gang den korrespondierenden Wein plus einen Cognac bestellt, bezahlt noch einmal 4500 Franken. Die Rechnung ist schnell gemacht: Zwei Menüs à 6000 Franken plus Getränke kosten am Schluss 16 500 Franken. Mineralwasser, Kaffee und Trinkgeld kommen hinzu. Wem all das zu viel Geld für ein Nachtessen ist, der wähle die Sparvariante. Das Fünfgangmenü ist bereits für 4000 Franken zu haben.«

Selbst in St. Moritz, wo man sich an snobistische Eskapaden gewöhnt habe, sei das Erstaunen gross und das Menü in der Bündner Presse auf harsche Kritik gestoßen. Im Artikel kommt auch die PR-Frau des Kempinski-Hotels zu Wort, die »(…) ob solcher Kritik nicht die Fassung verliert. Jeder setze im Leben halt andere Prioritäten, sagt sie. In New York könne man einen Cocktail für 10 000 Euro trinken. Wer Glück habe, finde am Boden des Glases einen Diamanten.«

Dienstag, 20. Februar 2007

Es war nicht der intensive Traum von an Diamanten erstickter High Society, der mich schlecht schlafen liess. Ich schlief wegen der Hitze im Zimmer schlecht. Denn nachdem ich von Nestor in allen Einzelheiten erfahren hatte, was genau passiert war, wollte ich die ratternde Klimaanlage im Zimmer nicht einstellen, sondern durch das offene Fenster alles hören, was draußen geschah. Erschwerend hinzu kam ein in Abständen von einer Viertelstunde voll auf das Fenster gerichteter Strahl einer sehr hellen Taschenlampe. Als Lotti um halb sieben von ihrem Morgenbesuch im Sterbespital zurückkommt, drücke ich ihr die Kaffeetasse in die Hand und frage: »Du, Lotti, was hat es mit diesem Leuchten in der Nacht auf sich?«, worauf sie so lachen muss, dass der Kaffee überschwappt.

»Das ist ein Zeichen.«

»So, so.«

»Das Zeichen von Abbass, Nestor und Frank.«

»Das Zeichen, dass sie noch leben?«

»Nein, das Zeichen, dass sie noch wach sind.«

»Aha!«

»Weißt du, ich habe Frank mal schnarchend vorgefunden. Der schlief so fest, dass wir ihn fast nicht wach kriegten.«

»Uups – und du hast ihn nicht sofort entlassen?«

»Nein, schließlich entschuldigte er sich in aller Form und hatte erst noch eine gute Erklärung – die Taufe seiner Nichte war etwas zu feuchtfröhlich ausgefallen. Ich beschloss, ihm eine zweite Chance zu geben.«

»Auch weil du auf den roten Knopf an seinem Funkgerät nicht verzichten wolltest?«

»Kann sein, aber vor allem deshalb, weil er ansonsten ja ein zuverlässiger Wächter ist. Apropos roter Knopf, ehrlich gesagt, würde es mich schon reizen, den mal zu drücken. Ich möchte zu gerne herausfinden, ob wirklich das passiert, was die Sicherheitsfirma verspricht.«

Dass Lotti auch Flausen im Kopf hat, merkte ich spätestens, als wir zusammen auf Vortragsreise waren. Wie aus dem Nichts erinnerte sie sich damals an eine Geschichte, die zu erzählen ich sie später wieder und wieder forcierte, da sie so schön aufzeigt, warum Madame tatsächlich kein Engel ist. Wohl auch keiner, dem die Flügel gestutzt werden mussten.

Als Aziz in Nigeria stationiert war, wohnte die Familie fünfzig Kilometer außerhalb von Lagos in einem Camp. Es gab einen Swimmingpool, Tennisplätze, sogar eine Sauna. Aziz pflanzte – als Sohn eines Bauern – Bäume und hielt Tiere. Hasen, Esel, Ziegen und Hühner. Wenn Lotti und Aziz abends zum Essen bei Freunden eingeladen waren, führte ihre Fahrt an Straßenblockaden vorbei. Grimmig aussehende Militärs wollten die Ausweise sehen und den Kofferraum begutachten, stellten tausend Fragen, bis sie schließlich zur letzten und wichtigsten kamen: »Was bringt ihr uns für ein Geschenk?« Aziz hatte immer Maggiwürfel dabei. Doch eines Tages hatte Lotti genug, und sie begann mit der Planung ihres ganz privaten kleinen Rachefeldzuges.

Sie besorgte, was sie brauchte, und bei der nächsten Fahrt sagte sie den Soldaten, sie habe ein ganz besonderes Geschenk: »Powerpills!« Sie versprach, diese Kraftpillen, die man heute wohl Viagra nennen würde, brächten eine unglaubliche Manneskraft hervor, und empfahl eindringlich: »Eine halbe Stunde vor dem Zubettgehen nehmt ihr eine Tablette, das sollte genügen, nehmt auf keinen Fall zwei!« Dann öffnete sie ihre Handtasche und gab ihnen je – drei!

Aziz fuhr weiter, fragte: »Was hast du ihnen da untergejubelt?«

»Das hast du doch gehört: Powerpills!«

Aziz, der seine Frau gut kennt, schaute sie von der Seite an: »Lotti?«

»Ist doch egal, umbringen wird es sie nicht.«

»Dann gib mir auch eine«, verlangte er nun. Als Lotti ihm

gestand, dass die Powerpills in Wirklichkeit nicht aphrodisierend, sondern abführend wirken, hatte Aziz so Mitleid mit den Kerlen, dass er rechtsumkehrt machen und die Tabletten zurückfordern wollte. Erst als Lotti ihm hoch und heilig versprach, so etwas nie wieder zu tun, ließ er ihr ihren kleinen Triumph. Und lächelte dabei auf den Stockzähnen.

Und nun sitzt der Racheengel mit fiebrigen Augen auf seinem Bett und zählt afrikanisches Geld in Bündelchen zu tausend Francs ab. Geld, das HIV-positiven Müttern und ihren Familien das Überleben garantiert.

In den Genuss dieser finanziellen Unterstützung kommen am Montag jeweils hundertfünfzig Frauen und heute gleich nochmals so viele. Neben diesen dreihundert »cas sociaux« bekommen noch hundert Kinder, die im Slum leben, Schulgeld. Ferner erhalten im Moment sechzig HIV-positive Mütter Säuglingsmilch und tausendfünfhundert mit dem HI-Virus infizierte Frauen und Männer die Medikamente gegen Aids sowie alle Untersuchungen und Laboranalysen, die für eine richtige Behandlung nötig sind. Früher musste Lotti die Patienten für spezifische Untersuchungen zu Dr. Chenal schicken, was jedes Mal noch Transportkosten verursachte. Heute hat sie ihr eigenes Labor so eingerichtet, dass fast alles hier gemacht werden kann. Wenn sie sagt: »Wir sind zu einem voll einsatzfähigen Aidszentrum geworden«, schwingt leiser Stolz mit.

Ich begleite Lotti in ihr Büro, setze mich hinter sie und höre zu. Höre, was ich – in Varianten – schon oft gehört habe. Früher versuchte ich zu verstehen, wie sie den Menschen Mut macht, mit Aids zu leben. Heute versuche ich zu verstehen, wie Lotti es schafft, seit Jahren dieselben Wort zu benutzen, ohne dass diese an Intensität, Kraft und aufrichtigem Mitgefühl verlieren. Mitleid hingegen kennt Lotti nicht. Mehr noch, dieses Wort möchte sie verbieten. »Mitleid hat so etwas unglaublich Großherziges – Barmherziges. Die Menschen hier brauchen kein Mitleid! Mitleid ist das Letzte was sie brauchen.«

Immer wieder kommen auch Menschen zu ihr, die nicht krank

sind, sondern um Geld bitten. Tatsache ist, dass jeder hier Geld braucht. Tatsache aber ist auch, dass, wenn Lotti damit beginnen würde, an gesunde Menschen Geld zu verteilen, sie ihre Zentren morgen schließen könnte. Lotti hat gelernt, Nein zu sagen, »auch wenn das Nein das Schwerste ist. Aber ohne Nein geht es nicht, sonst habe ich am Schluss die ganze Elfenbeinküste auf meinen Schultern. Ich kann nicht Hunderttausenden helfen. Es gibt Zentren, die setzen sich für Blinde ein, solche, die geistig oder körperlich Behinderte betreuen, wir kümmern uns in erster Linie um Aidspatienten.«

Lotti begann bereits vor Jahren, Mikrokredite zu vergeben. An wenige Männer für die Fahrprüfung, an unzählige Frauen zur Eröffnung eines Marktstandes. Die Mikrokredite werden auf den letzten Franc zurückbezahlt. Dank dieser direkten Unterstützung sind inzwischen fast vierhundert Frauen selbstständig geworden und nicht mehr auf die finanzielle Hilfe Lottis angewiesen. Diese Hilfe zur Selbsthilfe erklärt Lotti gerne mit einem chinesischen Sprichwort: »Wenn du einen Menschen ernähren willst, dann gib ihm keinen Fisch, sondern lehre ihn das Angeln.«

Die Frau, die jetzt vor Lotti sitzt und das Geld entgegennimmt, sieht nur mit einem Auge. Sie kam so zur Welt. Mit Augenlidern, von denen sich nur die ihres rechten, nie aber die ihres linken Auges öffneten. Sie heißt Sarre Minata, ist allein erziehende Mutter von drei Kindern und erzählt Lotti sehr stolz, dass sie einen Alphabetisierungskurs für Erwachsene besuche. Lotti gratuliert herzlich: »Deine Welt, Sarre Minata, wird eine neue werden, wenn du schreiben und lesen kannst. Du machst das gut!«

Sarre Minata ist eine junge, sehr positiv wirkende Frau, sie hat eine sympathische Ausstrahlung und scheint lebensfroh zu sein. Bevor sie das Büro wieder verlässt, erkläre ich ihr, was ich hier tue, und bitte sie, sich zu überlegen, ob sie mir ein Interview geben würde.

»Das muss ich mir nicht überlegen, wenn es der Sache hier hilft, dann mache ich das noch so gerne.«

Und Lotti meint: »Eine gute Wahl, Gaby, denn Sarre Minata wird bald ihren eigenen Marktstand eröffnen und – sie hat einiges zu erzählen.«

Wir verabreden, dass Sarre Minata mich am Donnerstag um zehn Uhr im Zentrum abholen wird, dann verabschieden wir uns.

Als sie gegangen ist und Lotti »Suivant!« – »Nächster!« – auf den Hof gerufen hat, kommt eine Frau, die Lotti noch nicht kennt. Die Frau erzählt, sie habe Brüder und Schwestern, und keiner von ihnen kriege Arbeit, alle hätten Hunger. Sie bittet um Geld. Lotti hört lange und geduldig zu, stellt Fragen, findet heraus, dass sie keine Kinder hat und es ihr – gesundheitlich, zumindest – gut geht. Endlich ringt sich Lotti durch: »Es tut mir leid, ich kann nicht helfen. Was ich anbiete, ist die kostenlose Pflege. Also, sollte jemand aus der Verwandtschaft medizinische Hilfe brauchen, wir sind da.«

Die Frau akzeptiert das Nein, verabschiedet sich von Lotti mit einem Kopfnicken. Schon will der nächste Patient zu Lotti rein, doch sie bittet um einen Moment Geduld, dreht sich zu mir um. Nein, sie will sich nicht erklären, sie weiß, dass ich inzwischen verstanden habe, dass sie hundertmal Nein sagen muss, damit sie tausendmal Ja sagen kann. Lotti dreht sich aus einem ganz anderen Grund zu mir um, sie will eine Geschichte loswerden:

»Letzte Woche kam ein Mann in mein Büro, er war außer Atem, offenbar war er gerannt. Ich glaube, er wollte das, was er zu tun hatte, schnell hinter sich bringen. Er steckte in Lumpen. In sauber gewaschenen Lumpen, wohl verstanden. ›Madame Lotti‹, begann er, ›ich sitze hier vor Ihnen und ich schäme mich zutiefst.‹ Ich sagte nichts, gab ihm aber zu verstehen, dass ich ihm zuhören werde. ›Meine Kinder haben Hunger. Mein Bruder hilft mir, aber er kriegt seinen Lohn diesen Monat verspätet. Ich bitte Sie um vier Kilo Reis.‹«

»Hast du sie ihm gegeben, die vier Kilo?«

»Hätte er um Geld gebeten, ich hätte es nicht getan. Er bat um Reis, also habe ich ihm vier Kilo mitgegeben.«

»Hättest du ihm nicht auch fünf Kilo geben können?«

»Ja, so denkt ihr, geben, geben, geben, aber wo führt das hin? Und ganz abgesehen davon: Fünf Kilo hätten ihn beleidigt, das war ein Mann, der ganz genau überlegt hatte, was er braucht. Glaub mir, mit einem einzigen Reiskorn mehr hätte ich ihm das letzte bisschen Stolz, das er noch verspürte, geraubt. Damit, dass ich ihm genau das gab, was er verlangte, zollte ich ihm meinen Respekt. Ich bat Adelaide, ihm den Reis abzupacken.«

»Was macht dich so traurig?«

»Die Tatsache, dass es nicht stimmt, dass jeder seines eigenen Glückes Schmied ist, und viele das so nicht wahrhaben wollen. Weißt du, wie oft ich hören muss, das seien alles faule Säcke hier in Afrika? Aber komm, wir reden später weiter, ich muss jetzt arbeiten.«

Mir wird erst, als ich wieder zu Hause bin und diese Zeilen schreibe, bewusst, dass wir nicht mehr darüber gesprochen haben. Aber wir mussten ja auch nicht, denn ich weiß genau, was sie meint. Die »faulen Säcke« in Afrika können sich noch so anstrengen, ihrem Leben eine positive Wendung zu geben, wie sollen sie die Kurve kriegen, wenn es keine solche gibt? Wenn der Weg in einer Geraden nach unten führt? Es gibt die Verwegenen, die – in der verzweifelten Hoffnung auf ein besseres Leben – ihr eigenes dafür aufs Spiel setzen. Sich Schleppern anvertrauen, die sie in Boote pferchen, die auf hoher See nichts als Nussschalen sind, um halb verhungert und dehydriert im vermeintlichen Paradies zu landen. Viele tun dies im Wissen darum, dass Stacheldrahtbarrieren, unmenschliche Behandlung und Rückschaffung sie erwarten. Dass sie es trotz allem wagen, ist dem Grad ihrer Verzweiflung zuzuschreiben und dem Umstand, dass die Hoffnung zuletzt stirbt.

Rückschaffung! Ein grässliches Wort. Ein Wort – kommt noch hinzu –, das für Menschen genauso eingesetzt wird wie für Waren. Ein Unwort? Ein Unwort des Jahres vielleicht sogar?

Unter www.unwortdesjahres.org, der Homepage der sprachkritischen Aktion der Johann-Wolfgang-Goethe-Universität in Frankfurt, finde ich es nicht. Ich klicke auf Kontakt und frage per Mail an: »Erstens: Ist das Wort ›Rückschaffung‹ schon als Unwort des Jahres vorgeschlagen worden? Wenn ja, wie oft? Zweitens: Wo findet es mehr Verwendung, bei Menschen oder bei Waren?«

Drei Tage später antwortet mir Dr. Horst Dieter Schlosser, Professor für Deutsche Philologie, wie folgt: »Das Wort ›Rückschaffung‹ ist bisher noch nicht als Unwort eingereicht worden. Es handelt sich überdies wohl um einen Helvetismus. (Im großen sechsbändigen Duden-Wörterbuch wird das Wort nicht verzeichnet.) Das ›binnendeutsche‹ Pendant wäre bei Personen ›Abschiebung‹, bei Waren ›Rücktransport‹.«

Ich kläre ab, ob deutsche Medien das Wort tatsächlich nicht gebrauchen. Tun sie nicht. Sie gebrauchen auch das in der Schweiz sehr geläufige Wort »Ausschaffungshaft« nicht. Sie nennen diesen Vorgang: »Abschiebungshaft.«

»Abschiebung!« – »Rückschaffung!« In beiden Wörtern schwingt Widerwillen mit. Widerwillen vor den Menschen, die sich angemaßt haben, ihre eigene Welt ein kleines bisschen besser machen zu wollen. In beiden Wörtern schwingt aber auch Angst mit. Die Angst, dass unser Stück vom Kuchen kleiner werden könnte, wenn sich zu viele daran gütlich tun. Stimmen jedoch die Voraussagen des Ex-Uno-Generalsekretärs Kofi Annan, könnte das genaue Gegenteil eintreffen. Kofi Annan war sich, als er noch im Amt war, ziemlich sicher, dass, wenn der demografische Trend anhält, die europäischen Länder bald schon Zuwanderer brauchen werden. Er forderte Europa dazu auf, die weltweite Migration als Chance zu sehen und damit zu beginnen, eine andere Politik als die des Abschottens zu betreiben.

Was nach »Rückschaffung« und »Abschiebung« kommt, ist für die Zurückkehrenden ein Gesichtsverlust, den wir uns nicht einmal annähernd vorstellen können. Das Geld für den Schlepper hat sich nämlich die meist sehr große Verwandtschaft vom Mund abgespart. Dies in der Gewissheit, dass der, welchem die Reise bezahlt wurde, fortan einen Großteil seines für afrikanische Verhältnisse bestimmt enormen Verdienstes in seine Heimat schicken würde.

Was er – wenn er erfolgreich gewesen wäre – auch getan hätte. Wie wertvoll diese direkte Hilfe für ein Entwicklungsland ist, geht aus einem Artikel einer »Tages-Anzeiger«-Serie zu den positiven Aspekten der Migration hervor. Dort schrieb die Afrika-Korrespondentin Christine D'Anna-Huber am 2. September 2006:

»Kapstadt. – Wie die Weltbank in ihrem letzten Bericht (›Global Economic Prospects 2006: Economic Implications of Remittances and Migration‹) schreibt, haben die über offizielle Kanäle abgewickelten Rücküberweisungen von Migranten im Lauf der letzten Jahrzehnte ständig zugenommen. Betrugen sie im Jahr 2004 noch 150 Milliarden US-Dollar, so waren es 2005 bereits rund 232 Milliarden US-Dollar, welche Migranten in ihre Heimatländer geschickt haben. Entwicklungsländer haben davon 167 Milliarden erhalten: Das ist weit mehr, als die Industrieländer offiziell für Entwicklungshilfe aufwenden. Werden auch inoffizielle Zahlungskanäle berücksichtigt, dann dürften die Rücküberweisungen noch um weitere 50 Prozent höher ausfallen.

Meist fließen diese Gelder zuverlässiger und sind weniger an politische Stimmungsschwankungen gebunden als internationale Investitionen und Hilfe. Sie helfen, die ärgste Not zu lindern und einen Teil des Konsumbedarfs zu decken, kompensieren fehlende Wohlfahrtssysteme, werden in Erziehung und Gesundheit investiert und kurbeln das Kleingewerbe an. Eine Zunahme der Rücküberweisungen um 10 Prozent, schätzt die Weltbank, kann die Armut um 3,5 Prozent verringern. Eine Studie weist nach, dass in Sri Lanka Kinder von Familien, die Rücküberweisungen erhalten, ein höheres Geburtsgewicht aufweisen. Verschiedene Entwicklungsländer versuchen denn auch, den Geldstrom mit gezielten Maßnahmen zu fördern.«

Am Schluss zählt die Journalistin die Empfängerländer auf:

»Die weltweit größten Empfängerländer sind, absolut gesehen, Indien (21,7 Milliarden Dollar), China (21,3 Milliarden) und Mexiko (18,1 Milliarden). (...) In Afrika ist der weitaus größte Empfängerstaat Nigeria, wo Rücküberweisungen nach dem Erdöl den größten Einnahmeposten des Landes darstellen. An zweiter Stelle steht Lesotho, danach kommen der Sudan, Senegal, Moçambique und der Inselstaat Mauritius.«

Die zitierte Studie hält fest, dass der größte Teil der Rücküberweisungen in Entwicklungsländer aus Industriestaaten stammt und gut ein Drittel davon von Entwicklungsland zu Entwicklungsland fließt.

Dass die Verwandtschaft in der afrikanischen Tradition so feste Bande hat, ist Segen und Fluch zugleich. Denn wer hier verdient, verdient nie nur für sich und seine eigene Familie, nein, er unterhält – oder versucht es zumindest – Schwestern und Brüder, Eltern und Schwiegereltern, Nichten und Neffen, Cousins und Cousinen, kurz all die, die keine Arbeit haben. Diese in Afrika absolut selbstverständliche Pflicht zur Solidarität kann so erdrückend sein, dass jemand, der Arbeit annehmen könnte, sie gar nicht erst annimmt, weil seine Situation als Verdienender ihm nicht die geringste Entlastung, sondern im Gegenteil eine immense Belastung bringen würde.

Ich lasse Lotti weiterarbeiten und mache mich auf den Weg ins Sterbespital, komme allerdings nicht weit. Vor dem Tor des Ambulatoriums fährt gerade der Krankenwagen vor, und ich will die Gelegenheit wahrnehmen, Innocent zu begrüßen. Innocent, den Chauffeur, den Lotti vor etwas mehr als einem Jahr neu eingestellt hat.

Der Krankenwagen ist ein Geschenk der japanischen Botschaft. Er hatte ihr viele schlaflose Nächte beschert. Lotti brauchte ihn dringend, weil sie die Patienten, die sie in ihren Hütten »zusammensammelt«, endlich liegend transportieren wollte, da der Transport in aufrechter Haltung mehr als einmal tödlich verlaufen war. Aber die Behörde der Elfenbeinküste wollte das Auto nicht aus dem Zoll herausgeben, ohne dafür eine immense Gebühr einzustreichen. Lotti weigerte sich. Standhaft. Sie bezahle, machte sie immer wieder klar, nicht einen einzigen Franc.

Lotti musste mühsam lernen, dass es ohne Zollgebühren nicht geht, und akzeptierte irgendwann – zähneknirschend –, dass es

Sinn macht, zwei Wolldecken im Zoll zurückzulassen, wenn sie dafür acht gratis auslösen kann.

Beim Krankenwagen ging sie auf einen anderen Deal ein: Das Auto konnte ohne Zollgebühren ausgelöst werden, blieb aber Eigentum des Staates. Inzwischen hat sich dieser Kompromiss als sehr positiv herausgestellt, denn da das Gefährt dem Staat gehört, wurde es mit staatlichen Kennzeichen versehen. Es dauerte nicht lange, da erkannte Lotti, wie wertvoll dies in einer politisch so unsicheren Lage ist. Bis heute wurde der Krankenwagen bei den zahlreichen Straßenblockaden und Checkpoints kein einziges Mal kontrolliert, sondern immer sofort und äußerst zuvorkommend durchgewinkt.

Aber zurück zu Innocent. Als ich mich vorstelle, lächelt er, sagt, er habe schon viel von mir gehört.

»Ich auch von Ihnen! Lotti ist sehr zufrieden mit Ihrer Fahrkunst, aber das ist ja auch kein Wunder, als Ex-Chauffeur eines Botschafters!«

Innocent, dessen Namen auf Deutsch »unschuldig« bedeutet, schluckt leer und macht plötzlich einen sehr schuldbewussten Eindruck. »Ich? Ein Botschaftschauffeur?«

»Waren Sie das nicht?«

Innocent, HIV-positiv und, da seine Frau gestorben ist, allein erziehender Vater von vier Kindern, schüttelt vehement den Kopf. »Nein, nein … ich war überhaupt nie Chauffeur, ich war doch immer nur ein einfacher Taxifahrer.«

»Da habe ich Lotti wohl falsch verstanden, pardon. Aber wie auch immer, sie ist wirklich sehr zufrieden mit Ihnen.«

Nun lächelt Innocent verlegen, verbeugt sich dann leicht und meint: »Entschuldigen Sie, aber ich muss weiter, ich war auf der Blutbank, und das Blut sollte möglichst schnell in den Kühlschrank.«

Der Hof des Sterbespitals ist leer. Die Kinder sind in der Schule, die kleineren offenbar in ihrem neuen Reich. Ich gehe durch die Krankenzimmer, um an jedem Bett einen guten Tag zu wünschen, brauche dafür nicht lange, die meisten schlafen. Der Tod, glaubt man hier, kommt, wenn es dunkel ist. Also schlafen viele nicht in der Nacht. Oder wenn, dann nur schlecht. Erst die Sonne bringt ihnen die Geborgenheit, in der sie sich entspannen können.

Im großen Männerzimmer allerdings schläft kein einziger der acht Patienten. Was kein Wunder ist. Sie alle sind dem Tod (vorläufig) von der Schippe gesprungen und können ihre Augen in der Nacht ohne Angst schließen.

Ich grüße links und rechts und gehe dann zu Monsieur Zerbo, drücke ihm die Hand. Er war, als ich hereinkam, gerade am Zeitunglesen, legt sie, als er mich sieht, nieder. Das Datum verrät mir, dass sie bereits eine Woche alt ist. Dann nimmt er langsam seine Brille von der Nase und legt sie vorsichtig auf seinen Nachttisch. Es ist eine Brille, die irgendwie nicht passt. Wären die Gläser auf seine Kurzsichtigkeit geschliffen gewesen, hätte er die Zeitung nicht so nah vor die Augen halten müssen. Ist es vielleicht die alte Brille des Pfarrers, für den er, wie ich später erfahre, arbeitet? Ein böser Gedanke? Nun, wer kennt das nicht – wie oft »verschenken« wir Dinge, die wir nicht mehr brauchen können, anstatt sie zu entsorgen. Lotti hat ihren Kindern beigebracht, dass sie, wenn sie einem Kind, das nichts hat, eine Freude machen wollen, nicht die Puppe schenken sollen, die keinen Arm mehr hat, sondern die, die intakt und ihnen eine der liebsten ist. »Erst dann«, lehrte sie, »erst dann könnt ihr von einem Geschenk reden.«

Bei meinem ersten Besuch erzählte mir Lotti eine Geschichte, die ich bis heute nicht zu Papier gebracht habe, einfach weil sie so grauenvoll entlarvend ist: »Wir erhielten immer wieder Kleiderspenden. Darunter auch in der Wäsche eingegangene und dadurch untragbar gewordene Pullover, zerrissene Hosen, solche mit kaputtem Reißverschluss, Strümpfe mit Laufmaschen, Hemden mit Schweißrändern. An all das konnten wir uns irgendwie gewöhnen. Wir haben uns sogar mit schmutzigen Strampelhöschen, die voller kleiner Löcher sind, abgefunden. Aber als weiße Slips mit Blutspuren ankamen, wollte ich von Kleiderspenden nichts mehr wissen.«

Nun, es gibt auch das Gegenteil, es gibt Menschen, die Kleider, die sie gut noch an einen Secondhandshop verkaufen könnten, frisch gewaschen oder gereinigt in den Kleidersammelsack legen. Lotti profitierte einmal sogar selbst von einem Hosenanzug in königsblauer Seide. In diesem nahm sie am 8. Januar 2005 den Preis für die »Schweizerin des Jahres« entgegen. Er passte perfekt zu ihren blauen Augen. Er passte perfekt in der Größe. Er war genau das, was sie – die Geld auszugeben verlernt hat und Kleidergeschäfte nicht nur meidet, weil ihr die Zeit fehlt – brauchte. Dass der Anzug heute nicht mehr in ihrem Kleiderschrank hängt, hat drei Gründe: Erstens hat sie ihn sich nur für diese eine Nacht ausgeliehen, zweitens hat sie ihn nach ihrer Rückkehr einer Patientin weitergegeben, die so in Lumpen ankam, dass Lotti fand, sie sollte als Königin entlassen werden, und drittens hat Madame gar keinen Kleiderschrank. Ihre zwei Paar Jeans, die fünf T-Shirts, drei Blusen und zwei Pullover hängen in ihrem Zimmer an einem einfachen Kleiderständer.

Aber zurück zu Monsieur Zerbo mit der Brille, die – auch wenn sie mit Sicherheit nicht auf sein Augenleiden geschliffen wurde – bestimmt besser ist als gar keine. Ihm eine neue zu besorgen, geht nicht, dafür müsste er zu einem Optiker, und das kann Monsieur Zerbo bis auf Weiteres mit Bestimmheit nicht, denn er kann nicht aufstehen. Er kann noch nicht mal aufsitzen. Er ist zur Bewegungslosigkeit verdammt. Der Grund dafür ist ein Schenkelhalsbruch, der bei ihm mit einem Gips behandelt wird, der von den Zehen des betroffenen linken Beines bis über die Hüfte reicht. Sein breites, zufriedenes Lachen zeigt mir, dass er sich mit dem Schicksal abgefunden hat. Einem Schicksal, das vor mehr als drei Monaten seinen Lauf nahm. Wegen einer Papaya. Ich frage ihn, ob ich mich ans Fußende seines Bettes setzen darf, er nickt und erzählt mir dann seine Geschichte:

»Ich arbeite bei einem weißen Pfarrer. Er hat einen Garten, und in diesem Garten hat es einen Papayabaum. Und der hatte dieses Jahr zum ersten Mal zwei Früchte. Der Pfarrer bat mich, sie zu ernten. Also holte ich eine Leiter. Ich weiß, dass die Wurzeln eines Papayabaumes nicht tief in den Boden gehen, sondern sich unter der Oberfläche verzweigen und schnell ausreißen. Deshalb sollte man nicht auf Papayabäume steigen, aber das konnte ich dem Pfarrer unmöglich sagen. Also holte ich eine Leiter und bat ihn, sehr fest dagegenzuhalten, damit der Baum etwas entlastet würde. Es klappte nicht schlecht, ich hatte eine der beiden Früchte bereits in der Hand, aber da spürte ich, wie der Baum nachgab. Ganz langsam und doch zu schnell. Der Pfarrer lag zwischen Baumstamm und Leiter eingeklemmt auf dem Boden. Ich auf der Leiter über dem Pfarrer. Die eine Papaya hatte ich in der Hand, die andere lag neben seinem Kopf. Er kam zum Glück ohne Verletzungen davon. Er fuhr mich ins Krankenhaus, ich wurde geröntgt. Mein Schenkelhals war gebrochen. Ich wurde operiert und eingegipst und im Krankenhaus behalten. Der Pfarrer bezahlte alles. Aber leider wurde ich zu früh entlassen. Ich stürzte, der Knochen brach wieder, sie operierten mich abermals, ich glaube, sie haben Metall reingeschraubt, danach bekam ich einen zweiten Gips und durfte dieses Mal zu Lotti ins Spital – was ein Segen war. Hier ist es tausendmal schöner als im Krankenhaus. Hier ist es richtig schön.«

»Wie lange liegen Sie denn schon hier?«

»Drei Wochen und drei Tage.«

»Und wie lange müssen Sie den Gips noch tragen?«

»Sicher noch fünf Wochen – ich weiß das nicht genau.«

Noch fünf Wochen? Nicht aufstehen, nicht zur Toilette gehen dürfen, den halben Körper im Gips, und das bei dieser Hitze. Ich weiß, die Therapie eines Schenkelhalsbruches erfolgt in der westlichen Welt mittels einer Operation. Entweder wird der Bruch verschraubt, oder aber es wird gleich ein neues Hüftgelenk eingesetzt. In beiden Fällen aber wird der Patient danach möglichst bald wieder mobilisiert. Verglichen damit, ist die Therapie, die einen solchen Gips erforderlich macht, im medizinischen Mittelalter anzusiedeln. Aber Monsieur Zerbo muss schon froh sein, dass er jemanden gefunden hat, nämlich den Pfarrer, der für seine Behandlung aufgekommen ist. Hätte er das nicht getan, hätte Monsieur Zerbo weder Diagnose noch Gips. Er würde in seiner Hütte liegen, darauf warten, dass der Schmerz nachlässt, und dabei zum Krüppel werden oder aber an einer Embolie sterben. Ausgenommen natürlich, jemand in seiner Nachbarschaft hätte ihn zu Madame Lotti gebracht. An öffentlichen Spitälern wird nur behandelt, wer auch zahlen kann. Ohne Geld gibt es kein Pflaster, kein Röntgenbild, geschweige denn eine lebensrettende Sofortmaßnahme. Hier sterben Kinder, die von einem Auto angefahren wurden, unter den Augen der Ärzte, hier sterben Gebärende in Krankenhauseingängen, hier stirbt man wegen einer nicht versorgten Wunde an Blutvergiftung oder Starrkrampf. Hier sterben Menschen an einem Loch im Zahn. Nicht behandelte Karies frisst sich durch den Zahnhals und den Kieferknochen langsam, aber sicher weiter und sorgt für eine bakterielle Infektion, die ich bei einem meiner Besuche nicht nur gesehen, sondern auch gerochen habe. Der Junge, der am Hals großflächige Wunden hatte, die völlig vereitert waren, hieß Dieu-Donné, der von Gott Gegebene, und hätte seine Mutter nicht endlich doch noch erfahren, dass er im Centre Espoir gratis behandelt wird, er wäre mit Sicherheit gestorben. Dass er überlebt hat, ist aber auch dem glücklichen Umstand zu verdanken, dass er HIV-negativ war. Heute macht er eine Schreinerlehre, die ihm seine Mutter beschaffen konnte. Er sei, versichert mir Lotti, groß geworden, ein junger Mann, der stolz ist, einen Beruf erlernen zu können.

Monsieur Zerbo versichert mir zum Abschied: »Es geht mir hier hervorragend. Immer mal wieder kommt ein Pfleger vorbei, fragt, ob ich etwas brauche, ich werde gewaschen, das Essen ist hervorragend und das Wichtigste: Die Stimmung ist gut. Ich höre, wenn die Kinder draußen spielen, wenn sie singen. Haben wir Strom, kann ich den Ventilator neben meinem Bett laufen lassen – verglichen mit dem Krankenhaus, ist das hier der Garten Eden.« Er lacht. »Und dass es hier keine Papayabäume gibt, das gefällt mir auch ganz gut.«

In diesem Moment kommt Jean-Baptiste, der Pfleger, und sagt

mir, Lotti habe angerufen, sie lasse ausrichten, sie gehe in die Stadt, wenn ich mitgehen wolle, dann solle ich sie im Ambulatorium treffen.

Ich will schon mit, in erster Linie aber will ich ihr sagen, sie solle jetzt nicht in die Stadt fahren, sie solle sich gefälligst hinlegen, einen Mittagsschlaf machen und endlich gesund werden. Als ich bei ihr ankomme, scheint mir allerdings, sie sei schon sehr genesen. Lotti steht unten an der steilen Treppe und wettert: »Ich muss rauf, ich brauche meine Handtasche. Heute noch! Nicht morgen!«

»Gibt es ein Problem?«

»Ah, da bist du ja! Ich will in die Stadt, das heißt, ich muss zur Bank, dazu brauche ich meine Handtasche. Die liegt oben in meinem Zimmer, und weil die neue Tür gerade eingeschweißt wird, kann ich da nicht rein.«

Oben an der Treppe sehe ich Funken sprühen. Die Holztür mit dem einfachen Schloss ist offensichtlich ausgehängt und ihr Rahmen aus der Wand geschlagen worden. Was ich jetzt erblicke, ist eine massive Tür aus Metall.

»Ist die aus Stahl?«

»Das weiß ich doch nicht, sie ist einfach sehr massiv.«

»Schusssicher?«

»Todsicher.«

»Deine Antwort auf den Überfall?«

»Eine von vielen, es gibt noch eine andere: Ich werde die Löhne nicht mehr bar auszahlen. Sie werden ab diesem Monat auf ein persönliches Konto jedes einzelnen Mitarbeiters einbezahlt. Damit die Auszahlung auch klappt, muss ich heute alles erledigen. Und zwar jetzt, weil sonst die Bank zumacht, und am Nachmittag muss ich wieder hier sein und – hallooo, haaallloooho!«

»Die hören dich nicht, die sind vielleicht auch auf Malariamedikamenten.«

»Blödsinn, die hören mich vor allem deshalb nicht, weil ich sie bestimmt schon seit fünf Minuten nerve. Die wollen mich gar nicht hören! Die ignorieren mich!«

»Warte doch, bis sie fertig sind, lange kann das nicht mehr dauern. In der Zwischenzeit kannst du ja den Bluttest machen, damit du endlich weißt, was mit deiner Malaria ist.«

»Nein, den Bluttest muss ich vorläufig nicht machen.«

»Warum nicht?«

»Weil ich zuerst die Dosis des Medikamentes erhöhen muss. Dr. Kouassi hat ein bisschen mit mir geschimpft.«

»Ein bisschen?«

»Er meinte, ich solle endlich aufhören, mich selber zu therapieren. Tja, ich habe zu niedrig dosiert.«

»Was heißt zu niedrig dosiert?«

»Nun, ich habe eine Dosis für Kinder eingenommen, ich muss sie verdreifachen.«

»Verdreifachen?«

»Ja, ver-drei-fa-chen! Ich habe auch nicht schlecht gestaunt und Dr. Kouassi gefragt, ob er mich umbringen wolle, worauf er meinte: ›Geht nicht, Afrika braucht Sie noch ein wenig.‹«

Das strahlende Lachen, das er dabei gezeigt hat, kann ich mir lebhaft vorstellen. Dr. Kouassi ist einer der drei Ärzte, die für Lotti arbeiten. Er ist eher rundlich, hat einen offenen Blick, einen sehr großen Mund und die Ausstrahlung eines zufriedenen Bären, der viel Unbill nur schon durch seine Präsenz wettmacht. Er ist sehr stolz darauf, dass es ihm und seinen beiden Kollegen immer wieder gelingt, »Menschen retten zu können, die bereits im Sarg liegen«, wie er sagt.

»Er meinte«, erzählt Lotti weiter, »ich sei bald wieder auf dem Damm – wenn die jetzt nur endlich mal vorwärtsmachen würden.«

»Aber die machen doch vorwärts! Geduld, Geduld, du bist doch die, die sagt, in Afrika gehe nichts schnell.«

»Normalerweise kann ich damit ja auch ganz gut leben, aber heute nicht! Nicht heute.«

Jetzt geht oben die neue, grau gestrichene Tür tatsächlich einen Spalt breit auf, und eine leicht gestresste Stimme meint: »Nur noch zwei Minuten!«

Lotti nickt und setzt sich dann zufrieden auf eine der unteren Stufen der Treppe, ich mich neben sie. »Nach der Bank gehen wir noch schnell ins Internetcafé, dann kann ich Aziz schreiben, dass ich eine neue Tür installieren ließ.«

»Du hast ihm noch immer nicht die Wahrheit über den Überfall gesagt?!«

»Ich konnte nicht. Er wäre ins nächste Flugzeug gestiegen und hätte mich geholt. Aber jetzt ist es Zeit.«

»Wie wird er reagieren?«

»Da ich ihm nur von der neuen Tür schreiben werde, wird er mir in seiner nächsten Mail sagen, er sei ja wohl nicht so blöd anzunehmen, ich hätte nur wegen ein paar Nachtbuben, die die Apotheke ausgeraubt haben, eine neue Tür installieren lassen. Er wird die ganze Wahrheit verlangen, und dann werde ich ihm alles erzählen. Vielleicht schreibt er aber auch gar nicht zurück, sondern ruft mich sofort an. Wir werden sehen.«

»Fertig! Sie können jetzt raufkommen«, die Erleichterung ist dem Arbeiter deutlich anzusehen. Wir gehen rauf, weichen Metallspänen und ausgeschlagenen Betonstücken aus – Madame Hortense wird hier einiges zu tun haben. Lotti holt ihre Handtasche, ich die Euros, die ich in CFA umtauschen will.

Die Bank, die Lotti für die Konten der Mitarbeiter ausgesucht hat, liegt nicht sehr weit von Adjouffou entfernt. Die kleine Schalterhalle ist voll von Menschen. Lotti zwängt sich zum Zimmer des Direktors durch, klopft an, wartet, bis ein Summton erklingt, drückt dann gegen die Tür. Wir treten in einen Eisschrank. Das Büro ist winzig, die Klimaanlage riesig. Auf dem Tisch des Direktors, der uns freundlich begrüßt, hat es vor lauter Aktenstapeln keinen freien Fleck mehr. Sogar die Tastatur seines Computers liegt auf Papieren. In der hinteren linken Ecke steht ein altes Kopiergerät, daneben ein nagelneuer Fax. Sein Stuhl ist durchgesessen, sein Anzug sitzt perfekt, die Krawatte ist gestreift, der Knopf »comme il faut«. Wir quetschen uns auf die Stühle, die viel zu nah vor seinem Tisch stehen, und achten darauf, dass wir uns nicht am Monitor stoßen, der dem Herrn Direktor Bilder der Überwachungskamera vor seiner Tür liefert. Wir warten, bis er die Unterlagen »Für Madame Lotti« ausgegraben und eine Ecke des Tisches freigeräumt hat, damit sie die nötigen Papiere unterschreiben kann. Beim Adieusagen bedankt sich Lotti für die gute Organisation und lässt sich von ihm versichern, dass ihre Mitarbeiter, wenn sie das Geld holen, nicht wie die, die jetzt draußen stehen, stundenlang warten müssen. Er beruhigt: »Die, die warten, das sind bei uns nicht registrierte Kunden. Die Mitarbeiter vom Centre Espoir, die werden bestimmt nicht warten müssen.« Als Lotti ihn prüfend anschaut, doppelt er nach: »Ich versichere es Ihnen, Madame Latrous!«

Nachdem wir uns von ihm verabschiedet haben, quetschen wir uns durch die inzwischen noch dichter gewordene Menschenmenge wieder hinaus. Beim Gedanken daran, wie Madame Hortense, die mit Bestimmtheit noch nie zuvor in einer Bank stand, in ein paar Tagen hier sein wird, um ein Kreuz unter die Empfangsbestätigung zu machen, muss ich lächeln. Ich bin sicher, dass sie für diesen großen Tag ihr schönstes Schmuckstück heraussuchen wird. Was für andere Frauen Gold und Silber, sind für Madame Hortense ihre wirklich sehr kunstvoll um den Kopf drapierten Tücher. Sie hat solche, die sie unter der Woche umbindet, und solche, die sie nur an Sonntagen trägt. Bei all meinen Besuchen habe ich sie nie, kein einziges Mal, ohne Kopfschmuck gesehen.

Wieder im Auto, meint Lotti, sie wolle nun doch nicht ins Internetcafé: »Komm, wir gehen lieber morgen oder übermorgen.«

»Feigling!«

»Aziz wird es früh genug erfahren. Ich möchte jetzt lieber einen Mittagsschlaf machen.«

Die Tür ist, als wir zurück sind, offen, der Rahmen in die Wand einbetoniert, der Gang ist bereits geputzt. Es gibt, zusätzlich zum Schloss, zwei massive Riegel, die wir sofort ausprobieren. Der eine lässt sich gut in die Verankerung schieben, der andere geht auch mit Stoßen und Hebeln nicht weiter als bis zur Hälfte rein. Aber das stört uns nicht im Geringsten. Die Tür, ein grauer Klotz, verspricht Sicherheit: »Wir werden«, meint Lotti, »ab sofort in einem Tresor schlafen.« Was sie allerdings sehr stört, ist die nicht verputzte Stelle bei der Steckdose. Lotti kann ganz schön pingelig sein. Oder anders gesagt, sie mag es aufgeräumt.

Ich gehe ins Zimmer, setze mich an meinen Laptop, um meine Notizen abzuschreiben, komme aber nicht dazu, denn Lotti will nun offenbar doch nicht schlafen. Sie klopft an die offene Tür, setzt sich aufs Bett, schaut mich an: »Kennst du Monsieur Sidi schon?«

»Monsieur Sidi? Nein, ich glaub nicht.«

»Monsieur Sidi ist ein früherer Patient von mir. Er kam mit einem doppelten Kopf, er ...«

»Lotti, solltest du nicht schlafen?«

»Ich will jetzt nicht schlafen, ich will jetzt erzählen. Es gibt so viele Geschichten, und eben kam mir die von Monsieur Sidi in den Sinn und – weißt du, schlafen kann ich, wenn du wieder weg bist. Ich genieße es, dich hier zu haben, ich möchte die Zeit nutzen.«

»Also, Monsieur Sidi hat einen doppelten Kopf?«

»Hatte! Du wirst ihn morgen im Sterbespital kennen lernen, er hat dort den Job des Wächters inne. Er ist Senegalese und arbeitete früher für eine Krankenversicherungsgesellschaft.«

»Nicht auf einer Botschaft?«

»Wie kommst du denn da drauf?«

»Nun, Innocent war gar nie Chauffeur eines Botschafters! Innocent war immer Taxifahrer. Der Titel, den du ihm da offensichtlich angedichtet hast, machte ihn ziemlich verlegen.«

Lotti tut genau das, was ich mit dieser Bemerkung wollte, sie kichert und meint dann: »Ich habe im Ernst geglaubt, er habe mal für einen Botschafter gearbeitet. Das hätte ja auch durchaus sein können. Er ist zuverlässig, distanziert, höflich, sehr zuvorkommend. Da ist wohl meine Fantasie etwas mit mir durchgegangen.«

Sie hat mir am ersten Abend anvertraut, Fieber äußere sich bei ihr auch dadurch, dass sie sehr nachdenklich werde. Sie frage sich dann, ob das, was sie hier mache, überhaupt einen Sinn habe, und es falle ihr in diesem Zustand sehr schwer, einen solchen zu finden.

»Ich fühle mich«, sagte sie, »in solchen Momenten wie in einem Vakuum. Empfinde kein Oben, kein Unten, noch nicht mal eine Mitte. Ich sehe die Sonne nicht, höre die Vögel nicht, fühle mich ohnmächtig. Möchte mich nur verkriechen und nie mehr hervorkommen müssen.«

Das erklärt, warum Lotti jetzt nicht schläft, sondern bei mir im Zimmer sitzt. Sie packt ihren Wunsch nach Rückzug an den Hörnern, verkehrt ihn ins Gegenteil. Ich bitte sie, sich wenigstens bequem hinzusetzen, hole Wasser, setze mich im Schneidersitz auf den Boden und frage dann, was es mit dem doppelten Kopf von Monsieur Sidi denn nun auf sich habe.

»Monsieur Sidi stand eines Tages in meinem Büro. Glaub mir, er hatte tatsächlich zwei Köpfe. Den richtigen vorne, den falschen hinten. Er kam, um zu fragen, ob ich ihm helfen könne. Klagte, die Menschen fürchteten sich vor ihm, würden ihn als Hexenmeister und/oder Monster bezeichnen. Er wusste genau, woran er litt, und hatte auch schon abgeklärt, dass die Operation dreihunderttausend CFA kosten würde. Ich hatte das Phänomen des ›doppelten Kopfes‹ schon mehr als einmal gesehen. Allerdings war der zweite Kopf nie so groß wie der von Monsieur Sidi, er stand in punkto Größe seinem richtigen Kopf in nichts nach.«

»Jetzt mach es nicht so spannend – wieso hatte er zwei Köpfe, und wie muss ich mir das vorstellen? Hatte er vier Augen und vier Ohren und zwei Nasen und zwei Münder?«

»Nun geht aber deine Fantasie mit dir durch! Nein, so schlimm wars zum Glück nicht. Der zweite Kopf war ein Lipom, eine Fettgeschwulst.«

Lipome sind weiche, selten schmerzhafte, verschiebbare Tumore, die von einer feinen, glatten Kapsel umgeben sind. Sie sind in den allermeisten Fällen gutartig. Sie entstehen durch eine chronische Druckreizung des Fettgewebes der Unterhaut und können an ganz verschiedenen Körperstellen auftreten.

»Bei Monsieur Sidi«, fährt Lotti fort, «hat sich das Lipom über dem untersten Halswirbel entwickelt. Es wuchs und wuchs, und er glaubte, er müsse sich mit dieser Verunstaltung abfinden. Ich sah es ihm an, dass er keine große Hoffnung hatte, dass ich ihm helfen könne. Was ich dann ja auch bestätigen musste. Er kam zu einer Zeit, als die Spenden noch sehr spärlich eingingen, ich brauchte jeden Franc, um Leben zu retten, und wusste, dass das Lipom nicht tödlich war. Weißt du, wie entspannend es für mich heute ist, Gaby, auch mal zu einer solch ›unnötigen‹ Operation ohne Bedenken Ja sagen zu können? Ich weiß nicht, wer sich damals, als er mein Büro verließ, elender fühlte – ich mich oder er sich.«

»Und dann?«

»Ja, was wohl?«

»Du denkst an ›Providence‹?«

»Exakt!«

»Providence« wird mit Vorsehung übersetzt. Aber so wie Lotti das Wort einsetzt, habe ich für mich eine andere Übersetzung gefunden: Immer dann, wenn sie meint, es gehe nicht mehr weiter, und sie fast verzweifelt, genau dann geht eine Tür auf.

»Kaum war Sidi draußen, klingelte das Telefon. Am Draht war Agnes, eine Freundin von mir. Sie lebt in Frankreich und hatte mit ein paar Frauen zusammen an einer Kirchenchorveranstaltung fünfhundert Euro gesammelt, die sie mir überweisen wollte. Fünfhundert Euro – ungefähr das, was Sidi für seine Operation brauchte! Ich fragte Agnes, ob ich mit dem Geld machen dürfe, was ich wolle. Sie sagte: ›Setz es dort ein, wo du es am dringendsten benötigst.‹ Ich bat sie, morgen nochmals anzurufen, hängte auf und spurtete aus meinem Container auf die Straße. Schaute rechts und links. Dass Monsieur Sidi nach links gegangen war, erkannte ich an den Menschen, die ihre Köpfe zusammensteckten und tuschelten. Also ging ich nach links, rannte fast, holte ihn ein. Ich bat ihn zurückzukommen. Wieder im Büro, sagte ich ihm, das Problem habe sich gelöst. Es ging keine Sekunde, bis seine Tränen kamen. Die Operation verlief routinemäßig. Als Sidi später kam, um sich mir ganz stolz zu präsentieren, fiel mir auf, dass er noch dünner geworden war, als er vorher schon gewesen ist.«

»Du dachtest an Aids?«

»Ich fragte ihn, ob man ihn im Spital auf Aids getestet habe, er sagte, er wisse es nicht, also bat ich ihn, bei uns einen Test zu machen. Als der negativ war, erkundigte ich mich bei ihm, ob er genügend zu essen habe. Er schüttelte kaum merklich den Kopf. Da er der letzte Patient war, fuhr ich ihn nach Hause. Fand löcherigen Plastik über Stöcke gespannt, darunter Mann an Mann. Alles Senegalesen. Kriegsflüchtlinge. Sie überlebten, indem sie alles, was sie hatten, teilten. Einer der Männer war so entkräftet, dass ich ihn gleich mitnahm. Er hieß Omar. Monsieur Sidi besuchte ihn Tag für Tag und kümmerte sich rührend um ihn. Ich sagte ihm, ich wolle mich für seine Hilfe erkenntlich zeigen, und bat ihn, bei uns zu essen. Er akzeptierte und nahm langsam zu.

Als Omar gestorben war, kam Sidi zu mir und sagte, er würde gerne arbeiten. Ich bezahlte ihm den Führerausweis, aber wenn es schon für einen Ivorer schwierig ist, einen Job zu finden, so ist es das für einen Ausländer erst recht. Eines Tages stand er also da, ein Häufchen Elend. Aber – mit stolz erhobenem Haupt! Sidi, der fünfzehn Jahre lang seinen Kopf einziehen musste, damit die Geschwulst Platz hatte, nahm nach der Operation eine Haltung an, die er auch in seiner größten Not nicht mehr aufgab.

Ich brauchte zu dieser Zeit gerade einen neuen Wächter im Sterbespital. Wie gerne hätte ich ihm etwas anderes angeboten. Aber er meinte, er habe sich noch nie in seinem Leben so auf einen Job gefreut.

Bald stellte sich heraus, dass er nicht nur ein guter Wächter ist. Monsieur Sidi – unverheiratet und kinderlos – kümmert sich inzwischen rührend um die Kinder. Er hat immer ein offenes Ohr, eine schöne Geschichte oder tröstende Worte bereit.

Erst kürzlich kam er auf mich zu und sagte: ›Madame Lotti, dass mich die Kinder so mögen, zeigt mir, dass ich es geschafft habe, ins Leben zurückzukehren. Ich bin heute ein sehr glücklicher Mann.‹«

»Eine Geschichte mit Happy End, wie schön.«

»Genau! Und jetzt lasse ich dich arbeiten, kümmere mich um

meine Patienten, und später gehen wir ins Sterbespital, um gute Nacht zu sagen, kaufen auf dem Nachhauseweg etwas zum Abendessen, schließen dann unseren Tresor und gehen schlafen.«

Und genau so machen wir es dann auch. Dass Lotti die Tomaten, die wir kaufen, allerdings erst in Javelwasser einlegt, bevor wir sie essen, ist eine andere Geschichte. Eine Geschichte, die Zeit bis morgen hat.

Mittwoch, 21. Februar 2007

»Lotti!«, zeterte ich gestern, »was willst du mit dem Javel?«

»Das Zeugs ins Wasser kippen und dann die Tomaten einlegen. Es sei denn, du willst die Tomaten schälen.«

»Javel ist giftig!«

»Aber doch nicht in dieser Dosierung. Im Übrigen hast du mit Sicherheit schon mal Gemüse gegessen, das im Javelwasser keimfrei gemacht wurde. Das macht man in tropischen Ländern so!«

»In Javelwasser eingelegtes Gemüse gegessen? Ich? Nie im Leben!«

»Da wäre ich mir mal nicht so sicher, meine Liebe, du hast doch Aziz in Kairo besucht. Und es würde mich erstaunen, wenn der ernährungsbewusste Aziz dir nicht wenigstens einmal Salat aufgetischt hätte.«

»Ernährungsbewusst, genau, und genau deshalb wird er den Salat ja wohl nicht in Javelwasser gewaschen haben!«

Ich hatte Aziz für das zweite Buch über Lotti in Kairo besucht, es war mir wichtig gewesen, seine Sicht der Dinge zu hören und mehr noch – den Mann kennen zu lernen, der in Lottis Entscheid nicht Liebesentzug sah, sondern den unbändigen Willen, zu lieben. Er hatte wunderbar für mich gekocht. Wir tranken »Sakara«, ägyptisches Bier. Er führte mich in die Wüste, wo das Auto liegen blieb, reparierte es eigenhändig, zeigte mir erst die Pyramiden und dann »seine« Fabrik. Als Mitbringsel aus der Schweiz wünschte er sich alle Arten von Würsten. Am liebsten aber Bratwürste und Salami. Aziz ist Moslem. Alkohol und Schweinefleisch meidet er nicht, aber der Fastenmonat Ramadan ist ihm heilig, denn: »Die Erfahrung, von Sonnenauf- bis zum vollendeten Sonnenuntergang keinen Tropfen Wasser zu trinken, kein Stückchen Brot zu essen, läutert mich.«

Mit den Worten »Die Alternative zu Javel ist Typhus!« nahm Lotti die Tomaten gestern nach zehn Minuten wieder aus dem Wasser und schnitt sie auf. Ich aß mit Widerwillen.

Dass es mir heute Morgen bestens geht und ich keine Vergiftungserscheinungen habe, beruhigt mich ungemein, denn der heutige Tag ist voller Termine. Um zehn Uhr werde ich zu den Kleinen gehen, die jeden Mittwochmorgen von Monsieur Tape Bolou besucht werden, und am Nachmittag Moussa in den Kung-Fu-Kurs begleiten. Dazwischen werde ich erst Monsieur Sidi kennen lernen, dann Monsieur Maurice und schließlich keinen Geringeren als – Parfait-Jules. Ein Name, der einem auf der Zunge zergeht, ein Mann, dessen Augen strahlen, erst recht, wenn er lacht. Und ich werde Reine begegnen. Reine, zu Deutsch: Königin. Und – ich werde einen Autor kennen lernen.

Aber der Reihe nach: Monsieur Tape Bolou ist ein junger Mann, der Sozialarbeit studierte und sich danach darauf spezialisierte, traumatisierte Kinder zum Lachen zu bringen. Darüber hinaus bespricht er mit Jugendlichen Dinge, über die Jugendliche hier in Afrika auch dann nicht mit ihren Eltern reden könnten, wenn sie noch welche hätten. Über Sexualität, Verhütung, Aids und Drogen. Er kommt jeden Mittwoch ins Waisenhaus. Am Morgen kümmert er sich um die Kleinen, über den Mittag um die Großen. Er erwartet mich an der Treppe, die zum Waisenhaus führt. Wir begrüßen uns, gehen zusammen hoch. An der Anzahl Schuhe, die in einem wilden Durcheinander vor der Tür liegen, kann ich ablesen, dass von den Kleinen wohl alle im Haus sind.

Nie sah ich eines der Kinder ihr Reich in Schuhen betreten. Sie schütteln sie – oft im Laufen, Kinder haben es auch hier immer irgendwie eilig – von ihren Füßen, lassen sie liegen und suchen sie, wenn sie wieder hinausgehen, zusammen. Was dann regelmäßig Zeit kostet.

Hier betritt kein Mensch einen Raum, auch nicht den erbärmlichsten, ohne dass er vorher die Schuhe abgestreift hätte.

Wir finden die Kleinen im ersten Zimmer. Sie sitzen, eins neben dem anderen, auf den Kajütenbetten und sind vor lauter Vorfreude ganz zappelig. Als sie Monsieur Tape Bolou sehen, begrüßen sie ihn mit: »Boschuuur Möhsiö Boluuuhh!«

Und Tape Bolou tut, als höre er sie zwar, sehe sie aber nicht. Er spielt den Blinden: »Wer ruft denn da?«

Die Kinder schreien: »Wir!«

Für den kleinen Frank ist es ein bisschen gar laut, er verzieht sein Gesicht, doch knapp bevor er zu weinen beginnt, bin ich bei ihm, nehme ihn hoch und setze mich mit ihm in die einzige freie Ecke. Die Geborgenheit, die er sucht, vermittle ich ihm, indem ich beide Arme um ihn lege und ihn ganz nah an mich drücke. In der Folge wird er, wenn es wieder laut und einmal auch ganz wild wird, nicht mehr weinen, sondern einfach zu mir hochschauen. In seinen Augen die Bitte: »Geh nicht weg!« Als Antwort werde ich ihn noch ein bisschen fester drücken. So dass er bei den folgenden Späßen und Geschichten gespannt zusieht und zuhört und oft sein etwas schiefes Lachen lacht.

Monsieur Tape tastet sich blind an jedes einzelne Kind heran, was alle Quietschen lässt, dann – völlig unvermittelt – reißt er seine Augen weit auf, hüpft erschrocken in die Luft und sagt: »Ha! Wer seid denn ihr?«

Die Kinder findens zum Brüllen komisch. Als es wieder ruhiger ist, fragt Tape Bolou: »Wollt ihr eine Geschichte hören?«

»Jaaa!«

»Was wollt ihr?«

»Wir wollen eine Geschichte hören!«

»Die Geschichte von der kleinen Maus?«

»Jaaa!«

»Welche Geschichte?«

Und wieder im Chor: »Die Geschichte von der kleinen Maus!« Keine Frage, ich bin auf ein sehr gut eingespieltes Team gestoßen.

»Gut, ich werde euch die Geschichte von der kleinen Maus erzählen, hört gut zu.«

Während er erzählt, schreitet er mit großen Schritten durch den Raum, wirft seine Stirn in Falten, macht sich ganz klein, oder – wenn es passt – ganz groß, geht auf allen vieren, spitzt seinen Mund, spricht leise und sehr hoch und dann wieder dröhnend tief und laut. Er mobilisiert sein ganzes schauspielerisches Können, um den Kindern die Geschichte von der kleinen Maus zu erzählen: »Es war einmal eine kleine graue Maus mit großen runden schwarzen Augen. Sie lebte in einem Schloss. In dem Schloss lebte aber nicht nur sie, sondern auch ein König. Der König hieß Victor, und Victor war ganz schrecklich geizig. Er war so geizig, dass er noch nicht einmal verheiratet war, denn er wollte sein Geld nicht teilen. Nicht mit einer Frau, nicht mit Kindern, und schon gar nicht wollte er all das, was ihm gehörte, mit einer Maus teilen. Nun, das kümmerte die Maus herzlich wenig. Im Gegenteil, weil es in der Vorratskammer so gut nach Käse und Wurst und Brot roch, bezog sie ihr Quartier dort und schlug sich den Bauch voll. Der König regte sich fürchterlich darüber auf. Er wollte die Maus ganz dringend aus dem Haus haben. Weil er aber viel zu geizig war, um eine Falle zu kaufen, blieb ihm nichts anderes übrig, als Tag und Nacht in der Speisekammer zu sitzen und auf die Maus zu warten. Aber die war so clever, dass sie ihr Versteck erst verließ, wenn er eingeschlafen war.

Manchmal allerdings machte sie eine Ausnahme und wagte sich auch dann aus ihrem Versteck, wenn er wach war. Das tat sie nur, um ihn noch ein bisschen mehr zu ärgern. Ganz vorsichtig schlich sie dann in eine Ecke, piepte und war – in dem Moment, wo er sie sah – flugs schon wieder weg.

Der König verzweifelte fast, er glaubte doch tatsächlich, die

Maus, die kleine graue Maus, fresse ihn, den groooßen dicken reichen König, zu armen Tagen. Als er vor lauter Ärger schon fast dazu bereit gewesen wäre, doch noch eine Mausefalle zu kaufen, träumte er eines Nachts, die kleine graue Maus sitze auf seiner Nase und sage ihm mit erhobenem Pfötchen Folgendes: ›Weil du mir nichts gibst, muss ich alle deine Vorräte anknabbern, dabei würden mir jeden Tag ein kleines Stückchen Käse, ein paar Brotkrumen und eine Scheibe Wurst reichen!‹ Am Morgen nahm König Victor eine kleine Tasse aus seinem Schrank, füllte sie mit einem Stückchen Käse, ein paar Brotkrumen und einer Scheibe Wurst.

Als er am Abend nachsah, war die Tasse leer und seine Vorräte waren nicht angeknabbert. Aber der König war zu dumm, um daraus zu lernen. Er füllte die Tasse am nächsten Morgen nicht mehr, worauf am Abend wieder alles angeknabbert war. Jetzt erst lernte er. Von da an füllte er die Tasse jeden Morgen. Am Anfang tat es dem König im Herzen weh, aber mit der Zeit gefiel es ihm, mit der Maus zu teilen. Es gefiel ihm so sehr, dass er bald schon mehr teilen wollte. Er heiratete und wurde Vater von fünfzehn Kindern, und jedes machte ihm große Freude, und jedem erzählte er die Geschichte von der kleinen grauen Maus mit den großen runden schwarzen Augen, die ihn das Teilen lehrte.«

Tape Bolou ist von seiner theatralischen Erzählung so nass geschwitzt, dass er ein Taschentuch hervorholt, sich die Stirn abwischt und meint: »So, jetzt habe ich gearbeitet, jetzt möchte ich nur noch zuhören.« Und schon steht Emanuel auf, rast auf den Gang hinaus und ist keine dreißig Sekunden später wieder da, in der Hand die Trommel, die hier Tamtam genannt wird.

Emanuel drückt Abel die Trommel in die Hand. Abel, dem Jungen, dessen Kopf direkt zwischen seinen Schulterblättern zu liegen scheint, Abel, dessen obere Wirbelsäule sich zu einem Buckel verformt hat. Abel, dessen Beine krumm sind. Ich weiß inzwischen, dass er an einer Knochentuberkulose leidet. Dass er tatsächlich an derselben Krankheit leidet wie der Glöckner von Notre-Dame, bestätigt mir später Dr. Beat Rüttimann. Er ist ordentlicher Professor für Geschichte der Medizin am Medizinhistorischen Museum der Universität Zürich und hat sich mit den Leiden des Mittelalters befasst. Er erklärt: »Quasimodo, der Glöckner von Notre-Dame, hatte eine ausgeprägte, ja groteske Buckelbildung, die früher aus verschiedenen Gründen und infolge unterschiedlicher Ursachen häufig vorkam. Zu besonders stark vorspringenden, kurzbogigen Verkrümmungen des Rückgrats gaben die – wohl meistens tuberkulösen – Wirbelentzündungen Anlass. Untersuchungen an Skeletten von weit zurückliegenden Bestattungen bestätigen, dass diese im Akutstadium grausam schmerzhafte Krankheit auch überlebt wurde. Der Buckel war – im Mittelalter – ein beinahe unvermeidliches ›Krüppel‹-Attribut.«

Er sei ein sehr verkrüppeltes Kind, diese Worte wird Abel sagen, als ich mich, nachdem Monsieur Tape gegangen ist, zu ihm hinsetze, um ihn danach zu fragen, warum er nicht wie die anderen größeren Kinder in der Schule sei.

Wie viel Schmerzen der Elfjährige erleiden musste, ist – andeutungsweise – nachvollziehbar, wenn man weiß, was die Rückenverformung auslöste: die langsame Zerstörung einzelner Wirbel, die dadurch in sich zusammenfallen.

Dank der Behandlung, die Abel hier bekommt, scheint er keine Schmerzen mehr zu haben. Er sitzt mitten in der Kinderschar und schlägt auf dem Tamtam den perfekten Rhythmus, und die Kinder singen für Monsieur Tape Bolou.

Als der sich später von ihnen verabschiedet, haben alle ein Bonbon in der Hand und winken Adieu. Bevor er zur Tür rausgeht, dreht er sich noch einmal um. Mit einer tiefen ernsten Stimme fragt er: »Soll ich nächste Woche wiederkommen?«

Und im Chor tönt es: »Jaaa!«

Jetzt verstellt er seine Stimme ins Gegenteil, lässt sie ganz hoch und lustig tönen: »Was soll ich nächste Woche wieder tun?«

»Du sollst wiederkommen!«

Und also verspricht er, nächste Woche wiederzukommen. So wie die Woche davor und die davor und die davor.

– Er war es übrigens, der den Nikolaus gespielt hatte, den Emanuel als den falschen erkannte. Ich stehe auf, Frank noch immer im Arm, folge Monsieur Bolou, um mich von ihm zu verabschieden. Er fragt, ob ich nicht noch mitkommen wolle zu den Großen. Aber ich will nicht, will die Vertrautheit, die er zu ihnen aufgebaut hat, nicht stören. Sie sollen die Fragen, die sie beschäftigen, stellen können, ohne dass eine, die sie kaum kennen, mithört.

»Ja, Sie haben recht«, bestätigt Tape Bolou, drückt meine Hand und geht. Dass er für seine Besuche im Waisenhaus nur seine Transportkosten berechnet, das weiß ich nicht von ihm, das erzählt mir Lotti.

Ich bringe Frank zu einem der Kindermädchen und gehe in Abels Zimmer: »Störe ich?«

Er sitzt auf seinem Bett, die Beine angewinkelt, den Oberkörper nach vorne gebeugt, die linke Hand unter seinem Kopf, mit der rechten zeichnet er. Einen großen Baum. Er lächelt: »Nein, du störst nicht. Darf ich dich etwas fragen?«

»Aber sicher.«

»Du machst immer Notizen, warum?«

»Ich schreibe auf, was ich hier sehe und höre, empfinde und spüre. Ich werde mit diesen Notizen nach Hause gehen und dort ein Buch schreiben.«

»Ein Buch? Ist es nicht schwierig, ein Buch zu schreiben?«

»Schwierig? Manchmal ist es schwierig, aber es ist auch sehr spannend, vor allem, wenn man Geschichten erzählen kann.«

»Geschichten von hier?«

»Ja, Geschichten von hier – eure Geschichten. Deine, wenn du erzählen magst.«

»Meine Geschichte ist die eines sehr verkrüppelten Kindes. Ich habe Knochentuberkulose und werde hier bei Lotti behandelt. Ich glaube, ich bin das einzige Kind hier, das kein Aids hat. Auch das einzige, das noch eine Mutter hat. Mein Vater ist gestorben.«

»Du gehst nicht mit den anderen zur Schule – warum nicht?«

»Weil meine Schule im Dorf ist, dort, wo meine Mutter lebt. Und weil ich jetzt erst gesund werden muss, damit ich wieder stark genug bin, um lernen zu können.«

»Gehst du gerne zur Schule?«

»Ja, sehr!«

»Lotti hat mir gesagt, du seiest ein intelligentes Kind.« Abel lächelt.

»Ich weiß, das hat sie zu mir auch schon gesagt. Und auch die Lehrer haben es oft gesagt – ich sei ein intelligentes Kind.«

»Möchtest du mir deine Geschichte erzählen?«

»Meine Geschichte ist sehr lang, ich weiß nicht, ob du Zeit hast, mir so lange zuzuhören.«

»Abel, ich hab alle Zeit der Welt.«

»Jetzt?«

»Ja, jetzt und morgen oder übermorgen.«

»Jetzt? Bist du sicher? Moussa hat mir gesagt, du würdest ihn heute zum Kung-Fu-Kurs begleiten.«

»Stimmt. Jetzt ist doch nicht so eine gute Idee. Morgen?«

Abel überlegt es sich, druckst ein bisschen herum, sagt nicht Nein, auch nicht Ja, sondern: »Morgen? Ich weiß nicht.«

Bin ich zu forsch auf ihn zugegangen? Will er gar nicht erzählen und wagt nicht, Nein zu sagen? »Abel, wenn du nicht willst, dann ist es kein Problem, dann sagst du einfach Nein.«

»Es ist nicht, dass ich nicht will, es ist, weil ich – weißt du, weil ich …«

»Weil du …?«

Abel verzieht seinen Mund zu einem schmalen Strich, verschließt ihn damit so, als wolle er die Worte, die bereit sind, daran hindern, auch tatsächlich ausgesprochen zu werden. Ich ermuntere ihn mit einem Lächeln. Er weicht meinem Blick aus. Nur kurz. Dann schaut er mich direkt an: »Ich möchte meine Geschichte nicht erzählen, lieber möchte ich – nun, ja, lieber möchte ich sie für dich aufschreiben.«

Abel senkt seinen Kopf, schaut fragend zu mir hoch, und als ich sage: »Das ist eine sehr gute Idee!«, schmunzelt er verlegen.

»Ich werde dir morgen ein Schreibheft kaufen und einen Kugelschreiber. Dann kannst du damit beginnen, deine Geschichte aufzuschreiben.«

»Morgen?«

»Versprochen.«

»Gut. Das ist gut.«

In diesem Moment ertönt unten der Essensgong. Wobei Gong maßlos übertrieben ist, es ist eher ein dumpfes »Pflopf«. Warum bin ich nicht auf die Idee gekommen, einen Gong mitzubringen, als Geschenk für alle? Wobei Lotti dann wohl wieder gesagt hätte: »Danke, aber nötig war das nicht.« Und damit hätte sie völlig recht gehabt, schließlich tut der Stock auf dem umgekippten Waschbecken aus Plastik seinen Dienst auch – dreimal »pflopf, pflopf, pflopf«, und schon sitzen die Kinder. Die, die groß genug sind, auf den Bänken um den großen Tisch herum. Die, die noch zu klein sind, in der Mitte auf dem Tisch. Im Schneidersitz. Kinderhochstühle gibt es hier keine. Aber – es geht gut ohne. Die Lösung scheint allen Spaß zu machen. Vor allem den Kleinen, die für einmal über die Großen hinwegschauen können. Und wenn sie dann eines Tages vom Tisch auf die Bank wechseln dürfen, dann ist das ein erster wichtiger Schritt in Richtung »groß werden«.

Das »Pflopf« ertönt auch abends um halb sieben. Dann stellen sich die Kinder in einer Reihe vor den kleinen Raum der spitaleigenen Apotheke. Stehen dort und treten – eines nach dem anderen – vor, um in kleinen Plastikbechern die Medikamente entgegenzunehmen, die für sie vorbereitet wurden.

Organisation total – hier im Sterbespital, genau wie im Ambulatorium auch. Zahnrad greift in Zahnrad. Jeder weiß, was er zu tun hat. Die Arbeitsabläufe sind klar umrissen. Das war vor ein paar Jahren noch anders. Etwas afrikanischer, etwas chaotischer, etwas improvisierter. Aber je größer das Unternehmen wurde, desto klarer wurde allen, dass es Strukturen braucht. Lotti hat diese eingeführt, die Mitarbeiter haben sie übernommen und – das Wichtigste – ziehen sie durch.

Wie oft raufte Lotti sich früher die Haare, weil der Ruf nach Babymilch, nach Kehrichtsäcken, selbst nach Labormaterial und Injektionsnadeln immer erst dann – wenn überhaupt – ihr Büro erreichte, wenn nur noch ein winziger Vorrat vorhanden war. Solche Engpässe gibt es heute nicht mehr. An dieser Entwicklung erkenne ich, dass es auch anders hätte kommen können. Dass das Größerwerden das Familiäre hätte zerstören können. Hat es nicht.

Die »Familie« ist einfach sehr viel größer geworden. Trotzdem: »Noch größer werden will ich nicht«, mailte mir Lotti einmal. »Denn wenn ich die Namen meiner Kinder nicht mehr kenne, wenn ich keine Zeit mehr habe, die Sterbenden in den Tod zu begleiten, wenn mir eine zu groß gewordene Administration den letzten Nerv raubt, dann hilft das niemandem.« Sie wolle, schrieb sie weiter, dieser kleine Tropfen im großen Ozean bleiben, denn dieser sei fass- und überschaubar. Sie machte klar: »Ich werde nicht mehr bauen, und ich werde keine zusätzlichen Betten ins Waisenhaus stellen.«

Nun, im Juni 2007 wird sie mir schreiben: »Es gibt immer mehr Menschen, die mit einer offenen Lungentuberkulose zu mir kommen und die ich wegweisen muss, bis diese ausgeheilt ist und sie für die anderen Kranken keine Gefahr mehr sind. Ich werde ein kleines Haus bauen, das vierte Zentrum, um sie dort aufnehmen zu können.« Und im Juli wird folgendes Mail kommen: «Wir haben zwei Findelkinder. Süße Babys, die in Tücher gewickelt vor der Tür unseres Ambulatoriums lagen, du siehst, die Familie wächst!«

Darüber, was ist, wenn sie, Lotti, eines Tages ausfällt, wenn ihr die Arbeit zu streng wird, sie zu alt geworden ist, darüber sprechen wir während meines jetzigen Aufenthalts mehrmals. Und jedes Mal vertagen wir alles auf später. Schließlich ist Lotti erst dreiundfünfzig und wird frühestens in neun Jahren pensioniert …

Monsieur Sidi steht am Eingangstor des Sterbespitals. Warum ich ihn sofort als Monsieur Sidi erkenne, weiss ich nicht. Warum er mich sofort erkennt, ist klar. Ich falle auf, bin eine Weiße unter Schwarzen, mit Bestimmtheit keine Afrikanerin. Was aber bedeutet es, Afrikaner oder eben Schweizer zu sein? Junior B. Manizao, der erste schwarze Mister-Schweiz-Kandidat, der seit seiner Kindheit in der Schweiz lebt und längst Schweizer geworden ist, erklärte mir für das Buch, das ich über ihn schrieb: »Afrika ist mein Vater, aber die Schweiz ist meine Mutter. Sie hat mich aufgezogen, sie hat mich in die Arme genommen, wenn ich traurig war. (...) Ich möchte als Mensch auffallen, nicht als schwarz.«

Nachdem Monsieur Sidi mich herzlich begrüßt hat, erzählt er, er habe meine beiden Bücher über Lotti – sie wurden ins Französische übersetzt – in den Senegal geschickt, damit die dort wüssten, wo er arbeitet. Dann: »Sie haben in Ihrem zweiten Buch einen Ausdruck gebraucht, der nicht übersetzt, sondern englisch belassen wurde: ›last but not least‹. Dieselben vier Wörter fand ich auch in einem französisch geschriebenen Buch über die Situation Schwarzafrikas im zwanzigsten Jahrhundert – was bedeutet das, ›last but not least‹?«

Ich erkläre, dass es eine Umschreibung für »nicht zuletzt« ist. Wobei, das Erklären ist mehr ein Versuch, denn ich muss dafür ja Wörter in Französisch finden, und für eine tiefere Bedeutung reicht – wie sich schnell herausstellt – mein Wortschatz nicht. Aber Monsieur Sidi versteht. Er hat eine sehr sympathische Art, ein offenes Lachen, einen strahlenden Blick und tatsächlich ein sehr erhobenes Haupt auf einem sehr geraden Rücken.

Bevor ich ins Ambulatorium zurückgehe, mache ich meine Tour durch die Krankenzimmer. Diesmal beginne ich im kleinen Männerzimmer, bleibe lange an Valdéras Bett stehen. Nicht weil es dort etwas zu sagen gäbe, nein, er schläft. Ich bleibe und schaue ihn an, weil ich sein Schicksal als Straßenkind so unfassbar finde. Und wohl auch, weil ich inzwischen weiß, dass er sterben wird. Valdéras HIV-Infektion hat ihm ein Kaposisarkom – den bei Aidspatienten häufig ausbrechenden Hautkrebs – beschert. Gleichzeitig hat er Lungentuberkulose. Keine offene, bei welcher Bakterien mit jedem Hustenstoß an die Außenwelt gelangen, deshalb liegt er überhaupt hier. Nun ist es so, dass zuerst die Tuberkulose behandelt werden muss, dann kann er die Aidsmedikamente nehmen, und erst wenn die so gut greifen, dass das Virus nicht mehr nachgewiesen werden kann, darf mit der Chemotherapie gegen den Hautkrebs begonnen werden. Bis dahin wird es mindestens acht Monate dauern – Zeit, die der Krebs ihm nicht lassen wird. Ein Teufelskreis, der manchmal durchbrochen werden kann. Es gibt Aidsmedikamente, die gleichzeitig mit der TB-Behandlung abgegeben werden können, aber die verträgt Valdéra nicht.

Im großen Zimmer werde ich mit einem fröhlichen: »Bonjour Gaby!« empfangen. Keine Frage, ich habe einen neuen Freund. Monsieur Zerbo strahlt übers ganze Gesicht und stellt mich gleich den zwei Zimmergenossen vor, die an seinem Bett stehen. Ich habe die beiden früher schon gesehen, habe aber ihre Namen vergessen. Wie konnte ich? Monsieur Maurice, gut, einen solchen Namen kann man vergessen, aber Parfait-Jules? Die zwei – Monsieur Maurice und Parfait-Jules – haben sich hier kennen gelernt und wurden Freunde; und dies, obwohl sie aus völlig verschiedenen Schichten kommen.

Monsieur Maurice ist sechsundfünfzig Jahre alt und entstammt der Ehe einer Afrikanerin mit einem Vietnamesen. Er, der sehr viel mehr asiatisch aussieht als afrikanisch, hat eine gute Ausbildung genossen und über lange Jahre einen gut bezahlten Job als Drucker gehabt. Der Abstieg kam, als bei ihm das Aidsvirus festgestellt wurde. Er wurde fristlos entlassen, endete – da es hier kaum soziale Netze gibt – im freien Fall. Monsieur Maurice wurde, als er sie nicht mehr bezahlen konnte, aus seiner Wohnung geworfen. Er übernachtete in öffentlichen Parks, ernährte sich von Abfällen und Wurzeln. Dreimal versuchte er, sich das Leben zu nehmen. Einmal mit Javelwasser.

Er leidet an einer halbseitigen Gesichtslähmung, einer so genannten Facialisparese, die irreparabel ist. Ansonsten hat er, der mehr tot als lebendig hier ankam, sich sehr gut erholt. So gut, dass er in ein paar Wochen entlassen werden kann. Alain, ein junger Sozialarbeiter, der bei Lotti sein Praktikum macht, geht für ihn von

Amt zu Amt, um die Papiere zusammenzukriegen, die beweisen, dass er – der so lange gearbeitet hat – ein Anrecht auf eine Rente hat. Dazu sucht Alain auch frühere Arbeitskollegen und Nachbarn auf, die alle hocherstaunt sind, dass Monsieur Maurice überhaupt noch lebt. Dem Blatt Papier, das mit seinem Namen am Bett klebt, ist zu entnehmen, dass er seit Oktober 2006 im Sterbespital ist.

Zwei Monate später trat Parfait-Jules hier ein. Er ist sechsundvierzig, sieht aber aus wie knappe dreißig. Er hat fast zwanzig Jahre als Verkäufer in einer Buchhandlung gearbeitet. Als der Krieg kam und die Menschen kein Geld mehr für Bücher hatten, machte sie Konkurs. Er fand Arbeit an einer Tankstelle, wurde krank. Das Geld, das er gespart hatte, reichte für die Behandlung seiner diversen Leiden nicht lange. Ob er den Aidstest machen wolle, hat ihn nie jemand gefragt, denn Aids ist in Afrika nach wie vor ein Tabu. Aidstests werden nur dort gemacht, wo es nicht anders geht. Zum Beispiel auf der Blutbank. Was der Grund dafür ist, dass die Blutkonserven immer rarer werden. Den Spendern ist das Risiko zu groß, mit einem »positiv« in der Hand nach Hause zu kommen, also lassen sie das Spenden bleiben.

Parfait-Jules wurde von seiner Frau zu Lotti gebracht. In einem Zustand, der miserabel war. Dehydriert, halbseitig gelähmt und mit einer ausgeprägten Toxoplasmose, einer Infektionskrankheit, die das Gehirn angreift, einer häufigen Begleiterscheinung von Aids. Er konnte damals weder hören noch sprechen. Nach wie vor ist Parfait-Jules' rechte Seite sehr geschwächt, mir die Hand zu geben, schafft er knapp, ihr Druck aber ist nicht der eines Mannes. Deshalb weicht er auch aus. Will mir jedes Mal, wenn ich ihn besuche, seine linke geben. Die ist stark. Aber ich habe Lotti beobachtet, wie sie seine linke verweigerte, die rechte forderte. Physiotherapie im Alltag. Erst seit kurzem kann Parfait-Jules wieder gehen. Mit einer Gehhilfe. Langsam. Schlurfend. Wie ein alter Mann. Dass er jetzt – auf diese Gehhilfe abgestützt – am Bett von Monsieur Zerbo steht, ist für ihn ein Kraftakt sondergleichen.

Parfait-Jules, der ein Kind verloren hat, als es vier Jahre alt war, und danach keines mehr wollte, spricht sehr akzentuiert. Verlangsamt. Er würde also nicht sagen: »Wo warst du gestern? Wir haben dich vermisst!« Er würde und er wird, als ich in den folgenden Tagen einmal nicht zum Gutenachtwünschen vorbeikomme, fragen: »W-o wa-a-ars-t d-u-hu geeehes-tern? Wiiihir haaab-en diiihich veeermiii-issst!«

Und ich werde sagen: »Ich euch auch, aber der Regen war zu stark, ich habe mich ins Zimmer verkrochen, bin früh schlafen gegangen und habe von dir geträumt.«

Und er wird lachen und sagen: »Du lügst!«

Und ich werde sagen: »Stimmt, aber ich wollte dich lachen sehen.«

Und dann wird er es gleich nochmals lachen, dieses unvergleichliche Lachen, das seine Augen erst recht strahlen lässt. Dann aber wird er ernst werden und sagen: »Ich war sicher, dass ich nie mehr werde gehen können. Nie mehr hören. Nie mehr sprechen. Dass ich heute all das wieder tun kann, überhaupt, dass ich lebe, habe ich Lotti zu verdanken. Ich werde mich bei ihr revanchieren, ich werde Werbung für sie machen!« Dass er weiß, dass er damit nicht der Einzige ist, beweist mir sein verschmitztes Grinsen.

Meinen Termin mit Moussa habe ich erst in zwei Stunden. Es bleibt also Zeit, ins Ambulatorium zu gehen und dort etwas zu essen. Unterwegs kaufe ich Bananen. Die kleinen, die auch innen ganz gelb sind. Lotti steht in der Kochnische, strahlt übers ganze Gesicht: »Ich spiele heute Hausfrau! Habe gekocht, riechst du es nicht?«

»Nun, ich rieche …«

»Lauter bitte.«

»Ich rieche, dass es mit Sicherheit nicht nach Tomatenspaghetti riecht. Es riecht, warte, riecht es nach – Salatsauce?«

»Gut, und sonst noch?«

»Machs nicht so spannend, sonst esse ich die Bananen, die ich mitgebracht habe.«

»Nein, die nehmen wir zum Dessert.«

Lotti bittet mich, mich auf den Stuhl zu setzen – einen Tisch gibt es nicht, unser Tisch sind unsere Beine –, und serviert dann mit den Worten: »Erwarte nicht zu viel. Erstens ist es kalte Küche, und zweitens kochte ich so, wie ich am liebsten koche, mit dem, was da ist.« Ich staune nicht schlecht, als ich sehe, »was da war«, aber bevor ich eine Bemerkung machen kann, erklärt sie: »Cornflakes, gemischt mit den restlichen Javeltomaten von gestern, zwei hart gekochten Eiern, einem Apfel, alles schön aufgeschnitten und abgeschmeckt mit dem Rest Fertigsalatsauce. Man kann Cornflakes ja auch mal salzig essen – guten Appetit.«

Stimmt. Man kann Cornflakes auch mal salzig essen. Es schmeckt! Meinen ersten Bedenken zum Trotz sogar sehr gut, was auch daran liegen mag, dass ich Hunger habe. Im Übrigen ist das Ganze sehr »crunchy« und in der Hitze erfrischender als Spaghetti mit Tomatensauce.

Wir sind noch nicht fertig, als Lotti nach unten gerufen wird. Während sie schon mal vorgeht, stelle ich die Teller in den Kühlschrank, damit sich keine Fliegen an unserem Mahl gütlich tun können. Dann folge ich ihr. Im Bettencontainer liegt eine sehr, sehr dünne Frau. Nichts als Haut und Knochen. Lotti steht neben ihr, streichelt ihr übers Haar, flüstert: »Reine.« Immer wieder: »Reine.« Lotti kennt Reine schon länger. Die Geschichte, die sie mir von Reine erzählt, ist allerdings viel mehr die Geschichte einer zickigen Prinzessin als die einer wahrhaftigen Königin. Nun, mit siebenundzwanzig Jahren darf man das ja auch – knapp – noch sein.

Reine saß eines Tages mit anderen Kranken vor Dr. Kouassis Container. Das Warten dauerte ihr zu lange. Es war einer dieser extrem heißen, feuchten Tage. Reine war müde. Viel zu müde, um zu sitzen. Also kundschaftete sie das Zentrum ein bisschen aus, öffnete die Tür zum Ultraschallraum, der leer stand, stellte die Klimaanlage an und – legte sich auf den Untersuchungstisch.

Sie hatte allerdings nicht mit Adelaide gerechnet, die sie beobachtet hatte und sich fürchterlich über diese Unverschämtheit aufregte und ihr das auch unmissverständlich kundtat, worauf sich

Reine ihrerseits fürchterlich aufregte und lospolterte: »Ich habe in Amerika gelebt, nur dass du das weißt! Ich vertrage das afrikanische Klima nicht mehr. Ich verlange, angemessen behandelt zu werden. Und zwar jetzt. Sofort. Ich stelle mich doch nicht in die Reihe mit den anderen! Ich verlasse diesen Raum nicht, bevor ich nicht den Arzt gesehen habe. Und warten kann ich auch nicht mehr. Ich will ihn jetzt!«

Adelaide stemmte beide Hände die Hüften, sprach sehr langsam und ganz leise: »Falls du das nicht bemerkt haben solltest, meine Liebe, du bist nicht in Amerika, du bist in einem Slum! Du wirst dich jetzt da draußen hinsetzen, und dann wirst du warten. Und zwar nicht in der Reihe für den Arzt, sondern in der für Madame Lotti.«

»Tu ich nicht!«

Adelaide zuckte mit den Schultern, machte die Tür auf, drehte sich beim Hinausgehen noch einmal um und meinte: »Gut, dann bleib, wo du bist, ich hole Ouattara, der bugsiert dich raus. Und – das verspreche ich dir – nicht vor den Container von Madame Lotti, sondern vor das Tor! Und dann kannst du ja sehen, in welchem Krankenhaus in Abidjan du ein klimatisiertes Zimmer bekommst!«

Das wirkte. Reine ging raus, setzte sich brav vor Lottis Container und wartete. Und als das lang ersehnte »Suivant!« ihr galt, stand sie auf, begrüßte Lotti – die von Adelaide längst über den Ernst der Lage aufgeklärt worden war – mit einem Murren, setzte sich hin.

»Ich brauche einen Arzt!«

Lotti musste den Test gar nicht machen, das Resultat war Reine im Gesicht abzulesen. »Wenn du einverstanden bist«, sagte sie zu Reine, »hospitalisiere ich dich. Jetzt gleich. Den Arzt siehst du dann, wenn er Visite macht. Dann sehen wir weiter. Wichtig scheint mir, dass du jetzt zuerst einmal Gewicht zunimmst, dass du richtig isst.«

»Ich habe keinen Hunger.«

Innocent fuhr Reine im Krankenwagen ins Sterbespital, Jean-Baptiste machte ihr im Achterzimmer das einzige freie Bett bereit.

Als Lotti am Abend kam, wetterte Reine, sie bleibe hier nur, wenn sie ein Privatzimmer bekomme. In diesem Achterschlag bleibe sie keine Sekunde länger, denn die rechts von ihr huste und die links, die sterbe.

»Ich war in Amerika, ich lasse mich nicht so behandeln«, machte sie klar, und Lotti meinte: »Du bist absolut frei zu gehen, aber wisse, wenn du jetzt den Schritt nach draußen machst, dann wirst du nie wieder einen Fuß hier hereinsetzen. Und bevor du gehst, das noch: Wir können dir helfen, wenn du dir aber nicht helfen lässt, dann bist du bald so wie all die anderen hier in diesem Achterzimmer. Genau wie die, die du doch so verabscheust.« Reine wollte nichts davon wissen. Sie stand auf. Lotti bot ihr an, wenigstens die Medikamente mitzunehmen, die ihr der Arzt inzwischen verschrieben hatte. Reine wollte nicht. Sie ging.

Und ist jetzt, keine drei Monate später, wieder hier – völlig entkräftet. Sie kriegt eine Infusion, schluckweise Wasser, dann lässt Lotti sie ins Sterbespital transportieren. In das einzige freie Bett. Das privateste, das es im Sterbespital gibt. Lottis Notfallbett, das in dem kleinen Raum steht, in dem Lotti nächtigt, wenn ein Kind sehr krank ist oder ein Patient intensive Betreuung braucht. So bekommt Reine doch noch, was sie wollte. Ein Zimmer für sich ganz allein. Eins mit eigener Dusche und eigener Toilette. Aber Reine nimmt das alles nicht mehr wahr. Vier Stunden später schon – ich bin längst im Kung-Fu-Kurs – fällt sie ins Koma.

Ich komme fünf Minuten zu spät zu meinem Rendez-vous mit Moussa. Er ist, als ich im Sterbespital, wo wir abgemacht haben, ankomme, schon weg. Logisch. Kung-Fu kann nicht warten. Was jetzt? Ich gehe in die Kinderzimmer, frage dort, wer wisse, wo Moussa hinging, und finde Elise, einen neunjährigen Jungen, der sich anerbietet, mich zu Moussa zu führen. Ich melde ihn beim Kindermädchen ab, und wir machen uns auf den Weg.

Einen Weg, den ich noch nie gegangen bin. Einen Weg, auf dem ich – gerade weil er neu ist – die Bilder, an die ich mich nie gewöhnen will, sehr viel intensiver wahrnehme. Kinder, die im dreckigen

Die Steintreppe, die zum Waisenhaus führt, würde jeder venezianischen Villa Ehre machen.

Um vierzehn Uhr ist endgültig klar, dass das Mütterfest eine Stunde früher beginnt.

Carelle hat ein begeistertes Publikum, das mit der Zeit dann aber doch unaufmerksam wird.

Adelaide findet, es könne doch nicht immer nur geweint, es müsse viel mehr gelacht werden.

Wir sehen bei der Palmölherstellung zu und beim Frittieren von Küchlein aus weißen Bohnen.

Im Dorf schlagen Buben Mais und ziehen Mädchen kesselweise Wasser aus dem Sodbrunnen.

Die Kinder im Dorf müssen schon morgens um fünf aufstehen, damit sie um halb acht in der Schule sind.

Der Rundgang endet auf einer Wiese, auf der eine weiße Hollywoodschaukel steht.

Der Chef kann auf die Unterstützung von Nebenchefs und auf den Rat der Alten zählen.

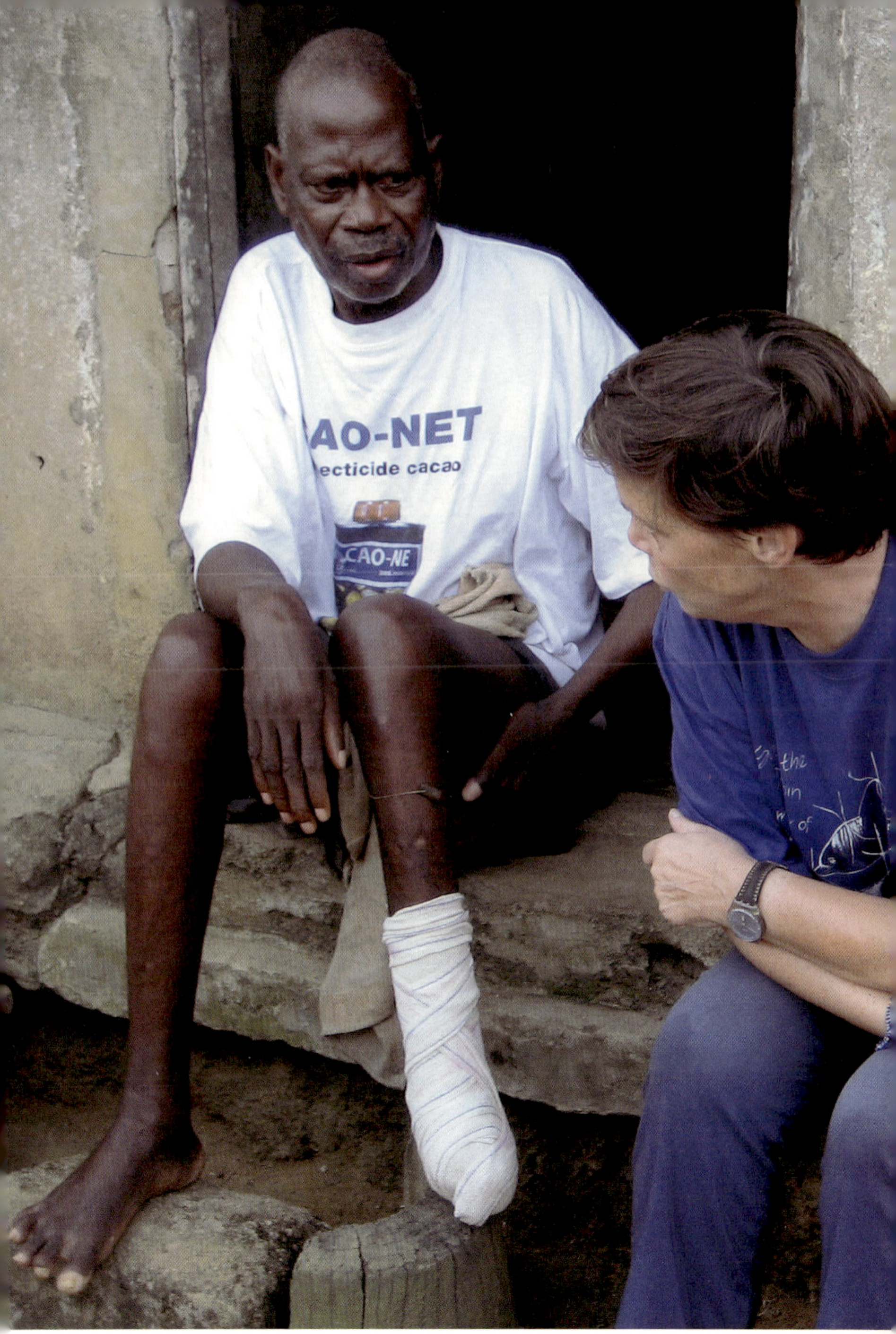

Oft bleibt nur das Vertrauen in den Kräuterarzt, bleibt nur die Hoffnung, dass er es richten wird.

In den Augen des Dorfältesten – er heißt Jean – liegt die Weisheit vieler gelebter Jahre.

Anne-Christine, 15

Ich heiße Koffi Mea Anne-Christine, ich bin fünfzehn Jahre alt. Ich wohne in der Elfenbeinküste. Um genau zu sein, im Zentrum der Hoffnung von Adjouffou. Ich leide an einem Virus, das man HIV nennt. Dank Madame Lotti lebe ich bei guter Gesundheit mit diesem Virus. Ich bin 2002 ins Zentrum der Hoffnung zu Madame Lotti gekommen. Hier fehlt es mir an nichts.
Ich bin am 16. September 1993 in Port Bouet geboren, ich bin Vollwaise. Madame Lotti hat einen ersten Stock für uns gebaut. Es ist sehr schön hier.
Anne

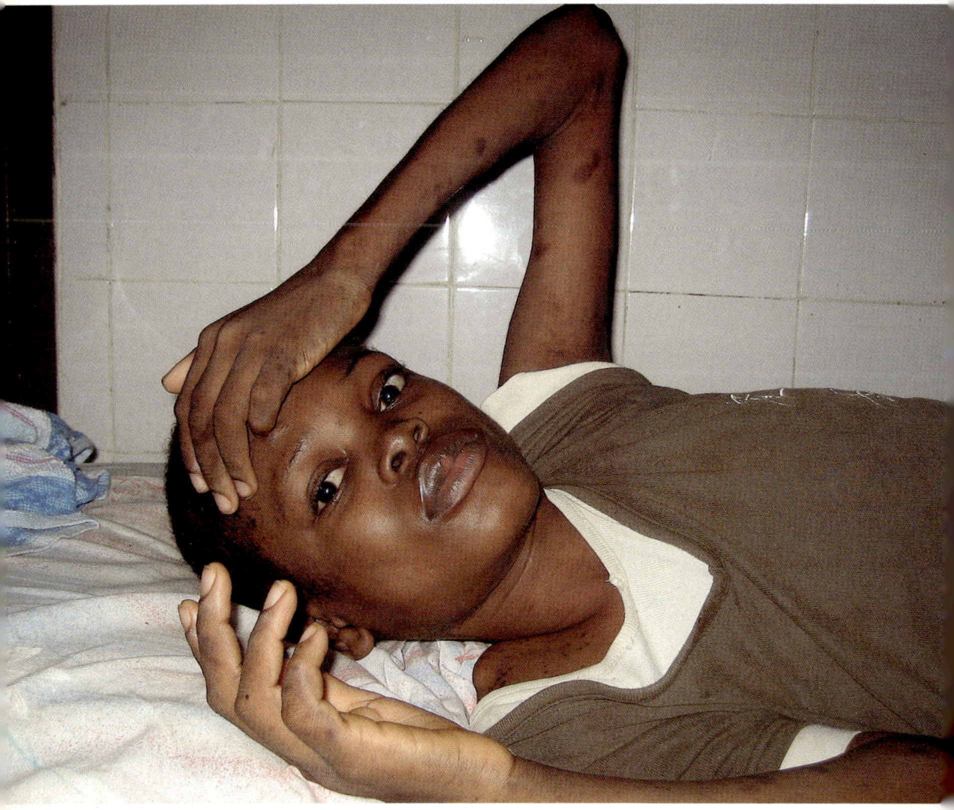

Die Wunden in Valdéras Seele sind alles andere als verheilt.

Dr. Kouassi ruft Blaise als Nächsten rein, macht die erste Wundversorgung.

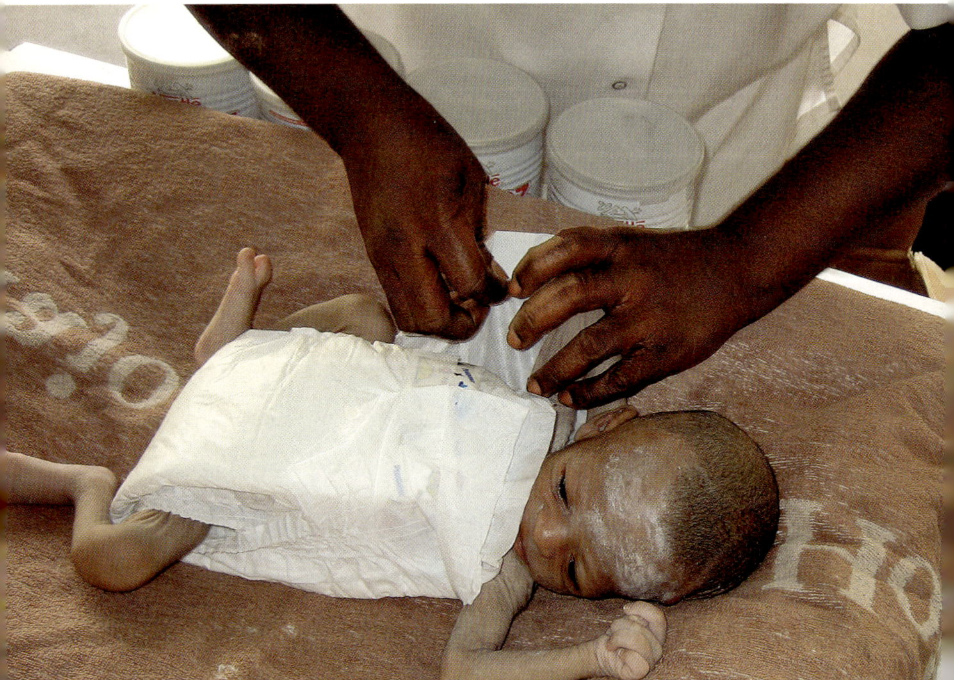

Da das Kind noch keinen Namen hat, nennt die Mutter es »mon bébé«.

Die offizielle Kehrichtabfuhr kommt seit Monaten nur noch sporadisch und völlig willkürlich.

Der aufkommende Wind sorgt für zusätzliche Endzeitstimmung, dann regnet es sintflutartig.

Abel muss seine Geschichte nicht erzählen, um sie dann schreiben zu lassen. Er kann das selbst.

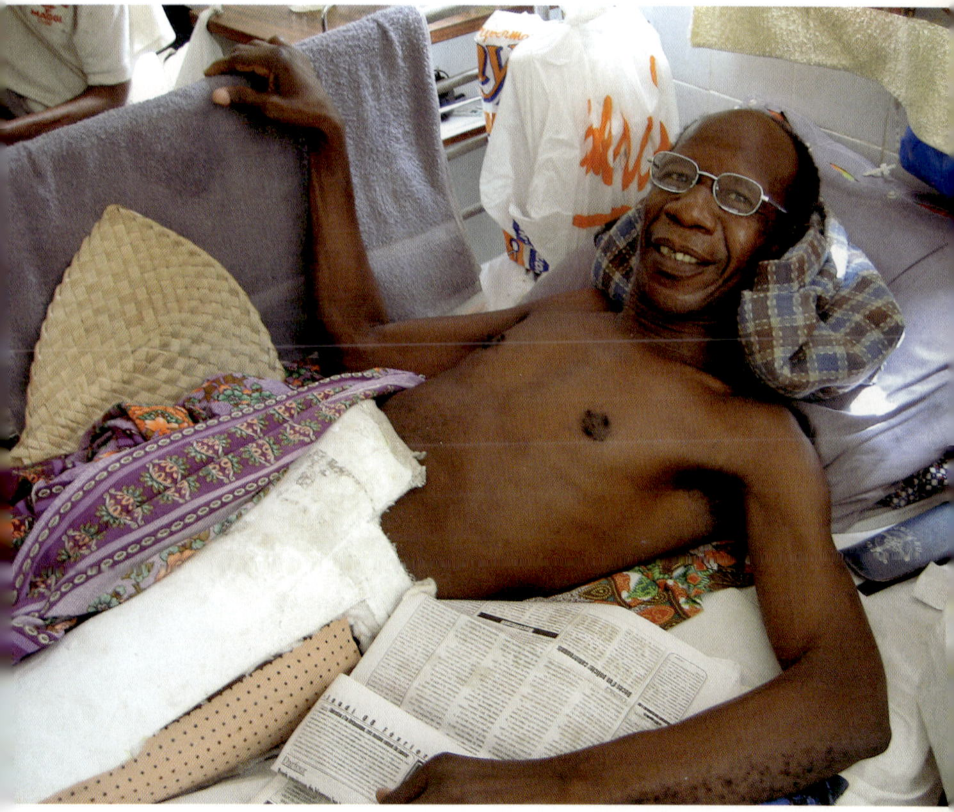

Monsieur Zerbos Schicksal nahm vor mehr als drei Monaten seinen Lauf. Wegen einer Papaya.

Lethitia, 17

Ich heiße Ossuhou Lethitia, ich werde Ihnen das Waisenhaus vorstellen, in welchem ich lebe. Das Waisenhaus heißt Centre Espoir, und die Verantwortliche von diesem Zentrum heißt Madame Lotti Latrous. Um ehrlich zu sein, weiß ich nicht genau, in welchem Jahr das Zentrum gegründet worden ist. Aber ich weiß, dass es ein Zentrum der Hoffnung eins und ein Zentrum der Hoffnung zwei gibt und ein drittes, und das ist unser Haus, das Waisenhaus.
Das Waisenhaus hat zwölf Zimmer. Das Sterbespital hat eine Küche, einen Esstisch, eine Apotheke und Zimmer für die kranken Männer und die kranken Frauen. Diese Dame namens Lotti, die sich um all die Menschen kümmert, die unter dem Aidsvirus leiden, hat ein großes Herz. Sie ist eine großzügige, nette Frau. Nicht viele Menschen können machen, was sie macht. Sie führt uns an den Strand und macht Ausflüge mit uns in die Stadt.
Madame Lotti ist eine sehr dynamische Frau.
Ich mag sie sehr.
Lethitia

Die Buben geben ihr Bestes. Keine Frage, sie haben nicht nur Spaß, sie wollen auch definitiv dazugehören.

Die Mitarbeiter im Ambulatorium und …

… das Personal im Sterbespital sind zur großen Familie geworden.

Yusuf, 12

Ich heiße Yusuf. Ich bin zwölf Jahre alt. Ich lebe bei Madame Lotti. Hier gefällt es mir. Ich möchte noch lange Zeit hier bleiben. Wenn ich groß bin, möchte ich Arzt werden. Ich bin Vollwaise. Meine Mutter hieß Maryam, sie ist im Zentrum der Hoffnung gestorben.
Ich habe Aids.
Wenn ich Arzt bin, werde ich Lotti helfen.
Yusuf

Monsieur Sidi – unverheiratet und kinderlos – kümmert sich rührend um die Kinder. Hier gerade um Emanuel.

Der kleine Frank kann nicht reden, muss er auch nicht. Sein breites Lachen sagt alles.

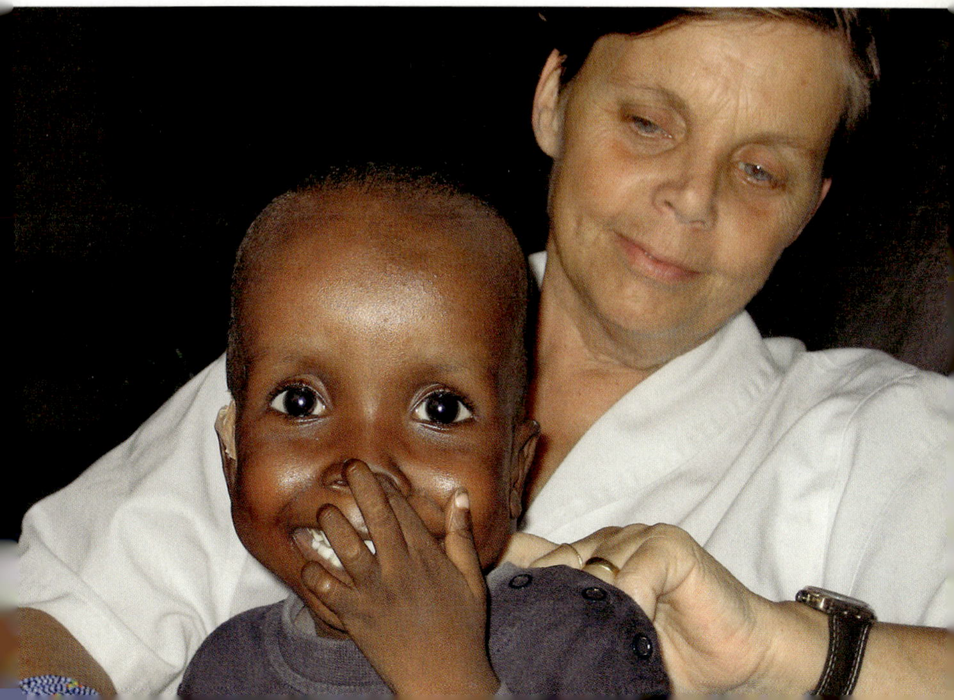

Was spielt es schon für eine Rolle, ob Kaiser seine Reisen ins Ausland im Kopf oder im Flugzeug gemacht hat?

Kaiser ist ein Patriot. Ein echter Patriot.

90
JUM
Jusqu'au bout
1357CN01
FIGO
10

Kaiser träumt wohl auch den Traum, aus einem Slumkind einen Weltstar zu machen.

Moussa, 16

Ich stelle mich vor: Sana Moussa.
Das medizinische Zentrum der Hoffnung kenne ich, seit ich zwölf Jahre alt bin, es ist in Adjouffou.
Als ich erfuhr, dass ich mit dem Aidsvirus infiziert bin, dachte ich, mein Leben sei für mich zu Ende. Aber Madame Lotti hat mir immer gesagt, dass das Leben weitergehen würde für mich.
Mit der Behandlung und ihrem Rat hat sie mir Hoffnung gemacht.
Sie ermutigt uns alle mit kleinen Ausflügen und kleinen Festen.
Dank Gott und dank Madame Lotti lebe ich bei guter Gesundheit mit meinem Aidsvirus.
Ich möchte allen sagen: Habt den Mut, euren Test auch zu machen.
Dann könnt ihr, auch wenn ihr das Virus habt, noch lange leben.
Das habe ich hier gelernt.
Moussa

Zwei Monate nach Monsieur Maurice traf Parfait-Jules im Sterbespital ein. Die beiden wurden Freunde.

Monsieur Konaté, dieser Fels von einem Mann – hier mit Christ –, durfte keinen einzigen Tag in seinem Leben zur Schule.

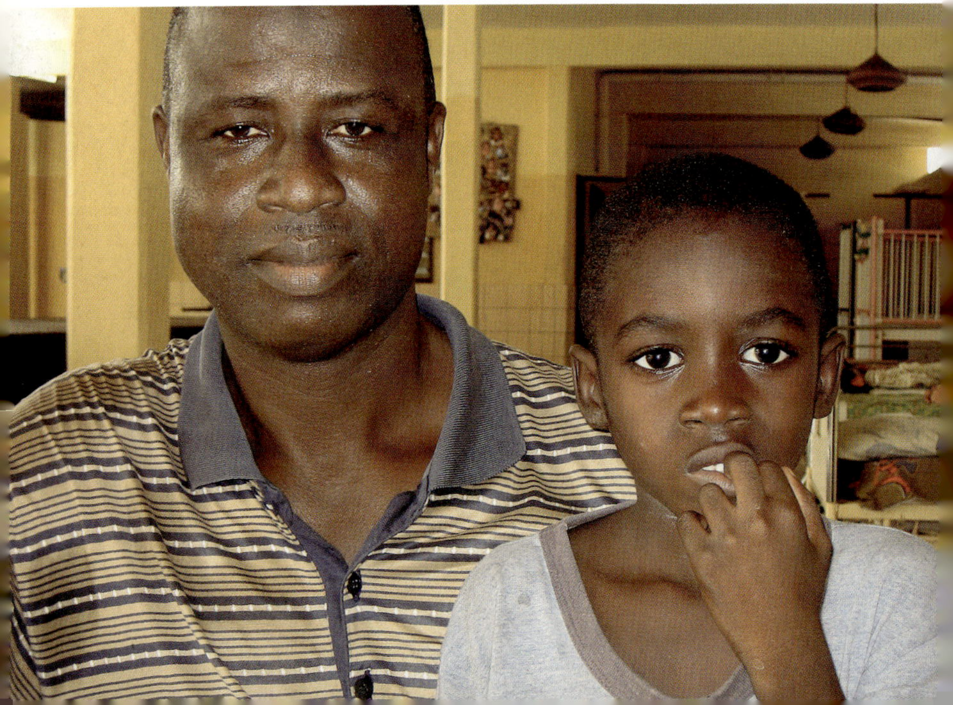

Nestor sah sie nicht, er spürte sie bloß, die Klinge, die der Bandit ihm an die Halsschlagader drückte.

Innocent ist, da seine Frau gestorben ist, allein erziehender Vater von vier Kindern.

Kinderhochstühle gibt es hier keine. Aber – es geht gut ohne.

Nadia, 18

Ich heiße Nadia Emmanuella Guchi Blesson, ich bin achtzehn Jahre alt, ich bin Vollwaise und ich bin HIV-positiv, was man seit meinem fünfzehnten Lebensjahr weiß. Ich gehe gut damit um. Ich nehme an einem Grundkurs teil und lerne Konditorin. Ich bin im zweiten Jahr. Meine Schule heißt Centre Sainte Thérèse de l'Enfant Jésus.

Ich bin sehr glücklich, im Zentrum der Hoffnung zu sein, seit ich hier angekommen bin, hat mich Madame Lotti trotz meiner Hautfarbe aufgenommen, als wäre ich ihre eigene Tochter.

Ich bete zu Gott, dass er auf sie und ihre Familie aufpasst.

Im Zentrum fühle ich mich gut behandelt mit all den Medikamenten, die ich einnehme.

Mein Traum ist es, eine große Konditorin zu werden.

Nadia

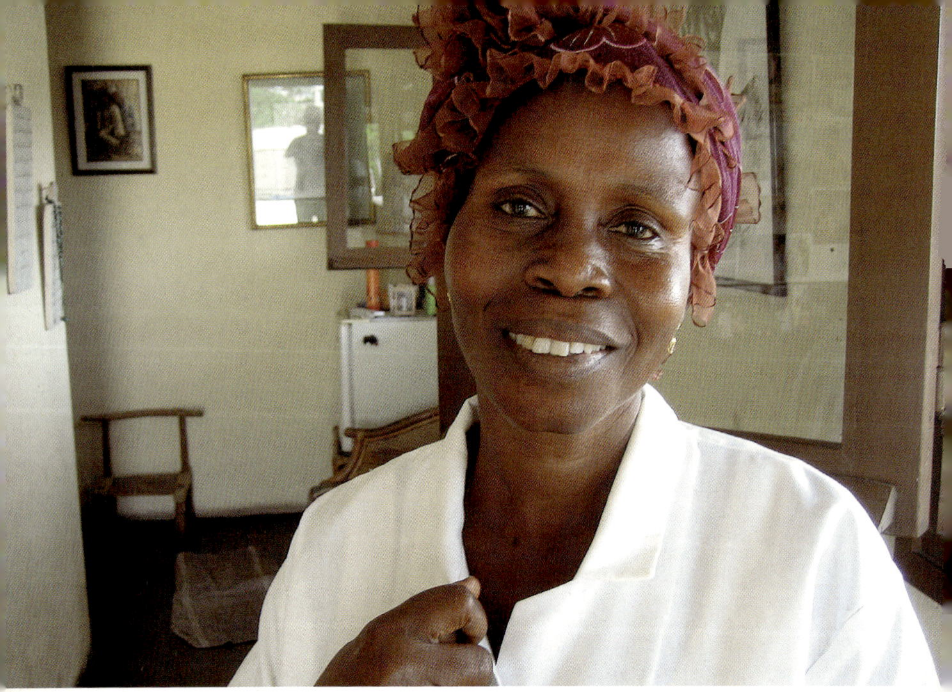

Was für andere Frauen Gold und Silber, sind für Madame Hortense ihre kunstvoll um den Kopf drapierten Tücher.

Sarre Minata kam mit Augenlidern zur Welt, von denen sich nur die ihres rechten Auges öffneten.

Monique dachte nach dem Tod ihres zweiten Mannes daran, ins Dorf zurückzugehen.

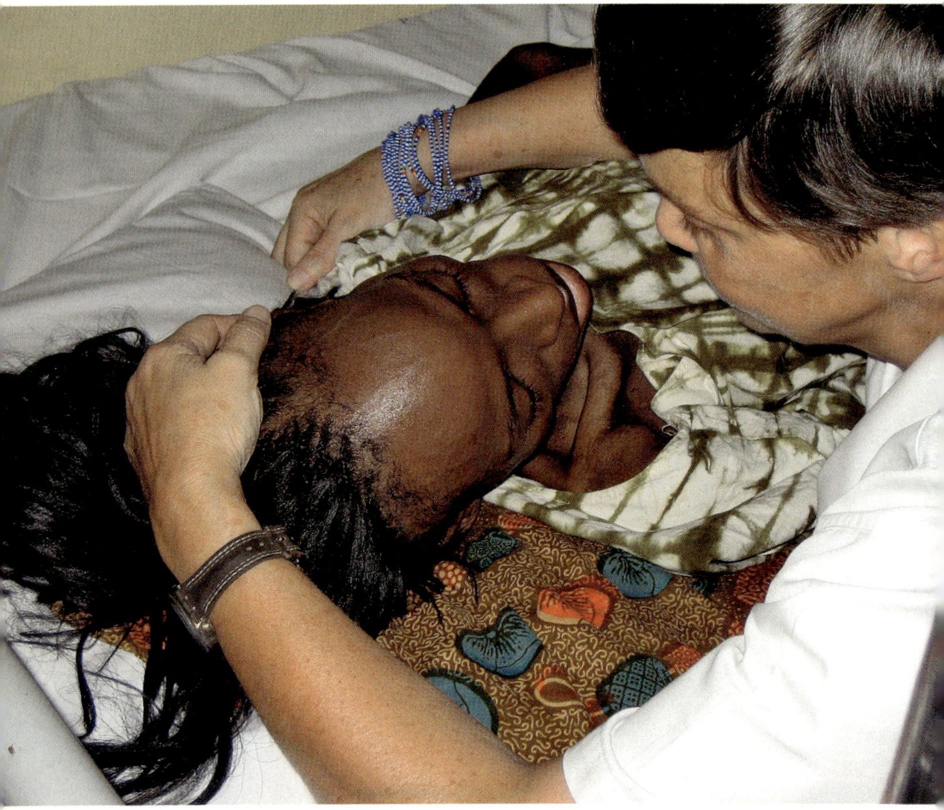

Lotti streichelt Reine übers Haar, flüstert: »Reine.« Immer wieder: »Reine.«

Sand sitzen, mit einem Palmblatt, den Überresten einer alten Tonbandkassette, den Fetzen eines alten Pneus, einer leeren Sardinenbüchse, einem Stück Karton spielen. Frauen, die Gemüse verkaufen, sich gegenseitig frisieren, Fischköpfe grillen, Wasser aus einem Sodbrunnen schöpfen und dieses dann in Plastikeimern auf dem Kopf in ihre Hütten schleppen. Mädchen, die – selbst noch Kinder – ihre kleinen Geschwister auf dem Rücken umhertragen. Männer, die sich über offene Motorhauben von Autos beugen, die bei uns schon längst auf dem Schrotthaufen vor sich hin rosten würden.

Es fällt auf, dass es deutlich weniger Männer gibt als Frauen. Viele von ihnen verlassen den Slum schon am frühen Morgen. Stellen sich, zum Beispiel am großen Hafen von Abidjan, am Port Bouet, in die lange Schlange der Arbeitswilligen. Wenn sie Glück haben, bringen sie am Abend tausend Francs nach Hause. Haben sie Pech, kommen sie mit weniger als nichts zurück, da die Busfahrt sie das letzte Geld gekostet hat.

Elise führt mich nach gut zehn Minuten in den Hof eines großen Schulareals, auf welchem vier baufällige Gebäude aus Beton stehen. Das, was früher wohl der Pausenplatz war, ist jetzt das Kung-Fu-Gelände. Das Training findet nicht in einem Raum, sondern im Freien statt.

Eigentlich habe ich erwartet, dass Moussa in einer Gruppe von jugendlichen Anfängern trainiert. Was ich hier zu sehen bekomme, ist alles andere. Das sind ausgewachsene Kung-Fu-Cracks. Junge Männer mit vom harten Training äußerst wohlgeformten Körpern. Drei von ihnen tragen einen schwarzen Gürtel. Um sich warm zu laufen, drehen sie Runden. Und das bei bestimmt über dreiunddreißig Grad und in einer Luftfeuchtigkeit, die bei deutlich über neunzig Prozent liegen dürfte.

Als die ganze Gruppe – mit Moussa und, wie ich jetzt erst entdecke, mit noch zwei anderen von Lottis Buben, Bouba und Stéphane – sich eine Ruhepause gönnt, gehe ich auf die Männer zu, stelle mich vor, frage, wer der Lehrer sei. Erfahre, dass hier niemand

Lehrer sei, sondern man sich gegenseitig trainiere, es aber einen Hauptverantwortlichen gebe, der heute allerdings nicht hier sei.

Nun löst sich einer aus der Gruppe, ein kleiner, sympathischer junger Mann, der die anderen anweist weiterzumachen, und mich dann fragt, ob er mir helfen könne.

»Ich bin wegen Moussa, Bouba und Stéphane hier.« Ich weise auf die drei hin, die gerade hinter ihren Vorbildern in Froschmanier über den Platz hüpfen oder dies zumindest versuchen, und erkläre dann, dass ich über das Waisenhaus, in dem sie wohnen, ein Buch schreibe: »Würde es stören, wenn ich zusehe und fotografiere?«

Er überlegt kurz, bittet mich um einen Moment Geduld, beratschlagt sich dann mit einem anderen aus der Gruppe. Keine drei Minuten später sitze ich auf einem Stuhl, den sie aus einem der Gebäude geholt haben. Vor mir ein kleiner Tisch. Neben mir – stolz wie ein kleiner Prinz – Elise, für den sie einen Schemel organisiert haben.

Wir bekommen eine Vorführung der Sonderklasse. Nach dem Froschhüpfen kommen Liegestütze, dann wird wieder eine Runde gejoggt, danach wieder gehüpft wie Frösche, danach wieder Liegestütze, danach wieder Joggen. Moussa, Bouba und Stéphane halten, so gut es geht, mit, werden von den Größeren angespornt, aber auch instruiert.

Eine kurze Verschnaufpause, dann kommt die zweite Runde des Aufwärmens – Purzelbaum an Purzelbaum an Purzelbaum. Nicht auf Matten, sondern im heißen, nicht gerade sauberen Sand, der auf der vom Schweiß feuchten Haut überall kleben bleibt. Danach werden Überschläge geübt. Der Boden vibriert, wenn Füße und Arme bewusst auf den Boden geknallt werden, um den Fall aufzufangen. Moussa, Bouba und Stéphane sind maßlos überfordert, geben aber ihr Bestes. Keine Frage, sie haben nicht nur Spaß, sie wollen auch definitiv dazugehören.

Nun wird die Gruppe in vier kleinere aufgeteilt. Die eine bleibt in der Mitte des Hofes und übt in langsamen Bewegungen Schrittabfolgen. Die zweite lernt etwas abseits das richtige Begrüßen und Verabschieden. Die dritte stellt sich unter den einzigen Baum im Hof. An diesem hängt von einem Ast ein Sack herab, in welchem früher wohl Reis war. Jetzt ist er mit Sand gefüllt, dient als Boxsack und wird mit gezielten Schlägen aus der Drehung heraus mit Beinen und Armen traktiert. Ein anderer Ast dient als Reckstange für Klimmzüge. Und der Baumstamm wird zur Abhärtung der Unterarme eingesetzt. Das geht so vor sich, dass die Außenseite des Arms mit voller Kraft an den Stamm geschlagen wird. In der vierten Gruppe traktieren sich die Männer gegenseitig die Schienbeine – mithilfe eines Stockes. Das muss brutal wehtun, aber keiner von ihnen verzieht auch nur den Mund. Ich bin froh, müssen die drei, derentwegen ich hier bin, noch nicht in diese Abhärtungsschule. Moussa wird mich später darüber aufklären, dass ich mir in dieser Hinsicht überhaupt keine Sorgen zu machen brauche. Er wisse, man beginne mit ein bis zwei Schlägen, nach einer Woche kämen dann zwei weitere dazu, und das gehe so weiter, bis man hundert aushalte. Oder tausend. So gehe das. So einfach.

Nach gut einer Stunde wird Elise neben mir unruhig, er möchte gehen. Wir stehen auf, verabschieden uns von jeder Gruppe – dank dem Anschauungsunterricht, den wir genießen durften – mit einer Verneigung. Werden formvollendet zurückgegrüßt.

Wieder zurück im Ambulatorium, finde ich Lotti in einer intensiven Selbstbetrachtung vor dem kleinen Spiegel in ihrem Gang vor. »Hast du Läuse oder wirst du aufs Alter noch eitel?«

»Erstens«, sagt Lotti, »greift das Medikament, es geht mir besser, du wirst also bald wieder in normaler Lautstärke mit mir reden können, und zweitens suche ich keine Läuse, sondern graue Haare, aber die kommen bei mir irgendwie einfach nicht.«

»Sag jetzt nicht, du wartest drauf!«

»Doch! Ich möchte endlich graue Haare!«

Ich kann diesen mir gänzlich unerklärlichen Herzenswunsch nicht kommentieren, denn unten ruft eine tiefe Männerstimme nach: »Maaadame Looottti?!«

Lotti geht zur Tür, schaut raus, dreht sich zu mir: »Der Kaiser!« Dann schaut sie wieder nach unten: »Einen schönen guten Abend, Monsieur Kaiser, wo brennts denn?«

»Es tut mir leid, sehr leid, Sie, Madame, zu dieser Zeit, also in Ihrem Feierabend, stören zu müssen, aber ich bräuchte morgen dringend einen Termin und wollte fragen, ob es Sie wohl grundsätzlich stören würde, wenn ich um neun bei Ihnen vorbeischauen würde. Kurz vorbeischauen würde, wohl verstanden, ich weiß, Sie haben andere Arbeit. Nur kurz Madame, ich ...«

»Kein Problem, Monsieur Kaiser, morgen um neun, ich erwarte Sie sehr gern!«

Perfekt, denke ich. Perfekt, endlich lerne ich Monsieur Kaiser persönlich kennen.

Nachdem wir die Reste unserer salzigen Cornflakes-Mahlzeit aus dem Kühlschrank gegessen haben, gehen wir zusammen ins Sterbespital, um gute Nacht zu sagen. Setzen uns in den Hof, sehen den Kindern beim Tanzen und Singen zu. Helfen dann beim Zähneputzen, was eine ziemliche Logistik voraussetzt, damit auch wirklich keines der Kinder sich drücken kann.

Es ist bereits Nacht, als ich ins Ambulatorium zurückgehe. Lotti bleibt. Sie hat sich ans Bett von Reine gesetzt. Ich höre sie morgens um zwei zurückkommen, als sie unseren Tresor schließt.

Donnerstag, 22. Februar 2007

Pünktlich um sechs Uhr höre ich Lotti die Treppe hinuntergehen, in ihr Auto steigen – am Morgen dauert ihr das Gehen zu lang – und ins Sterbespital runterfahren. Ich schlafe nochmals ein. Mache um sieben das Wasser heiß für den Kaffee und gehe in der Zwischenzeit in die Boutique, um Joghurt zu kaufen. Als ich von weitem Lottis Auto kommen sehe, warte ich, bis sie geparkt hat.

Erst als wir zusammen frühstücken, sagt sie, was ich schon ahne. »Reine ist gestorben.«

»Warst du bei ihr?«

»Nein, Monsieur Konaté löste mich um zwei ab. Sie starb zwei Stunden später.«

»Wenigstens im Privatzimmer.«

»Ja, im Privatzimmer, wenigstens das.«

Monsieur Konaté macht im Sterbespital seit dessen Eröffnung Nachtwache und ist seit Jahren Lottis Vertrauter. Bei ihren Besuchen morgens um sechs lässt sie sich von ihm die Nacht rapportieren. Danach setzen sich die beiden noch auf die Bank vor der Küche und reden zusammen. Mit seinen scharfsinnigen Überlegungen, seiner guten Beobachtungsgabe, seiner Intuition hat Monsieur Konaté Lotti schon oft über Krisen hinweggeholfen. Hat sie aufgebaut, sie bestärkt, ihr aber auch schon die Leviten gelesen. Dann zum Beispiel, wenn sie zu wenig auf sich acht gibt. Wenn Lotti also gestern um zwei das Zimmer von Reine verlassen hat, dann weil Monsieur Konaté sie nett, aber bestimmt aus dem Sterbespital hinauskomplimentiert hat.

Wenn der Muezzin von der nahen Moschee zum Gebet ruft, dann legt Monsieur Konaté, der Moslem ist, seinen Gebetsteppich Richtung Mekka aus, kniet sich nieder, betet. Lässt sich durch nichts stören, steht danach mit neu gewonnener Energie wieder auf. Und die, die braucht er. Nacht für Nacht wechselt er Windeln, massiert Schmerzen aus Rücken, hört zu, spendet Trost, lagert um, tupft Schweiß von Stirnen, versucht, mit seiner tiefen, weichen Stimme die Ängste der Kranken zu vertreiben. Dreimal die Woche wird er von Monsieur Koné abgelöst.

Meine beiden Bücher über Lotti ließ sich Monsieur Konaté von ihr vorlesen. Denn dieser Fels von einem Mann durfte nie, keinen einzigen Tag in seinem Leben, zur Schule. Für Notfälle hat Lotti deshalb die wichtigsten Medikamente gekennzeichnet. Wenn er anruft, weil ein Patient ein Schmerzmittel braucht, sagt sie also: »Geben Sie ihm eine Tablette aus der rot markierten Schachtel.«

Monsieur Konaté hat alles darangesetzt, wenigstens die Zahlen zu lernen. Für Buchstaben, sagte er mir einmal, sei es offensichtlich zu spät: »Dafür bin ich einfach zu alt. Ich kann gar nicht ausdrücken, wie sehr ich es bedauere, dass mir die Welt der Buchstaben verschlossen bleibt.«

Lotti ist aufgefallen, dass Menschen, die nicht lesen und schreiben können, ein unglaubliches Gedächtnis entwickeln. »Monsieur Konaté kann mir Geschehnisse von früher so detailliert erzählen, dass es mich manchmal fast umhaut. Seine Fähigkeit, Dinge, die ich ihm erzähle, in Erinnerung zu behalten, ist unglaublich.«

Lotti hatte Monsieur Konaté kennen gelernt, als er seinen Bruder Ibrahim zu ihr brachte. Weil es damals noch kein Sterbespital gab, legte sie Ibrahim in eines der Betten in den Containern des Ambulatoriums. Die Pflege des aidskranken Bruders übernahm Monsieur Konaté. Er saß Tag und Nacht an seinem Bett. Half, wo er konnte. War einfach da. Sieben Wochen lang. Dann starb Ibrahim. Das war zu einer Zeit, als Lotti für das Sterbespital Personal rekrutierte. Lotti fragte den schon seit Jahren arbeitslosen Monsieur Konaté, Vater von sechs Kindern, ob er Interesse habe, bei ihr mitzuhelfen.

Er schüttelte den Kopf: »Das geht nicht. Ich kann weder schreiben noch lesen, Madame. Ich bin mit Bestimmtheit der Falsche.«

Worauf Lotti meinte: »Nein, Monsieur Konaté – ich habe Sie in diesen Wochen sehr gut kennen gelernt, Sie sind mit Sicherheit genau der Richtige.«

Und Monsieur Konaté glaubte ihr.

Als Lotti nach unten in ihr Büro geht, trödle ich ein bisschen rum. Um fünf vor neun klopft es leise an meine offene Tür. »Madame Hortense! Wie geht es Ihnen?«

»Danke, es geht mir gut – aber Zeit zum Reden haben wir jetzt nicht, Lotti schickt mich, um Ihnen zu sagen, Sie sollen Kaiser nicht vergessen!«

Kaiser! Beinahe hätte ich ihn tatsächlich vergessen. Wie konnte ich nur?

Die Vorgeschichte: Monsieur Kaiser war – vor dem Ausbruch des Bürgerkrieges im September 2002 – in einer Werbeagentur in Abidjan tätig. Er wohnte in der Stadt. Hatte Frau und Kinder. Den Slum, in welchem er groß geworden ist aber, den hat er nie vergessen. Einmal die Woche kam er; in seiner Sporttasche zwei Fußbälle, im Herzen den dringenden Wunsch, etwas für die Slumkinder zu tun. Er trainierte sie. Lehrte sie, Tore zu schießen, Pässe zu geben, zu dribbeln, den Gegner zu täuschen, skizzierte für sie die Abseitsfalle. Träumte wohl auch davon, ein Talent zu entdecken. Träumte den Traum, aus einem Slumkind einen Weltstar zu machen.

Verletzte sich ein Kind oder bemerkte er, dass es krank war, brachte er es zu der weißen Frau, von der er so viel gehört hatte. Lotti und Kaiser mochten sich von Anfang an.

Dann – von einer Woche zur anderen – fehlte er. Lotti fragte die Kinder, wo Kaiser sei. Er sei, sagten sie, tot. Warum, wussten sie nicht. Aids, das wusste Lotti, hatte Kaiser nicht. Hatte er vielleicht einen Unfall? Noch bevor sie recherchieren konnte, traf sie ihn. Im Internetcafé, das sie mindestens einmal die Woche aufsucht. Das Treffen war ein reiner Zufall. Kaiser erzählte Lotti, er habe seinen Job verloren, seine Frau habe ihn verlassen, die Kinder habe sie mitgenommen. Die Wohnung werde er aufgeben müssen, ein Freund habe ihm angeboten, bei ihm einzuziehen. Lotti betonte, wie froh sie sei, ihn zu sehen, und bat ihn, bei ihr in Adjouffou vorbeizukommen. Die beiden machten einen Termin in vier Tagen aus.

Kaiser kam nicht. Wochen später, Lotti war gerade bei ihrer Familie in Kairo, tauchte er auf, ging aber – als er bemerkte, dass sie nicht da war – wieder weg. Hinterließ weder Adresse noch Telefonnummer. Er sei sehr dünn geworden, wurde Lotti später berichtet.

Es vergingen vier Monate, dann tauchte er wieder auf. Stand vor Lottis Container. In durchlöcherten Schuhen. Von oben bis unten verdreckt. Trug Lumpen. Hatte Augen, so tot, dass Lotti zutiefst erschrak. Sie bat die Menschen, die vor ihrem Container saßen, um Geduld, fuhr Kaiser ins Sterbespital, gab ihm dort Seife und ein

Handtuch. Besorgte neue Kleider und ein Paar Badelatschen, wies die Köchin an, für Kaiser zu kochen, ging wieder ins Ambulatorium, und als der letzte Patient gegangen war, kehrte sie ins Sterbespital zurück.

Sie fand Kaiser vor einem Teller mit Reis und Huhn, das, weil er so langsam aß, längst kalt geworden war. Sie setzte sich zu ihm. »Kaiser – erzählen Sie!« Er erzählte nicht. Er weinte. Lotti wartete.

Nach einer Weile hatte er sich gefasst: »Der Freund, bei dem ich wohnte, hat mich rausgeschmissen.«

»Warum kamen Sie nicht sofort zu mir?«

»Ich war ja da, aber Sie nicht!«

»Aber man hat Ihnen doch sicher gesagt, ich käme bald wieder.«

»Madame Lotti, es hatte mich so viel Überwindung gekostet, zu Ihnen zu kommen, ich schaffte es nicht ein zweites Mal. Heute ging es nur, weil die Alternative Selbstmord gewesen wäre. Ich kann nicht mehr. Ich – will – so – nicht – mehr!«

»Möchten Sie die Kinder wieder trainieren?«

Lotti sah in seinen Augen ein Flackern.

Eine Woche später hatte Kaiser einen Arbeitsvertrag in den Händen, der ihm für das Trainieren der Slumkinder einen Monatslohn von fünfzigtausend afrikanischen Francs versprach. Er hatte eine kleine Bleibe im Slum gefunden, war mit Fußbällen ausgestattet und – fast noch wichtiger – mit einer Trillerpfeife.

Das war vor vier Jahren. Seither hat sich einiges verändert. Seine Frau kam mit den beiden Kindern zu ihm zurück. Er blühte auf, nahm zu, wurde zu jenem schrägen Vogel, der er früher schon war. Nur noch etwas schräger.

Kaiser fällt auf. Ich erkenne ihn, den ich gestern nur gehört habe, sofort, als er – pünktlich auf die Minute – zum Tor reinkommt. Groß. Sehr groß ist er. Bestimmt zwei Meter. Lange Arme, lange Beine mit veritablen Fußballerwaden. Er trägt kurze weiße Hosen, seine Füße stecken in Turnschuhen, die Übergröße haben müssen. Sein Sport-Shirt ist von Kappa und rot-weiß, darüber liegen Ketten aus Muscheln. Seine Handgelenke schmücken Armbänder.

Eines besteht aus drei ineinanderverdrehten Stoffstreifen. Der eine ist grün, die beiden anderen weiß und orange. Die Farben der ivorischen Flagge. Seinen Kopf ziert eine – Bademütze! Auch sie rotweiß, mit kleinem Aufdruck. Jenem der Deutschen Sparkasse. In seinen Händen trägt er zwei Wasserflaschen.

Der Hüne kommt geradewegs auf mich zu, stellt sich vor: »Monsieur Kaiser, Madame, ich würde es aber vorziehen, sie würden mich nur Kaiser nennen. Kaiser wie der König, nur etwas höher oben anzusiedeln. Sind Sie eine Freundin von Lotti?«

»Ja, das bin ich. Und ich freue mich sehr, Sie kennen zu lernen, Kaiser. Ich würde nämlich gerne eines Ihrer Trainings besuchen.«

»Ich bin entzückt. Morgen?«

»Ja, morgen.«

»Sie wissen, wo ich die Kinder trainiere?«

»Ich weiß es.«

»Gut. Zehn Uhr.«

»Perfekt.«

»Sie müssen entschuldigen, ich muss gehen, ich habe einen Termin bei Lotti.«

»Wenn Sie erlauben, würde ich Sie gerne begleiten.«

»Es wäre mir ein ganz außerordentlich großes Vergnügen.«

Und so machen wir die paar Schritte auf Lottis Container zu, treten ein. Kaiser ist immer irgendwie in Bewegung, wodurch er einem das Gefühl vermittelt, er habe es immer sehr eilig. Was auch tatsächlich so ist.

Sein Problem, das er jetzt mit Lotti besprechen möchte, ist denn auch sehr schnell auf dem Tisch: Er hat keine Fußbälle mehr. Lotti verspricht ihm welche. Nun hat Kaiser es plötzlich gar nicht mehr eilig, sondern will uns seine Geschichte erzählen, verspricht aber, er wolle nicht lange stören: »Jedes Mal«, erklärt er mir, »wenn ich Lotti stören muss, tut es mir tief im Herzen weh, sie hat doch so schon so viel Arbeit, aber ich möchte, wenn ich darf, doch – ganz schnell nur – erzählen.« Mit einem kurzen Blick auf Lotti lässt er sich bestätigen, dass sie einverstanden ist, schaut dann wieder zu mir herüber: »Ich war am Ende. Ich war – eigentlich war ich tot. Diese kleine Frau da, sie hat mir das Leben gerettet. Wenn ich heute esse, esse ich dank ihr, wenn ich heute ein Dach über dem Kopf habe, dann verdanke ich das ihr, wenn ich heute Kinder trainieren darf, dann ist das dank ihr, ich möchte ...«

Lotti unterbricht: »Jetzt machen Sie aber einen Punkt, Kaiser! Ich habe Ihnen doch nur den Boden für all das gegeben. Was daraus geworden ist, das haben Sie selbst gemacht, ich will nicht als Ihre Retterin dastehen.«

Kaiser antwortet nicht ihr, sondern klärt mich auf: »Diese Dame könnte mit dem Finger schnippen, und sie hätte vor ihrer Tür einen Mercedes stehen ...«

Lotti schreit: »Hilfe, ich will keinen Mercedes!«, draußen versiegt das muntere Geplauder für einen Moment.

Kaiser aber lässt sich nicht beirren, im Gegenteil: »Eine Dame, die – ich kenne ihren Mann gut – sich Schmuck wünschen könnte, schwerer als sie selbst ...«

Lotti wiegt den Kopf erst nach rechts, dann nach links, verzieht die Mundwinkel etwas, unterbricht ihn erneut: »Schmuck, schwerer als ich selbst? Kaiser, jetzt übertreiben Sie!«

Kaiser würdigt sie keines Blickes, schaut nach wie vor mich an, mit seinen großen Augen sucht er meine, vergewissert sich, dass ich zuhöre, mehr noch, dass ich verstehe, und mit einer großen Geste jubelt er: »Eine Dame, die im Fünfsternehotel ...«

»Kaiser«, droht Lotti nun, »Kaiser – fertig!«

Kaiser stutzt. Setzt sich, ist auch sitzend noch baumlang, schaut Lotti besorgt an: »Lotti – Madame! –, so ist es doch. Und nicht anders. Warum wollen Sie das nicht hören?«

»Erstens, weil ich jetzt nicht Ihnen zuhören will, sondern meinen Patienten. Es warten sicher noch hundert auf mich, mindestens! Und zweitens, weil es keinen Sinn macht, über Dinge zu sprechen, die mir nichts sagen. Kaiser – was soll ich mit einem Mercedes? Was soll ich mit Gold und Silber?«

»Nun, mit dem Mercedes könnten Sie von A nach B fahren, und

mit dem Schmuck könnten Sie sich schmücken! Schmuck ist schön, sehen Sie, ich habe auch welchen.« Stolz wirft er sich in die Brust, hebt sein Kinn etwas an, damit wir all seine diversen Ketten bewundern können.

»Besitz, Kaiser, bringt vor allem eines: die Furcht, ihn zu verlieren! So. Und jetzt raus hier, alle beide.« Lachend scheucht sie uns aus ihrem Reich. Wir sind noch nicht draußen, als ihr »Suivant!« ertönt.

Kaiser schaut mich an, strahlt übers ganze Gesicht, fragt: »Ist sie nicht nett?«

»Sehr. Darf ich Sie fotografieren?«

»Aber selbstverständlich!«

Also bitte ich ihn, sich in den kleinen Garten des Zentrums zu stellen. Und wenn ich klein sage, dann meine ich klein. Er ist zwei auf zwei Meter groß, und anstelle von Gras wächst Klee. Vierblättriger Klee. Einfach so. Hier in diesem Garten wäre es ein Wunder, ein dreiblättriges Kleeblatt zu finden. Ich bitte Kaiser, sich in Pose zu werfen, was er dann auch gleich sehr gerne und äußerst professionell tut. Allerdings erst, nachdem er seine Wasserflaschen umständlich auf den Boden gestellt hat. Ich knipse eine ganze Serie.

Als ich Sarre Minata, die Frau, die nur ein Auge hat und mit der ich für heute abgemacht habe, zum Tor reinkommen sehe, verabschiede ich mich von einem sehr zufriedenen Kaiser und mache mich mit ihr auf den Weg.

Ich hatte erwartet, dass sie in der Nähe wohnt, doch ich sollte mich getäuscht haben. Wir gehen bis zur Hauptstraße hoch und überqueren sie. Was ziemlich gefährlich ist. Die Autos sausen dreispurig an uns vorbei. Richtung Stadt. Sobald wir eine Lücke ausmachen, sprinten wir auf den Mittelstreifen, ein breites Band aus unbetonierter Erde, auf welchem Autowracks vor sich hin rosten. Schauen jetzt nach rechts, um abermals eine Lücke zu finden und die nächsten drei Spuren zu überqueren. Finden eine. Sarre Minata stellt sich an den Straßenrand, hält zwei Finger hoch, signalisiert so, dass sie zwei Plätze braucht.

— Hier reist man weite Strecken mit Bussen. Die sind, je nachdem, wohin sie fahren, kleiner oder größer. Aber ob groß oder klein, alle sind regelmäßig mit Menschen vollgestopft. Wer eine kürzere Fahrt vorhat, der hält ein Woroworo an – einen gelb und blau gestrichenen Personenwagen. Quetscht sich zu den anderen Personen rein, sagt, wann der Fahrer wieder anhalten soll, und bezahlt ihn. Die Woroworos sind günstig. Teurer sind die privaten Taxis, die orange gestrichen sind und einen Taxameter haben. Mit so einem bin ich schon zweimal unterwegs gewesen. Habe jedes Mal Blut geschwitzt. Jetzt in ein Woroworo einzusteigen, macht mich nicht gerade froh. Aber ich kann Sarre Minata unmöglich anbieten, ein orangefarbenes Taxi anzuhalten und dafür ein Vermögen auszugeben, und so quetschen wir uns also auf die Rückbank, wo schon zwei Männer sitzen. Auf dem Vordersitz hat eine Frau Platz genommen. Auf ihrem Schoß zwei kleine Kinder.

Drei Kilometer weiter steigen die beiden auf der Rückbank aus. Nicht lange, und das Woroworo hält wieder an, um einen neuen Fahrgast aufzunehmen. Ich mache Platz, sitze nun ganz links. Direkt über dem hinteren linken Rad. Spüre, dass es eiert. Massiv eiert. Im Übrigen habe ich längst entdeckt, dass die Armaturenverschalung nicht fest sitzt, die Frontscheibe zwei kurze und einen bedenklich langen Riss aufweist, unter meinen Füßen ein Rostloch ist, das mit Plastik abgedeckt wurde, und – die Bremsen nicht wirklich das tun, was Bremsen tun sollten. Außerdem scheint das Gefährt ganz ohne Stoßdämpfer auszukommen.

Eine Viertelstunde, dann sind wir dort, wo Sarre Minata offensichtlich sein möchte, sie tippt dem Fahrer auf die Schulter, ich drücke ihr ein paar Münzen in die Hand, damit sie für beide zahlen kann, dann müssen wir die Strasse wieder überqueren. Als ich drüben ankomme, bin ich klitschnass.

Wie wenig ein Menschenleben hier wert ist, das erkennt man an den Sicherheitsvorkehrungen für die Fußgänger. Es gibt sie nicht. Auch nicht in Abidjan, wo tagtäglich Tausende die Straßen entlangpilgern und sie überqueren müssen. Nie habe ich einen Fußgängerstreifen gesehen, nie eine Überführung, nie eine Unterführung. Die Gehsteige sind rar gesät, ebenso die Ampeln, die Fußgängern anzeigen, ob sie gehen können oder warten müssen.

Sarre Minata weist auf eine Kirche links von mir, in der sie sich taufen ließ, geht dann weiter, zeigt mir, wo sie ihren Marktstand zu eröffnen gedenkt, führt mich immer tiefer hinein in diesen Slum der »gehobenen Klasse«.

Der Sand ist nicht schwarz vor Dreck. Abfall liegt hier fast keiner herum. Es wirkt alles aufgeräumt, hell, sonnig, angenehm. Die Menschen scheinen fröhlicher, die Hütten aber, die sind ebenso armselig wie die in Adjouffou. Das sehe ich, als Sarre Minata mich in einen kleinen Hof führt, in welchem sich vier einsturzgefährdete Holzverschläge befinden, in die wir nicht mal unsere Hunde stecken würden.

Vor den Hütten sitzen Frauen. Die eine wäscht, die andere kocht über einem kleinen Feuer, die dritte stillt ihr Baby. Sarre Minata grüßt, öffnet dann mit einem kleinen Schubs ihre Tür und meint: »Das Schloss ist leider kaputt.«

Sie lässt mich eintreten, als ich die Schuhe ausziehen will, sagt sie, das sei nicht nötig – ich finde, doch. Sie lebt mit ihren drei Kindern, die nicht da sind, in einem Raum, der drei auf drei Meter groß sein dürfte. Durch die Ritzen der vom Wetter und von der salzhaltigen Meerluft ausgeblichenen Holzlatten sieht man nach draußen. Der Raum wird von einer diagonal aufgehängten Schnur, an welcher ein großes Tuch hängt, in zwei »Zimmer« geteilt. Im einen liegt eine Matratze auf dem Boden, die aber für vier Menschen nie und nimmer groß genug ist. Im anderen stehen ein einziger Stuhl und ein kleiner niedriger Tisch. Rechts vom Eingang befindet sich ein Regal, was darauf steht, ist mit einem Tuch zugedeckt. Auf dem betonierten Fußboden gibt es drei Plastikbecken, in welchen Kleider und Tücher gestapelt sind. An der Tür hängt ein Bild der Mutter Gottes. Direkt über meinem Kopf raschelt und tippelt es. Ich schaue Sarre Minata fragend an. Sie lacht: »Mäuse!«

So viel zu dem, was ich sehe. Um das zu beschreiben, was ich in diesem fensterlosen Raum spüre, genügt ein Wort: Sauna. Die Hitze ist unerträglich. Wir gehen hinaus. Setzen uns draußen auf einen umgekippten Baumstamm, und Sarre Minata erzählt mir ihre Geschichte:

»Ich bin zweiunddreißig Jahre alt, Justin, mein Sohn, ist zwölf. Maymouna und Osé, meine beiden Töchter, sind fünf und vier. Der Vater meines ersten Kindes ist gestorben. Warum, weiß ich nicht. Der Vater meiner beiden Töchter hat mich verlassen. Er war sehr eifersüchtig und sagte schon bei Maymouna, das Kind sei nicht von ihm, verließ mich, kam dann aber zurück. Ich glaube, er hat mich eben doch gern gehabt. Dann, bei der Schwangerschaft der zweiten Tochter, schaltete sich seine Familie ein, befahl ihm, mich zu verlassen. Sie fragten ihn: ›Was willst du eigentlich mit einer, die nur ein Auge hat?‹«

Sarre Minata unterbricht, sie braucht ein bisschen Zeit, weil sie nicht weinen will. Sie atmet durch, erzählt weiter: »Also, er verließ uns. Er kam nie wieder. Nie. Ich hatte damals einen kleinen Marktstand, wo ich Flüssigseife verkaufte. Damit musste ich aufhören, als Osé zur Welt kam, denn ich fand niemanden, der auf die Kinder aufgepasst hätte. Justin, der bis dahin Maymouna gehütet hatte, konnte ich das Baby unmöglich überlassen. Ich war sehr allein. Meine Eltern sind beide tot. Meine Geschwister leben nicht hier. Das Schlimmste war der Hunger. Hunger tut körperlich weh. Er lähmt dich, er macht, dass man langsamer denkt. Er macht müde, so müde, dass man sich den Tod wünscht, damit man nur noch schlafen kann. Er… ich fühlte mich oft, als würde er mich verspotten. Manchmal bekam ich etwas Reis von den Nachbarn, den kochte ich, gab den Kindern die Körner, ernährte mich vom Wasser, in welchem ich ihn weich gekocht hatte. Ich nahm ab. Als ich aus der Hütte geworfen wurde, durfte ich in einer Kirche schlafen. Es war allerdings nicht ein Haus, sondern ein Unterstand, in welchem es ein paar Bänke hatte, aber es war besser als nichts.

Dann wurde mein Baby krank. Es war unter sein Geburtsgewicht abgemagert. Ich hörte von einer weißen Frau, die in Adjouffou den

Menschen hilft, und machte mich zu Fuß auf den Weg zu ihr. Meine beiden größeren Kinder musste ich zu Hause lassen. Im Ambulatorium angekommen, wurde Osé von einem Arzt untersucht. Gratis! Aber dann sagte er, das Kind brauche dringend Medikamente und Milch, und gab mir ein Rezept. Als er mir ansah, dass ich das nicht bezahlen konnte, sagte er, das sei kein Problem, ich solle mich einfach noch in die Schlange vor dem Büro von Madame Lotti setzen.

Madame Lotti bezahlte alles und bat mich, ihr das Kind in einer Woche wieder zu zeigen. Eine Woche später fragte sie mich, ob ich noch andere Kinder hätte. Ich nickte. Sie fragte, ob wir genug zu essen hätten. Ich nickte wieder. Ich konnte ihr die Wahrheit nicht sagen. Ich konnte nicht sagen: ›Nein, wir sind am Verhungern.‹ Zugeben, dass man kein Geld hat, das ist das eine. Zugeben, dass man nichts zu essen hat, das ist viel, viel schlimmer.

Sie schaute mich lange an, sagte dann, sie gebe mir einen Bon, der mich dazu berechtige, jeden Montag etwas Geld bei ihr zu holen. Das erste Geld gab sie mir sofort, dann bat sie mich, wenn ich das nächste Mal käme, alle Kinder mitzubringen. Als sie sie sah, fragte sie mich nochmals: ›Hast du genug zu essen für euch?‹ Ich schüttelte den Kopf. Sie fragte, wie viel ich wiege, ich wusste es nicht. Aber ich konnte ihr sagen, dass ich früher dicker gewesen sei. Das sei kein Wunder, meinte sie daraufhin, ich sei ja nur noch Haut und Knochen. Sie fragte mich nach Krankheiten, und schließlich bat sie mich, zur Sicherheit einen Aidstest zu machen. Ich sagte, ich würde ihn das nächste Mal machen, wenn ich komme und nur das Baby dabeihabe.

Ich gab mir eine Woche Zeit, es waren schlimme sieben Tage. Ich hatte große Angst, den Test zu machen. Aber ich glaubte Lotti, dass sie mir nur dann richtig helfen konnte, wenn wir wüssten, ob mich der Hunger so dünn gemacht hatte oder auch noch das Virus.

Nach dem Test setzte ich mich vor Lottis Büro. Ich sah, wie der Laborant ihr das Resultat übergab. Als sie mich zu sich rief, wollten mich meine Beine nicht recht tragen. Aber bevor ich mich in

Lottis Büro hinsetzen konnte, war sie schon aufgestanden, um mich in die Arme zu nehmen. Sie sagte: ›Sarre Minata, du bist negativ!‹ Wir haben uns angeschaut, und als ich sah, wie Lotti weinte, weinte ich auch. Wir weinten vor lauter Glück. Diesen Moment werde ich nie im Leben wieder vergessen.

Als ich vor ihr saß, sagte sie, sie würde jetzt erst mal schauen, dass wir besser leben könnten und zu essen bekämen. Dann werde sie mich zu einem Spezialisten schicken, der das Auge anschauen solle, und mir dann helfen, einen Marktstand zu eröffnen.

Ich habe sie dann aber gebeten, dem Marktstand erste Priorität zu geben, denn das ist wichtiger. Mit meinem Auge kann ich gut leben. Manchmal schmerzt es ein bisschen, aber nicht sehr. Und ich glaube nicht, dass sich etwas machen lässt. Warum ich so zur Welt gekommen bin, weiß ich nicht. Für die Eröffnung des Markstandes werde ich fünfundzwanzigtausend Francs erhalten, ich werde mir damit einen Tisch kaufen und das erste Gemüse auf dem Großmarkt erstehen und den Platz mieten können, den ich dir gezeigt habe. Und dann, dann werde ich sehr nervös sein. Ich weiß ja nicht, ob ich auch wirklich etwas verkaufen werde oder nicht. Ich hoffe so sehr, dass es klappt. Lotti hat mir gesagt, ich solle mir nicht allzu viele Sorgen machen, ich würde das sicher schaffen. Ich werde sehen. Sobald ich kann, werde ich den Kredit zurückzahlen. Franc um Franc.«

Wieder macht Sarre Minata eine Pause.

»Ich werde keine Bettlerin mehr sein.«

Sie lächelt.

»Ich habe kein Aids. Und werde doch von Lotti unterstützt. Dies, weil sie in ihrem Bekanntenkreis jemanden gefunden hat, der für mich direkt bezahlt. Meine Kinder haben zugenommen, sie sehen gesund aus. Die Großen können sogar zur Schule. Und ich auch. Ich lerne schreiben und lesen, aber das weißt du ja schon. Kann ich dich um etwas bitten?«

Ich nicke.

»Kannst du mir erklären, warum Lotti das alles macht?«

»Das habe ich mir auch schon oft überlegt, Sarre Minata. Sie selbst sagt: Weil sie das Elend gesehen hat und nicht mehr wegschauen will. Ich glaube, es ist auch, weil sie die Menschen sehr mag. Und weil sie hier zu Hause ist.«

»Kannst du mir erklären, wie sie die ganze Verantwortung tragen kann?«

»Indem sie die Verantwortung mit jedem Einzelnen teilt. Würdest du nicht selbst so sehr dabei mithelfen, deine Situation ins Positive zu kehren, glaub mir, sie hätte dich schon längst fallen lassen.«

»Ich habe noch eine Frage.«

»Frag ruhig, aber – warum fragst du sie das alles nicht selbst?«

»Ich würde ihr damit nur Zeit stehlen.«

»Also?«

»Sie wirkt, obwohl ihre Familie so weit weg ist, immer so glücklich, wie macht sie das?«

Nun ist es an mir, zu lächeln. Sarre Minata hat nämlich exakt die Fragen gestellt, die mich dazu bewogen hatten, im September 2002 mit Lotti in Kontakt zu treten. Dies, nachdem ich im Fernsehen die eingangs erwähnte eindrückliche Dokumentation des Westschweizer TV-Journalisten Claude Schauli über Lotti gesehen hatte.

Die Antwort auf Sarre Minatas letzte Frage hat Lotti – so glaube ich zumindest – auch erst mit der Zeit formulieren können. Auf jeden Fall haben wir uns schon gut gekannt, als sie mir einmal schrieb: »Seit ich in Adjouffou bin, ist meine Seele glücklich.«

Heiß, heiß, heiß. Zum einen, weil es einfach wirklich heiß ist, zum anderen, weil mich in der kurzen Zeit im Haus von Sarre Minata eine Mücke gestochen hat. Nicht einmal, nicht zweimal. Dreimal. Die Stiche brennen wie Feuer. Eine kalte Dusche wäre jetzt schön. Eine Dusche, die hier fehlt. Um sich und die Kinder waschen zu können, muss Sarre Minata das Wasser aus dem Sodbrunnen holen und es vor ihre Hütte tragen. Jeder einzelne Tropfen ist hart verdient. Umso mehr beeindruckt mich immer wieder, wie gepflegt die Menschen hier sind. Ich sehe zerrissene, löchrige Kleidung, das schon, selten aber ist sie auch schmutzig.

Sarre Minata begleitet mich zur Hauptstraße, merkt dort, dass ich froh wäre, wenn sie sich auch ins Taxi setzen würde, und so hält sie ein Woroworo an. Wir quetschen uns auf die Rückbank, die völlig zerschlissen ist. Der herausquellende Schaumstoff wurde behelfsmäßig zurückgebunden. Die eine Tür hat keine Verschalung mehr. Interessant, was sich in so einer Tür alles befindet. Das Fenster ist offen. Schließen lässt es sich nicht.

Wir fahren an riesigen Abfallcontainern vorbei, die bis obenhin mit Müll vom Slum beladen sind. Was keinen Platz mehr fand, liegt in Bergen daneben. Die offizielle Kehrichtabfuhr kommt seit Monaten nur noch sporadisch und völlig willkürlich. Für die Slumbevölkerung eine beißend stinkige Angelegenheit, für die Ratten ein Vergnügungspark der gehobenen Klasse. Das ist auch der Grund, warum Lotti nicht mehr auf den Nachtmarkt in Adjouffou essen geht. Erstens stinkt es, zweitens wetzen einem die Vierbeiner um die Füße. Poulet braisé werde ich dieses Mal also nie zu essen bekommen, diese Pouletstücke, die auf einem durchlöcherten Blech über dem offenen Feuer gegrillt, dann mit Öl, Chilischoten und Zwiebeln gewürzt und mit Tomatenscheiben garniert werden. Eine Delikatesse, die mir schon bei der bloßen Erinnerung das Wasser im Mund zusammenlaufen lässt. Dazu tranken wir jeweils kaltes Bier mit Tonic-Wasser, freuten uns an den vielen Feuern, die ihre Funken in die dunkle Nacht spien, an den Kindern, die zu scheppernder Musik tanzten, an dem regen Treiben zwischen den Marktständen. Es braucht so wenig, um satt und zufrieden zu sein. Es bräuchte so wenig.

Als wir an der Straße ankommen, die zum Ambulatorium hinunterführt, lässt Sarre Minata das Woroworo anhalten und steigt mit mir aus. Bevor wir uns verabschieden, gebe ich ihr unauffällig fünftausend Francs. Ein Dankeschön für die Zeit, die sie mir zur Verfügung gestellt hat. Einen Betrag, den ich mit Lotti abgesprochen habe. Sarre Minata freut sich riesig und weiß auch schon, was sie damit kaufen wird: »Ein Vorhängeschloss für meine Tür!« Auf meine Frage, warum sie Lotti nie um das Geld für ein Schloss gebeten habe, meint sie: »Man kann auch ohne Schloss leben. Von Lotti kriege ich das, was wir dringend brauchen, und das ist schon mehr als genug.« Mir wird klar, dass für Sarre Minata ein Schloss puren Luxus bedeutet. Den von Geborgenheit und Privatsphäre.

Auf dem Weg zurück ins Ambulatorium wage ich mich in das unergründliche Wirrwarr von Marktständen, das sich zu meiner Rechten befindet. Was bei uns ein Einkaufszentrum ist, ist hier die Fläche von sicher zweihundert Quadratmetern, auf der all das angeboten wird, was man braucht oder eben nicht so dringend benötigt. Von der Halskette über Nagellack, von lebenden Hühnern über tote Hammel, von Tomaten über Mangos, von alten Zeitschriften über zerfledderte Bücher, von Schreibheften bis hin zu verschiedensten Medikamenten in dubiosen Verpackungen, von Plastiktellern bis hin zu Badelatschen, Stoffbahnen und Strohmatten. Es vergeht mindestens eine halbe Stunde, bis ich gefunden habe, was ich suche: ein Schreibheft für Abel. Einen Kugelschreiber kaufe ich nicht, ich werde ihm einen von denen schenken, die ich mitgebracht habe. Den schönsten.

Bevor ich ihm das kleine Geschenk bringe, nehme ich eine Dusche, wasche auch gleich noch meine Haare. Genieße das kalte Nass sehr bewusst, denn wie oft stand ich hier, eingeseift von oben bis unten, und plötzlich versiegte der Strahl. Wie oft hatte ich Wasser hochgeschleppt, damit wir die Toilette spülen und die Zähne putzen konnten? Wie oft ich? Wie oft Lotti? In all den Jahren? Tausendmal! Mindestens! Aziz hat seiner Frau mit der Wasserpumpe ein sehr viel größeres Geschenk gemacht, als wenn er ihr einen Mercedes und haufenweise Schmuck gekauft hätte.

Auf dem Weg ins Sterbespital kommt mir Lotti entgegen: »Frisch geduscht?«

»Ja, dank deinem Herrn Gemahl. Sag mal, wann gehen wir jetzt endlich in die Stadt, damit du ihm mailen und die ganze Geschichte erzählen kannst?«

»Morgen!«

»Bist du sicher?«

»Morgen ist Großeinkaufstag, du weißt doch, übermorgen ist das Mütterfest!«

Das Mütterfest findet seit zwei Jahren statt. Ein Fest für all die aidskranken Mütter und die paar Väter, die kommen wollen.

»Lotti, geht es dir besser?«

»Viel besser, so gut, dass ich dich heute zum Essen ausführe.«

»Nicht auf den Nachtmarkt?«

»Ich habe eine Alternative.«

»Gut, ich bringe Abel jetzt das Heft und den Kugelschreiber« – ich hatte Lotti von Abels Wunsch erzählt –, »dann sage ich allen gute Nacht und treffe dich im Ambulatorium, okay?«

»Gut so, bis dann.«

Abel sitzt auf der Treppe. So, als habe er mich erwartet. Er bedankt und verabschiedet sich dann auch gleich. Er will, so scheint es, jetzt nicht reden. Nein, er will schreiben.

Bevor ich in die Krankenzimmer gehe, um Hände zu drücken und Parfait-Jules' Lachen zu sehen, spiele ich mit Frank noch »Hoppe, hoppe, Reiter« und bringe Soumaila zum Kindermädchen. Das Windelnwechseln überlasse ich ihr gern.

Das Restaurant, wohin mich Lotti führt, liegt etwa zehn Minuten von Adjouffou entfernt. Mitten in einem angrenzenden Slum. Wir sind die einzigen Gäste. Lotti fragt, was ich haben möchte.

»Poulet braisé.«

»Vergiss Poulet braisé, das gibts hier nicht, ich bestell Kédjénou.«

»Kédjénou?«

»Huhn in einer wunderbaren Sauce, du wirst es mögen.«

Sie hat recht, es schmeckt mir sehr. Ich mag auch die Stimmung hier. Das Personal ist nett, mein Stuhl wackelig, das Glas sauber, das Bier kalt.

An diesem Abend schlafe ich in der freudigen Erwartung ein, des Kaisers Training zu besuchen, am Mütterfest teilzunehmen und – zu verreisen. Lotti eröffnete mir auf der Nachhausefahrt nämlich, sie habe sich dazu entschlossen, die Nacht vom 25. auf den 26. Februar nicht im Ambulatorium, sondern in einem afrikanischen Dorf zu verbringen. Den Grund erkenne ich sofort, in dieser Nacht wird seit dem Überfall genau ein Monat vergangen sein.

Freitag, 23. Februar 2007

Kaiser scheint mir nicht zu trauen. Als ich am Morgen Adelaide begrüße, schaut sie mich sehr ernst an, in ihren Augen aber blitzt der Schalk: »Kaiser war schon um acht hier, bat mich, dir zu sagen, du sollest ihn um Himmels willen nicht vergessen.«

Nein, ich werde ihn nicht vergessen, aber bevor es zehn Uhr ist, will ich noch bei Abel vorbeischauen. Er sitzt, als ich in sein Zimmer komme, am Tisch. Schreibt. Strahlt mich an. Klappt das Heft zu. Gibt es mir. Wortlos. Ich schlage die erste Seite auf. Lese. Wörter, die – gemittet – seinem Buch den Titel geben.

Die Geschichte eines afrikanischen Kindes,
das in einem afrikanischen Land,
genannt Elfenbeinküste, lebt.

Die Kombination seiner exakten Schrift und dem, was mir der Titel offenbart, rührt mich zutiefst. Ich setze mich. Schaue ihn an. Nehme ihn in den Arm. Dann schlage ich die nächste Seite auf, beginne zu lesen, mache ihm ein großes Kompliment, bestätige ihm, was er – ich sehe es in seinen Augen – selbst schon weiß: Er muss seine Geschichte nicht erzählen, um sie dann von jemand anderem schreiben zu lassen. Er kann das selbst.

Zurück im Ambulatorium, werde ich von Madame Hortense empfangen. »Madame Gaby, Kaiser war soeben hier. Er hat mich gebeten …«

»Ich weiß, Madame Hortense, er hat Sie gebeten, mir zu sagen, ich solle ihn nicht vergessen. Das hat er vor einer Stunde schon Adelaide gesagt. Ich werde ihn nicht vergessen. Am besten gehe ich gleich.«

»Ja, tun Sie das.«

Sie strahlt mich an. Und mir wird endlich bewusst, was mich an ihr so fasziniert. Ihr Gesicht ist Freude. Heute allerdings mehr denn je. »Madame Hortense, Sie sehen heute noch zufriedener aus als sonst!«

»Mir geht es auch ganz prima. Ich freue mich doch so sehr auf morgen.«

»Auf das Mütterfest?«

»Ja, auf das Mütterfest. Es ist schöner, als wenn wir Weihnachten feiern – es ist so, nun, so… es ist… Sie werden ja selber sehen. Sie kommen doch auch? Oder?«

»Natürlich komme ich.«

»Gut, dann tanzen wir zusammen! Adieu.«

Und weg ist sie, in der Hand den Besen.

Kaisers Trainingsplatz liegt auf halbem Weg vom Ambulatorium zur Hauptstraße. Ziemlich genau vis-à-vis des großen Marktplatzes, wo ich gestern das Schreibheft für Abel gekauft habe. Dass Fußball gespielt wird, höre ich von weitem. Es sind nicht nur die Kinder, die sich gegenseitig anspornen, doch endlich ein Tor zu schießen, es ist vor allem auch Kaisers Trillerpfeife, die ich höre, und seine Stimme, die alle anderen übertönt: »Langsam, laaangsam, gebt den Ball nicht gleich wieder ab, sucht euch zuerst einen geeigneten Anspielpartner, lasst euch Zeit damit, ja, so ist es gut, Jacques, du machst das ganz wunderpräch… ah, Madame Gaby. Kinder!!! Wir haben Besuch! Spielt weiter.«

Kaiser kommt auf mich zu: »Sie sind zu früh!«

»Ist das ein Problem?«

»Ja! Ich habe doch die Fahne noch nicht gehisst. Wissen Sie, ich bin ein Patriot. Ein echter Patriot!«

Er zeigt mir sein Armband, das mir gestern schon aufgefallen ist und aus drei ineinandergedrehten Stoffstreifen besteht. Einer in Orange, einer in Weiß, einer in Grün.

Tatsächlich bringe ich ihn mit meinem zu frühen Auftauchen ganz offensichtlich kräftig aus dem Konzept. Er bittet mich zu warten, geht mit großen Schritten weg, besorgt irgendwo einen Stuhl aus Plastik, der früher einmal weiß gewesen sein muss. Stellt ihn an den Spielfeldrand, in das einzige bisschen Schatten, das von einem kleinen Baum herrührt, bittet mich mit einer leichten Verbeugung und einer einladenden Bewegung seines rechten, langen Armes, Platz zu nehmen. »Also, ich werde – wenn Sie erlauben – jetzt die Fahne hissen.«

Links von mir liegen seine Siebensachen auf dem sandigen Boden. Zwei Wasserflaschen, die offenbar zu ihm gehören wie die Nacht zum Tag. Eine Tasche, die mich in seinen großen Händen gestern schon mehr an eine Handtasche als an eine Sporttasche erinnerte. Drei durchsichtige kleine Plastikbeutel mit Fotos drin. Ein Handtuch, daneben eine Fahne. Die der Elfenbeinküste. Sie hat drei senkrechte Streifen. Der linke ist orange, der in der Mitte weiß und der rechte grün.

»Aber natürlich erlaube ich Ihnen, die Fahne zu hissen! Es ist mir eine Ehre.«

Er nimmt die Flagge zur Hand, klärt mich auf: »Orange steht für den Norden des Landes, Grün für den Süden und Weiß für die Einheit dazwischen.«

Momentan wohl eher für die Trennung von Süden und Norden, denke ich. Sage es nicht, ich will den stolzen Patrioten nicht beleidigen. Mit der Fahne in der Hand geht er jetzt zum Strommast, der dem Fußballfeld am nächsten steht, bindet sie mit einem Kabel umständlich an.

Kaiser trägt heute eine schwarze Mütze mit grünem Rand und ein schwarz-weißes Fußballertrikot mit der Rückenanschrift: Figo. Das Leibchen von Luis Figo – dem ehemaligen Kapitän der portugiesischen Nationalmannschaft und Weltfußballer des Jahres 2001. Für mich der faszinierendste Ballkünstler der Welt.

Als die Fahne endlich hängt, frage ich Kaiser, warum er – wenn er doch so ein Patriot sei, nicht das Leibchen von Didier Drogba trage, denn: »Soviel ich weiß, Kaiser, ist er doch der beste Fußballspieler der Elfenbeinküste und erst noch in Abidjan geboren.«

»Drogba ziehe ich doch nicht unter der Woche an! Drogba bewahre ich mir für den Sonntag auf. Aber nehmen Sie jetzt doch, bitte, wieder Platz. Darf ich Ihnen eine Cola anbieten?«

Ich bedanke mich für sein nettes Angebot, winke aber entschieden ab. »Machen Sie jetzt nur Ihre Arbeit, Kaiser, und kümmern Sie sich nicht mehr um mich.«

Kaiser steckt die Trillerpfeife in seinen Mund und pfeift – einen Elfmeter. Nun, wenn das ein Penalty war, dann einer, den weder er noch ich gesehen haben können, denn wir waren ja am Schwatzen. Egal, er ist der Chef und lässt ihn ausführen.

Nachdem dies sehr erfolgreich geschehen ist, werden die Kinder von Kaiser an den Spielfeldrand beordert, um mich persönlich zu begrüßen. Ich drücke Hand um Hand, sehe in stolze Augen.

Die Kinder spielen ohne Schuhe. Sie spielen ohne Netz. Die Tore, die sie mal hatten, wurden gestohlen. Seither markieren sie den Raum, wo der Ball hineinsoll, mit zwei Steinen. Sie spielen wunderbar flink, manche sogar trickreich. Und alle ohne die geringste Rücksicht auf ihre Zehen und Fußsohlen, die den Steinen und Scherben und den anderen kickenden Füßen schutzlos ausgeliefert sind. Mannschaftsleibchen haben sie keine. Kaiser wendet für die Einteilung in zwei Mannschaften eine denkbar einfache Lösung an: Eine Mannschaft spielt oben ohne, und die andere hat etwas an.

Ständig kommen neue Kinder hinzu, die offenbar auch mitspielen möchten und sich in eine Reihe stellen. Kaiser entscheidet, wer sein Oberteil auszieht und wer bekleidet mitspielt. Er ist es auch, der sagt, wann ein weiteres Kind auf den Platz darf und welches – weil längst genug Spieler auf dem Feld stehen – noch warten muss. Bei einem Foul gibt es sofortigen Platzverweis. Der abtretende Spieler muss sich hinten anstellen, und der vorderste der Reihe darf auf den Platz. Was sich strukturiert anhört, ist – gelinde ausgedrückt – ein ziemliches Chaos. Aber es ist auch und vor allem ein fröhliches Chaos. Der Einzige, der selten lacht, weil er alles etwas zu ernst nimmt, ist Kaiser. Das liegt wohl daran, dass er mich als offiziellen Besuch einstuft. Er setzt alles daran, dass ich von seiner Mannschaft einen guten Eindruck mit nach Hause nehmen werde.

Nach ungefähr einer halben Stunde pfeift er das Spiel ab, das auf wundersamste Weise unentschieden ausgeht, bittet die Kinder, eine Pause einzulegen, stellt sich vor mich hin, packt die Fotos aus den kleinen durchsichtigen Plastikhüllen. Es sind Bilder von ihm. Kaiser als Tänzer, Kaiser als stolzer Besitzer einer Ziege, Kaiser als Balljongleur. Kaiser im Fußballoutfit allein, Kaiser im Fußballoutfit neben einem anderen Fußballer. Einem, den ich zu kennen glaube, aber – das kann nicht sein: »Kaiser, ist das Roger Milla?«

Jetzt strahlt er, wird aber sofort wieder ganz ernst. Schaut mich schon fast beschwörend an: »Ja, das ist Milla.«

»Wo ist das Foto denn entstanden?«

»In Montpellier! Ich habe beim HSC Montpellier gespielt. Und danach zehn Jahre in Israel.«

Ich schaue noch mal genauer hin, ja, das ist der Kameruner Roger Milla. Unglaublich! Seinetwegen hatte mich vor Jahren das Fußballfieber gepackt. Er und mit ihm seine Mannschaft waren 1990 die Überraschung an der Fußball-Weltmeisterschaft in Italien.

Milla war damals schon achtunddreißig Jahre alt, hatte seine Karriere eigentlich hinter sich, wurde dann aber von Kamerun für die Weltmeisterschaft aus dem Ruhestand geholt. Da er konditionell nicht mehr so gut mithalten konnte, spielte er als Joker. Und als solcher drosch er den Ball gleich viermal ins Tor. Was danach jeweils passierte, war Afrika pur. Er ging zur Eckfahne, legte die eine Hand auf seinen Bauch, die andere auf den Rücken, ging leicht in die Knie und ließ seine Hüfte kreisen. Mir schien es, als umarme er in seinem grenzenlosen Triumph die ganze Welt. Seine Freude und die der ganzen Mannschaft war jedes Mal ein berührendes Feuerwerk der Gefühle. Fußball war plötzlich nicht mehr die »ernsteste Nebensache der Welt«, nein, zum ersten Mal spürte ich Spielwitz,

Lust und Freude. Von da an wusste ich, es gibt Fußball und es gibt afrikanischen Fußball. Dank Milla drangen die Kameruner – auch die »unbezähmbaren Löwen« genannt – als erste afrikanische Mannschaft überhaupt in einen WM-Viertelfinal vor. Mussten gegen England antreten und gingen prompt 2:1 in Führung. Der Jubel war immens. Aber die Engländer glichen aus. Es war ein verrücktes Spiel. Jede der Mannschaften hatte einen Elfmeter verwertet. Es ging in die Verlängerung. England bekam – zehn Minuten nach der offiziellen Spielzeit – noch einmal einen Penalty zugesprochen und verwandelte auch diesen. Die Kameruner waren draußen.

Den Beweis dafür, dass ich nicht die Einzige war, die damals vor dem Fernseher geheult hatte, lieferte mir anlässlich der WM 2006 ein Artikel im »Tages-Anzeiger«. Der Sportjournalist Fredy Wettstein beschrieb das Spiel in einer WM-Rückblende so: »Zuletzt gewannen die Afrikaner nur nicht, weil sie mit dem Herzen anstatt mit dem Kopf spielten. Es war eines der faszinierendsten Spiele von Italia '90, und wer nicht Engländer war, der weinte in dieser Nacht in Neapel – um die Löwen, die sich mit ihren ungestümen Angriffen selber bändigten, um Milla und seine Jubeltänze an der Eckfahne, die um die Welt gegangen waren.«

Und nun liegt also Millas Foto auf meinen Knien. Und vor mir steht ein extrem stolzer Kaiser. Dass ich Milla so gut kenne, hat er offensichtlich nicht von mir erwartet. Um mich herum stehen die Kinder. Eines nach dem anderen hat sich vorgewagt. Alle wollen sehen, was ich sehe. Aber das ist Kaiser nicht recht, er hat das Gefühl, ich würde zu sehr bedrängt.

»Das wird zu eng für Madame, hopp, hopp, zurück jetzt und weitergespielt!«

Er gibt zwei, drei Anweisungen, pfeift das Spiel dann an. Schaut eine halbe Minute zu – lobt – und wendet sich dann wieder an mich, um mir ein Foto mit ihm und Lotti zu zeigen. In diesem Moment kommt ein alter Mann, stellt uns seinen Enkel vor und fragt Kaiser, ob dieser wohl auch mitspielen dürfe.

»So ohne Weiteres kann ich das jetzt nicht entscheiden, da muss ich zuerst die Verantwortliche des Zentrums der Hoffnung, Madame Lotti Latrous, fragen, ich werde das heute noch abklären und Ihnen dann morgen Bescheid geben.«

Ich weiß nicht, wer enttäuschter ist, der Großvater oder sein Enkel.

»Monsieur Kaiser?«, mische ich mich deshalb ein.

»Nicht Monsieur, bitte! – Sagen Sie einfach Kaiser!«

»Kaiser, ich werde Lotti Ihren Neuzugang mitteilen und garantiere Ihnen, sie wird damit einverstanden sein.«

Kaiser nickt.

»Monsieur«, wendet er sich nun an den Großvater, »Monsieur! Dank dieser Dame hier, die von sehr weit hergereist ist und so nett war, sofort zu entscheiden, hat sich die Sache bereits erledigt. Lassen Sie den Kleinen sein Oberteil ausziehen, und dann ab in die Reihe mit ihm.«

Weil der Bub, er ist vielleicht sechs Jahre alt, in dieser Hitze – wohl in Ermangelung eines leichteren Kleidungsstückes – mit einem Faserpelz bekleidet ist, bin ich Kaiser für seine Weitsicht, ihn in die Oben ohne-Mannschaft einzuteilen, außerst dankbar.

Der Großvater bedankt sich, steht dann etwas abseits, um darauf zu warten, seinen Enkel spielen zu sehen. Das Bild lässt mich Milla vergessen und, für einen Moment zumindest, sogar den schrägen Kaiser, der sich nun wieder auf das Spiel seiner Schützlinge konzentriert. Nach einer Weile winkt der Großvater seinem Enkel Adieu und geht nach Hause. Langsam, etwas gebückt. So, als hätte er eine schwere Last zu tragen. Mit großer Wahrscheinlichkeit gehört er zu den Großeltern, die sich – nach dem viel zu frühen Aidstod ihrer eigenen Kinder – nun um ihre Enkel kümmern.

Nach Einschätzungen der Uno werden südlich der Sahara bis im Jahr 2010 mehr als fünfzehn Millionen Halb- oder Vollwaisen leben. In Schwarzafrika fehlt es an Medikamenten, die das Aidsvirus in Schach halten. Es fehlt an Prävention. Es fehlt an Geld. Ein Kondom kostet so viel wie ein Teller Reis. Es fehlt an Ungehorsam.

Am Ungehorsam, das Kondom, wenn man denn eines bekommt, trotz des päpstlichen Verbotes zu benutzen. Die Konsequenz davon ist: Es fehlt am wichtigsten – an Eltern!

Kaiser lässt wieder Pause machen. Er will mir noch etwas Dringendes erzählen: »Ich wollte Lotti gestern nicht noch länger aufhalten, deshalb erzähle ich Ihnen das, was ich gestern noch sagen wollte, heute. Der Tag meiner Wiedergeburt ist der vierte Februar 2004. Damals brachte Lotti mich ins Sterbespital. Gab mir Seife, Kleider und zu essen. Oh, ich werde es nie vergessen. Ich saß am Tisch über einem Teller, der speziell für mich zubereitet war. Ich aß. Langsam. Ganz langsam. An der Wand mir gegenüber stand: ›Wer ein Menschenleben rettet, rettet die ganze Menschheit.‹ Und ich dachte, nun bist du einer von den Tausenden, die Lotti aus dem Grab gezerrt hat.« Kaiser macht eine Pause, überprüft mit einem Blick direkt in meine Augen, ob ich auch tatsächlich verstanden habe.

Das Zitat stammt aus dem Talmud: »Celui qui sauve une vie, sauve toute l'humanité.« Ich habe sehr wohl verstanden. Kaiser wäre ohne Lotti tot, und ohne Kaiser wären viele Jungs hier nicht ganz so glücklich, wie sie im Moment scheinen.

Dass Kaiser auch Mädchen in seiner Mannschaft hat, wird mir erst bewusst, als er diese für den Fototermin aufstellt. Es dauert, bis alle ganz genau so gruppiert sind, wie er das haben will. Als er endlich zufrieden ist, bittet er um einen Moment Geduld, geht zu seinen Siebensachen, nestelt in seiner Tasche herum, holt eine Sonnenbrille raus. Hebt dann seine beiden Wasserflaschen auf und stellt sich mitten in die Gruppe. Dank seiner perfekten Vorarbeit habe ich das Foto in zwei Minuten gemacht.

Danach wird wieder gespielt. Kaiser pfeift weiter, wo es nichts zu pfeifen gibt, und ich werde den Verdacht nicht los, dass seine Fehlentscheide auch mit meiner Anwesenheit zu tun haben. Daher bitte ich ihn, mich zu entschuldigen.

»Waaas? Sie wollen schon gehen?«

»Monsieur Kai…«

»Nein, nein, bitte lassen Sie – bitte! – den Monsieur weg.«

»Kaiser, ich muss leider weg, weil ich mit Lotti noch in die Stadt fahre. Ich verspreche aber, ich werde wieder kommen.«

Er lässt mich gehen, allerdings nicht, bevor er eine weitere Performance für mich eingelegt hat.

»Einen Moment noch, ich möchte Ihnen zeigen, was meine Kinder hier lernen.«

Nun stellt er sich mitten aufs Spielfeld, bittet um den Ball, hält ihn vor sich hin, lässt ihn fallen, stoppt ihn auf seinem rechten Fuß. Wirft ihn hoch, fängt ihn mit seinem linken Fuß auf. Jongliert ihn hin und her. Ich zähle automatisch mit. Zehnmal. Zwanzigmal. Dreißigmal. Bei hundert ahne ich, dass er locker tausend hinkriegen würde. Indem ich aufstehe, klatsche und Bravo rufe – was die Kinder sofort nachahmen –, unterbreche ich ihn. Kaiser fängt den Ball mit den Händen, verneigt sich, lässt meine rechte Hand in seiner verschwinden, drückt zu. Ich auch. Dann lässt er mich gehen, pfeift die Kinder aufs Spielfeld zurück, zeigt ein Täuschungsmanöver und knallt den Ball zwischen die zwei Tor-Steine an die dahinter liegende Wand.

Auf dem Weg nach Abidjan erzähle ich Lotti von meinem Besuch bei Kaiser, was sie Tränen lachen lässt. Die Fotos mit Kaiser und Milla, Kaiser und der Ziege, dem tanzenden Kaiser hat sie alle schon zigmal gesehen. »Er ist schrullig geworden, aber im Grunde genommen ist er derselbe liebenswürdige Kerl geblieben, der er immer war.«

Wegen der kaputten Klimaanlage haben wir die Fenster offen. Nach etwa fünfzehn Minuten schließen wir sie. Es stinkt. Nicht so wie von den Abfallcontainern, die im Slum nicht entsorgt werden. Der Gestank ist schärfer. Reizt die Nasenschleimhaut.

»Giftmüll?«

»Ja. Da drüben entsorgen sie den Rest.«

Auf der anderen Straßenseite sehe ich Berge von Müll. Davor Männer, die diesen mit einfachen »Schutzmasken« aus Papier Schaufel um Schaufel auf einen Laster schippen.

Am 19. August 2006 hatte ein Frachter – im Auftrag einer niederländischen Firma – in Abidjan fünfhundert Tonnen einer hochgiftigen Ladung gelöscht, die danach auf verschiedenen Mülldeponien rund um die Stadt »entsorgt« wurden und mindestens zehn Menschen das Leben kosteten. Hunderttausende klagten über Kopfschmerzen, Atemnot, Verdauungsprobleme, Nasenbluten. Die Ärzte in Lottis Ambulatorium machten Überstunden. Der Skandal löste weltweit Empörung aus. Frankreich schickte Spezialisten, die – in Schutzanzügen und mit Atemgeräten – den Sondermüll zusammenschaufelten und ihn zur fachgerechten Entsorgung nach Frankreich schifften. Was jetzt noch hier ist, das sind die kontaminierten Überreste. Es gäbe zu diesem Skandal noch einiges zu hinterfragen, aber Lotti enthält sich jeden Kommentars, denn »wenn ich einst von hier weggehe, dann, weil ich gehen will, und nicht, weil ich gehen muss. Ich kämpfe für das, was ich wirklich verändern kann.«

»Ich weiß, du konzentrierst dich auf die klitzekleine Welt eines einzelnen Tropfens.«

»Exakt.«

»Im ganzen Ozean würdest du untergehen.«

»Untergehen? Ersaufen würde ich!«

Wie oft habe ich gehört, dass das, was Lotti tue, ein Tropfen auf den heißen Stein sei. Meine Antwort war immer dieselbe: Erstens löst auch ein verdampfender Wassertropfen eine Reaktion aus, und zweitens kann man dieses Bild spätestens dann nicht mehr bemühen, wenn dieser Tropfen Gesichter bekommt. Und Namen. Es sind neue dazugekommen. Soumaila, Monsieur Sidi, Abel, Valdéra, Sarre Minata, Kaiser, Reine.

Sie sagt dann aber doch noch: »Afrika ist die Müllhalde der ganzen Welt.«

»Und ihr Autofriedhof.«

»Logisch, denn die Autos, mit denen man sich in den Industrieländern nicht mehr auf die Straße wagt, fahren hier noch lange. Und Abgasvorschriften sind inexistent.«

»Eines Tages wird das alles auf uns zurückfallen, denn die Klimaerwärmung ist global, die verseuchte Luft trifft uns alle.«

»Genau! Was sind wir heute…«

»…philosophisch!«

Wir lachen, hängen dann jede den eigenen Gedanken nach. Als wir im Einkaufszentrum, wo sich Lottis Internetcafé befindet, ankommen, staune ich über eine neue Werbetafel. Sie ist riesig und wirbt dafür, doch mal die »faszinierende Welt Dubais zu besuchen«. Gute Idee! Warum nicht mal nach Dubai reisen, wenn hier das Geld noch nicht mal für einen Teller Reis reicht.

Während Lotti ihre Mails erledigt und Aziz schreibt, sie habe eine neue Tür bei sich installieren lassen, surfe ich im Internet. Suche nach einem Fußballer namens Kevin Kaiser, der in Montpellier oder Israel unter Vertrag stand. Finde bei beiden Vereinen keinen Hinweis. Überlege, ob ich weiterrecherchieren soll, lasse es bleiben.

Was spielt es schon für eine Rolle, ob Kaiser seine Reisen ins Ausland im Kopf oder im Flugzeug gemacht hat? Wenn man seine Träume nicht Wirklichkeit werden lassen kann, ist es doch von Vorteil, wenn man die Fähigkeit besitzt, die Wirklichkeit zum Traum umzufunktionieren. Für Kaiser ist die Tatsache, dass er hier und jetzt seine Junioren trainieren kann, ein mindestens ebenso großer Erfolg, wie wenn er tatsächlich mit Roger Milla – den finde ich im Internet – bei Montpellier gespielt hätte. Mir wird erst jetzt bewusst, dass er am Spielfeldrand stolzer gewirkt hat als im Trainingsanzug neben Milla.

»Fertig! Komm, Gaby, wir gönnen uns im Restaurant unten einen frischen Ananassaft.«

Wir haben gerade bestellt, als Lottis Handy klingelt. Sie nimmt ab, hört zu, sagt: »Stimmt, ich habe den Vorfall etwas schöngeredet, als ich dir erzählt habe, es seien ein paar Nachtbuben gewesen, die unsere Apotheke ausgeraubt haben – hallo, bist du noch da –? Warte einen Moment Aziz – hallo –? Hier ist der Empfang so schlecht, ich gehe nach draußen.« Als sie wiederkommt, sitze ich schon vor dem zweiten Ananassaft, der kühl und wunderbar fruchtig ist. »Du hast es ihm erzählt?«

»Er lässt dich grüßen. Ja, ich habe es ihm erzählt.«

»Alles?«

»Alles.«

»Und – wie hat er reagiert?«

»Wie wohl? Aber er ließ sich wunderbar dadurch beruhigen, dass du im Moment ja auf mich aufpasst«, sie lächelt, »und auch davon, dass wir die Nacht vom Sonntag auf den Montag nicht im Zentrum verbringen werden.«

»Unsere Reise ist also Taktik?«

»Nicht nur, ich schlage mit unserer kleinen Reise drei Fliegen mit einer Klappe. Erstens ist mir tatsächlich wohler, wenn wir in dieser Nacht nicht im Zentrum sind, zweitens wusste ich, dass es Aziz ein wenig beruhigen würde, wenn er merkt, dass ich das alles nicht auf die leichte Schulter nehme, und drittens kann ich dir endlich zeigen, wie man hier auch noch leben könnte. Aber komm jetzt, wir müssen unseren Großeinkauf hinter uns bringen.«

Im Laden hat es kaum Menschen, das fällt mir sofort auf. Was auch sofort auffällt: Die Auslagen sind mit denen in Europa absolut vergleichbar. Frisches Obst, Dörrfrüchte, Champagner, Parfüm, Kartoffelchips. Fleisch, Fisch, Gänseleber, schwarzer Kaviar. Verschiedene Sorten von Käse und – das ist das Erste, was in den Einkaufskorb kommt – Fertigsalatsauce. Danach packen wir zehn Tüten mit Luftballonen und fünf mit Girlanden ein, je zweihundertfünfzig Teller, Becher und Besteck, alles aus Plastik, und jede Menge Papierservietten. Schon haben wir, was wir brauchen. Wir machen zwar noch bei den Joghurts halt – wäre ja mal was anders, statt dem Joghurt mit Vanillegeschmack eines mit Waldbeeren zu essen. Oder Pfirsich. Oder Apfel. Oder Himbeere. Oder Aprikose. Aber es geht mir inzwischen so, wie es Lotti schon längst ergeht. Die ganze Auswahl macht mich wirr im Kopf. Ich will mich nicht für eine Sorte entscheiden, sondern einfach möglichst schnell raus hier.

Als wir zur Kasse kommen, machen wir noch einmal rechtsumkehrt. »Wir haben«, meint Lotti, »das Wichtigste vergessen! Das Geschenk für den Chef des Dorfes.«

»Zigaretten?«

»Gin!«

Wir gehen in die riesige Spirituosenabteilung und entscheiden uns nach einigem Hin und Her – wie bei den Joghurts gibt es auch hier die verschiedensten Sorten und Größen – für eine Zwei-Liter-Buddel.

Auf der Rückfahrt muss Lotti plötzlich lachen: »Als ich das letzte Mal in der Schweiz war, hatte ich Lust auf eine Banane. Ich ging in die Migros, kaufte, weil es die dort ja nicht pro Stück gibt…«

»Die gibt es schon pro Stück, du hättest einfach eine vom Bund nehmen und die dann wägen müssen!«

»Das wusste ich doch nicht, im Übrigen machst du mir mit deinem ›hättest wägen müssen‹ die Pointe kaputt!«

»Welche Pointe?«

»Meine Pointe!«

»Die da wäre?«

»Die da gewesen wäre! Aber jetzt ist sie eben nicht mehr lustig.«

»Du kannst ja trotzdem erzählen.«

»Nun, ich nahm den kleinsten Bund und ging zur Kasse. Die Kassiererin schaute etwas ratlos drein, wollte wissen, ob ich die Bananen nicht gewogen und dann den Preis ausgedruckt hätte. Ich schüttelte den Kopf. Sie sagte, es gebe da hinten eine Waage, ich solle das doch schnell erledigen. Nun, ich fand ›da hinten‹ keine Waage und musste dabei ausgeschaut haben wie der Esel am Berg. Ich war drauf und dran, die Bananen zurückzulegen und nach Hause zu gehen. Da lachte eine Frau hinter mir und meinte herzlich: ›Frau Latrous? Sie sind es doch?‹ Ich nickte, und sie meinte trocken: ›Das Leben ist einfacher, nicht wahr, wenn die Früchte noch auf den Bäumen wachsen.‹ Und erledigte die Sache für mich.«

»Nett.«

»Sehr nett, aber die Pointe hast du mir trotzdem gestohlen.«

»Ich finde die Vorstellung, wie du mit einem Bund Bananen an der Kasse stehst und die Welt nicht mehr verstehst, an sich schon recht lustig, da braucht es gar keine Pointe mehr. Als meine Tochter übrigens das erste Mal in einem Stall war – sie war etwa drei Jahre alt –, meinte ich danach: ›So, Lina, jetzt weißt du, wo die Milch herkommt.‹ Und sie bestätigte: ›Ja, Mami! Aus der Maschine.‹«

»Genau, die Milch aus der Maschine und die Erdbeeren aus dem Flugzeug, ist doch irre, dass man in Europa zu Weihnachten Erdbeeren kaufen kann.«

»Und Mangos aus der Elfenbeinküste.«

»Und Toblerone im Duty-free des Flughafens in Abidjan. Wenigstens kommt der Regen noch immer von oben. Schau mal in den Himmel, es dauert nicht mehr lang, und dann gehts los.«

Lotti sollte recht behalten. Wir können, als wir ankommen, noch knapp unsere Einkäufe in ihr Büro tragen, als schon die ersten schweren Tropfen auf den Boden des Ambulatoriums klatschen und dort in große, dunkle Kleckse zerplatzen. Als würde ein Vorhang zugezogen, wird es ganz grau und finster. Wir schaffen es gerade noch die steile Treppe hoch, da fährt ein gleißend heller Blitz vom Himmel. Sekunden später grollt Donner über den Slum. Der aufkommende Wind gibt der ganzen Atmosphäre noch zusätzlich etwas von Endzeitstimmung, dann gehen die Schleusen auf.

Das Wetter spielt hier, genauso wie bei uns, auch verrückt. Die richtige Zeit für Monsun wäre Juni und nicht Februar. Die Kinder des Slums stört das überhaupt nicht. Aus der offenen Tür sehe ich sie durch den heftig prasselnden Regen rennen, johlend, mit in die Luft gestreckten Armen, patschnass. Aber glücklich.

Zwanzig Minuten später ist der Spuk so schnell vorbei, wie er sich angebahnt hat. Lotti macht sich auf den Weg ins Sterbespital. Ich setze mich zu Adelaide, Madame Hortense und deren Helferinnen in die Waschküche, um beim Abfüllen der für morgen selbst zubereiteten Getränke zu helfen. Es sind zwei typisch afrikanische Erfrischungen: ein Gemisch aus Ingwersaft, Pfefferminze, Orange,

Zitrone, Ananas und Wasser sowie in Wasser aufgekochte Hibiskusblüten, vermischt mit Orangenblüten, Pfefferminzblättern und Vanillezucker, gewürzt mit Muskatnuss. Eines wird »Gniamakou« genannt, das andere »Bissap«. Beide Getränke werden kiloweise mit Zucker gesüßt. Am Mütterfest werden sie sich als Hit erweisen. Kein einziger Tropfen wird übrig bleiben. Meine Finger kleben, als wir mit dem Abfüllen fertig sind. Aber das ist nicht das größte Problem. Die Flaschen müssen jetzt kalt gestellt werden, und der Kühlschrank in der Apotheke ist schon mehr als voll. Ich gehe ins Sterbespital, um Lotti um Rat zu fragen, finde sie – der es ganz offensichtlich sehr viel besser geht – beim Fußballspielen.

Mitten in den Kindern kämpft sie – zum Gaudi aller – um den Ball, gibt ihr Letztes. Verschätzt sich bei einer Flanke, verliert das Gleichgewicht und stürzt. Die blauen Flecken am Arm werden erst in zwei Tagen zu sehen sein. Der lange Riss in ihren Jeans, den sieht man sofort. Und der ist dann auch das größere Problem. Denn ihre andere Hose hängt nass über der Wäscheleine. Und mit einer zerrissenen Hose rumlaufen, das mag Lotti nun gar nicht. Die Lösung findet sich, indem ich ihr eine meiner Hosen ausleihe, bis ein Schneider – im Slum gibt es viele – ihre fachgerecht geflickt hat.

Die Lösung für die Getränke, die gekühlt werden müssen, ist schwieriger zu finden, denn auch der Kühlschrank im Sterbespital ist voll. Aber in der Gefriertruhe hat es noch Platz. Lotti will von meinem Einwand, die Flaschen würden platzen, wenn ihr Inhalt gefriert, nichts wissen. »Papperlapapp, so viele Flaschen gefrieren nicht in ein paar Stunden. Lass mich nur machen!« Sie sollte recht behalten. Die Flaschen, die wir mit dem Auto vom Ambulatorium ins Sterbespital transportieren, sind am nächsten Tag wie gewünscht eiskalt, aber nicht gefroren.

Als wir mit allem fertig sind, liegen die Kinder längst im Bett und schlafen. Lotti und ich gehen durch die Räume, schauen in jeden hinein. Emanuel, Christ und Willy, die ich seit Jahren kenne, küsse ich sanft auf die Stirn, flüstere ein »Gute Nacht«. Der kleine, zarte Frank liegt in seinem Gitterbettchen zu weit hinten, als dass ich ihn erreichen könnte. Ich streichle seine langen Finger, sehe, wie sein Herz in seinem Brustkorb rast. Sein Atem geht ruhig.

Im Zimmer von Abel liegt ein Kind auf dem Fußboden. Yusuf! Der kleine Junge, dessen Mutter Maryam hier starb und der später einmal Arzt werden möchte. Arzt bei Lotti, die mir nun erklärt: »Wenn es so heiß ist wie jetzt, dann liegen die Kinder lieber auf dem kalten Boden als in ihren Betten, aber das geht nicht, ich werde ihn wecken müssen, sonst erkältet er sich.«

Zart streichelt sie ihm übers Gesicht, bis er seinen Mund verzieht und kurz darauf die Augen öffnet. Als er mich sieht, ist er von einer Sekunde zur anderen hellwach: »Gaby!«

»Yusuf?«

»Abel schreibt ein Buch.« Er zeigt mit seiner Hand auf den schlafenden Abel, dessen Heft neben seinem Kopfkissen liegt, der Kugelschreiber fein säuberlich oben drauf. »Ich möchte auch ein Buch für dich schreiben, darf ich?«

»Klar, Yusuf! Aber jetzt wird erst geschlafen. Wir besprechen das morgen, gut so?« Er nickt, klettert ins Bett, grinst, als Lotti ihm über die Haare streicht. Und ist, als ich mich zu ihm beuge, um ihm gute Nacht zu wünschen, schon wieder eingeschlafen.

Bevor Lotti und ich ins Ambulatorium gehen, schauen wir noch bei Valdéra vorbei. Auch er schläft. Allerdings nicht im Krankenzimmer. Er hat eine Matte in den Hof gelegt und sich dort unter freiem Himmel in Embryostellung zusammengerollt. Über ihm funkeln die Sterne Afrikas. Ich könnte schwören, sie leuchten heller, heller als irgendwo sonst auf der Welt.

Samstag, 24. Februar 2007

Mein erster Besuch am Morgen gilt Yusuf. Ich finde ihn im Zimmer. An seinem Tisch. Er zeichnet. Eine mächtige Palme. Neben ihm sitzt Abel und schreibt. In Ermangelung eines dritten Stuhles setze ich mich auf den von Yusuf, nehme ihn auf den Schoß. Schaue Abel, der sich nicht stören lässt, beim Schreiben zu. Die Exaktheit seiner Druckschrift, erkenne ich jetzt, rührt daher, dass er mehr zeichnet als schreibt. Das heißt, er zieht die Striche der einzelnen Buchstaben drei- bis viermal nach, erst dann beginnt er mit dem nächsten. Er ist sehr fleißig – gut ein Drittel des Heftes ist bereits beschrieben.

Es dauert nicht lange, da erhalten wir Besuch. Moussa kommt, setzt sich auf Abels Bett: »Gaby, kann ich auch etwas für dich schreiben?«

»Ja, klar, aber wir gehen besser hinaus, um das zu besprechen, damit wir Abel nicht stören.« Doch Abel möchte, dass wir bleiben. Offensichtlich will er hören, wie ich das Problem seiner plötzlich aufkommenden Konkurrenz zu lösen gedenke. Wobei mir klar ist, dass er sich vor Konkurrenz nicht zu fürchten braucht. Weder Yusuf noch Moussa werden sich die Zeit nehmen, ein ganzes Heft vollzuschreiben, geschweige denn die Ausdauer dafür aufbringen.

Was Yusuf und jetzt offenbar auch Moussa schreiben könnten, kam mir gestern kurz vor dem Einschlafen in den Sinn. »Ich würde mich sehr freuen, wenn ihr beide einen Brief schreiben würdet. Der muss nicht lang sein, höchstens eine Seite.«

»Einen Brief, für wen?«, will Moussa nun wissen.

»Einen Brief für alle die, die wissen möchten, wie es euch geht.«

»Und du würdest die dann verschicken?«

»Was genau ich damit machen werde, kann ich erst sagen, wenn ich die Briefe habe. Also erst müsst ihr was liefern, danach sehen wir weiter, gut so?« Yusuf nickt.

Moussa zögert, er hat ein Problem: »Yusuf, machst du auch mit?« Wieder nickt Yusuf, diesmal noch ernster als zuvor.

»Aber Yusuf, kannst du das auch?«

»Ja!«

Die Zweifel Moussas zeigen sich auf seiner in Falten gelegten Stirn.

»Das wird schon«, beruhige ich Moussa und erkläre ihm, dass es gut wäre, wenn er noch ein paar Kinder dazu motivieren könnte, mitzumachen.

»Kein Problem«, meint er, verschwindet und steht keine zehn Minuten später wieder da. Im Schlepptau Anne-Christine, Nadia und Lethitia. »So, jetzt sind wir – mit Yusuf – fünf, genügt das?«

»Perfekt! Habt ihr Papier? Oder soll ich euch welches besorgen?«

Moussa: »Nein, wir haben alles. Wie viel Zeit gibst du uns?«

»Eine Woche. In einer Woche reise ich wieder ab.«

Anne-Christine kenne ich von meinen früheren Besuchen, genauso wie Nadia, die bei katholischen Schwestern eine Lehre macht. Lethitia sehe ich zum ersten Mal. Die drei jungen Damen versichern mir, dass sie keine Woche brauchen werden, und verabschieden sich. Gehen zurück in ihr Zimmer, wo sie so laut Musik hören, wie Teenager es eben mögen. Abel scheint mit der Lösung einverstanden zu sein und fährt mit Schreiben fort, Moussa packt seinen Kung-Fu-Anzug ein, sagt, er gehe trainieren, und Yusuf rutscht, als er durch das Fenster sieht, wie drei Kinder Tischfußball spielen, von meinem Schoß. Er ist ihr vierter Mann.

Nach einem Rundgang durch die Krankenzimmer setze ich mich zu Valdéra. Ein Gespräch kommt nicht zustande. Ich realisiere erst jetzt, dass der Siebzehnjährige in seiner geistigen Entwicklung stark zurückgeblieben ist. Lotti hat dazu eine Erklärung: »Wenn ein Kleinkind zu wenig zu essen bekommt, entwickelt sich sein Gehirn nicht richtig. Es bleibt – um es mal nett auszudrücken – auf einem gewissen Niveau stehen.«

Laut der deutschen Welthungerhilfe gleicht der Körper unzureichende Ernährung dadurch aus, dass er körperliche und geistige Aktivitäten einschränkt. Die Menschen verlieren ihre Initiative und Konzentrationsfähigkeit, werden apathisch. Die Unterernährung führt auch zu einer Schwächung der inneren Organe, einschließlich des Herz-Kreislauf-Systems sowie des Immunsystems, der Organismus verliert seinen Schutz vor Infektionskrankheiten. Sehr oft überleben unterernährte Kinder daher eine Infektion nicht. Lungenentzündungen, Durchfall, Malaria oder Masern enden für sie tödlich. Die Organisation der Ärzte ohne Grenzen hält fest, dass die häufigste Todesursache von Kindern bei einer Hungersnot nicht das Verhungern ist, sondern sie viel eher an einer dieser Infektionskrankheiten sterben.

Nach Definition der Vereinten Nationen tritt Unterernährung dann ein, wenn die tägliche Energiezufuhr für einen längeren Zeitraum unter dem Bedarfsminimum liegt, das für einen gesunden Körper und ein aktives Leben benötigt wird. Dass chronische Unterernährung – bei Erwachsenen wie auch bei Kindern – nicht auf den ersten Blick erkennbar ist, habe ich hier gelernt.

Die Menschen im Slum ernähren sich von weißem Reis. Reis stillt den Hunger und lässt die Menschen nicht auf die Knochen abmagern. Aber Reis allein nährt ungenügend. Dass den Menschen Eiweiß, Vitamine, Spurenelemente und Eisen fehlen, sieht man erst, wenn man ihr Blut untersucht. Zur qualitativen Feststellung eines Eisenmangels genügt es schon, wenn man das Augenlid nach unten zieht. Ist das Lid innen nicht rötlich, sondern weiß, erübrigt sich oftmals sogar ein Test. Bei Frauen ist ein Hämoglobinwert von 12,3 bis 15,3 g/dl normal, bei Männern ein solcher von 14 bis 17,5 g/dl. Werte, die im Slum nicht erreicht werden. Noch nie bekam Lotti ein Resultat zu sehen, das über 10 g/dl lag. Die »Normal«-Werte liegen hier zwischen 6 und 10 g/dl. Werte, die unter 6 g/dl liegen, sieht Lotti immer wieder. Im Ambulatorium wurden Patienten gerettet, deren Hämoglobinwert – durch eine chronische Anämie – bei 2 g/dl lagen.

Die Vereinten Nationen schätzen, dass weltweit über achthundert Millionen Menschen ständig Hunger leiden müssen, dass es hundert Millionen Kindern an ausreichender Versorgung mit Mikronährstoffen wie zum Beispiel Vitamin A fehlt und über zwei Milliarden Menschen – meist Frauen und Kinder – durch schlechte Ernährung an Eisenmangel leiden.

Das Festessen, das heute im Ambulatorium serviert wird, bekommt vor diesem Hintergrund eine ganz neue Dimension. Heute gibt es nicht nur weißen Reis. Heute gibt es Fleisch. Schaffleisch. Und Gemüse. Heute werden alle reichhaltig essen.

Adelaide, mit der ich gestern abmachte, dass ich beim Kochen zusehen darf, will mich, wie es scheint, von allem Anfang an dabeihaben. Ich sitze noch an Valdéras Bett, als sie zum Sterbespital kommt, nach mir fragt, mich findet und etwas atemlos meint: »Gaby, wo steckst du denn? Komm, wir kochen schon!«

Ich verabschiede mich von Valdéra, mache mich mit Adelaide auf den Weg ins Ambulatorium.

Adelaide, die auch sonst immer voller Energie ist, ist heute richtiggehend aufgekratzt. Sie kann es kaum erwarten, bis wir oben sind und sie mich in den Hof, in dem Ouattara lebt, führen kann.

Auf dem Weg hebt sie – nachdem ich sie gefragt habe, was sie unter ihrem Kopftuch verstecke – das Tuch an. Nur ganz kurz. Ich sehe große, feste, an den Kopf geflochtene Zöpfe. »Schön, Adelaide, dafür bist du aber lange beim Coiffeur gewesen.«

»Wir gehen doch hier nicht zum Coiffeur, wir frisieren uns gegenseitig. Wobei, heute wäre ein Coiffeur es sogar wert gewesen, heute sind wir alles Königinnen. Wart nur, bis du mich in meiner Uniform siehst!«

»Uniform – wird das Fest militärisch?«

Adelaide kugelt sich beinahe vor Lachen.

»Sicher wird es nicht militärisch, es wird lebendig, fröhlich, bunt, wundervoll – die Uniformen, das sind … kennt ihr das bei euch nicht?«

»Uniformen? Natürlich kennen wir Uniformen. Aber Uniformen sind langweilig, weil sie alle gleich aussehen.«

»Unsere nicht! Unsere Uniformen sehen nur vom Stoff her alle gleich aus, vom Schnitt her ist jede anders.«

»Aber wieso sind alle aus demselben Stoff geschneidert?«

»Ich erklärs dir!«

Wir bleiben stehen, wohl weil sie hofft, dass ich im Stehen besser begreife.

»Gaby, bei uns ist es so, dass wir uns, wenn wir an ein Fest eingeladen sind, gruppenweise in exakt denselben Stoff hüllen. Verstehst du?«

»Gruppenweise?«

»Ja! Das ist ja der Clou an der ganzen Sache. Nehmen wir an, Madame Hortense heiratet.«

»Madame Hortense heiratet sicher nicht mehr!«

»Das ist ja total egal, nehmen wir es jetzt einfach mal an. Gut?«

Ich nicke. Wir gehen weiter.

»Wir vom Centre Espoir kämen alle in demselben Stoff. Die Arbeitskollegen von ihrem Bräutigam – also wenn er Arbeit hätte – kämen in einem anderen Stoff, aber auch die alle in demselben. Ihre Verwandten hätten wieder einen anderen Stoff ausgewählt und die Verwandten von ihm auch. Verstehst du jetzt?«

»So wüssten alle, die am Fest teilnehmen, wer wie dazugehört.«

Adelaide strahlt.

»Du hast es begriffen. Und damit jeder doch individuell tragen kann, was ihm gefällt, lässt sich jeder seinen eigenen Schnitt schneidern.«

»Kostet das nicht enorm viel?«

Adelaide bleibt stehen.

»Es ist hundertmal billiger, als wenn jeder ein schönes Kleid kaufen müsste. Viel billiger. Denn der Stoff wird ja in großen Mengen gekauft und ein Schneider, der viele Aufträge erhält, gibt erst noch Rabatt. Also, ich finde es eine wunderbare Tradition.«

Wir gehen weiter.

»Die Idee ist nicht schlecht, das stimmt.«

»Heute kommen alle in demselben Stoff, weil wir alle zum Centre Espoir gehören, ich habe ihn ausgesucht. Er ist gelb und orange und mit kleinen, immer wiederkehrenden Schriftzügen versehen: Never Say Never!«

»Englisch?«

»Ja, es gab ihn leider nur in Englisch: Never Say Never.«

»Sag niemals nie!«

»Genau!«

»Weil du den Frauen Mut machen willst?«

»Nicht in erster Linie, nein. Ich will damit denen, die die HIV-positiven Frauen ausstoßen, etwas sagen: ›Denkt daran, niemand kann sagen, er werde nie krank. Das Leben lässt sich nicht planen!‹«

Wir sind angekommen. Ouattara wohnt neben dem Ambulatorium in einem Hof, wo links sechs Häuschen aus Beton stehen, eins ans andere angebaut, und rechts zerfallenes Gemäuer von nie fertiggestellten Hütten. In diesem Hof sitzen, in zwei Kreisen, Frauen zusammen. Die eine Gruppe kümmert sich um das Fleisch, trennt Fett und Sehnen weg. Die andere schneidet fünf Kilo Zwiebeln in Ringe. Eine tränenreiche Sache. Daneben stehen zwei große Töpfe auf Kohlefeuern, in denen der Reis gekocht wird. Es dampft und brodelt. Gut riechen wird es erst später, wenn in den Pfannen das Schafragout mit all seinen Gewürzen und Kräutern, Karotten und Tomaten langsam gar gekocht wird.

Das Fest beginnt um drei Uhr nachmittags, jetzt ist es halb elf. Die Frauen tragen noch keine Uniformen, waren aber alle offensichtlich schon beim Coiffeur oder haben sich gegenseitig frisiert. Viele von ihnen tragen ein Kopftuch. Zum einen, um das Haar vor Rauch, zum anderen aber sicher auch, um die Festfrisur vor neugierigen Blicken zu schützen.

Ouattara freut sich, als er mich entdeckt. Stellt mir seine Frau vor, die vor der Hütte ihr zweites Kind füttert, und lässt mich dann einen Blick in das Haus werfen. Haus oder Hütte? Nun, es ist betoniert, und es ist größer als die Hütte von Sarre Minata. Das einzige Zimmer, das Sarre Minata bewohnt, wird »entrée-couchée« genannt, was es, wenn man es mit »eintreten – schlafen« übersetzt, ziemlich genau trifft. Das, was Ouattara bewohnt, ist hingegen ein »chambre-salon«, was zwei Zimmer meint. Eins zum Schlafen und eins zum Wohnen. Auch hier ist es sehr heiß, vor allem, weil das hintere Zimmer, das zwei auf drei Meter große Schlafzimmer, kein Fenster hat. Die Luft kann nicht zirkulieren. Das »Wohnzimmer«

ist zwei auf zwei Meter klein. Ouattara besitzt ein richtiges Bett, zwei Stühle, einen Tisch und sogar so etwas wie eine Wohnwand. Er hat unter dem überdachten Eingang eine kleine Küche mit einem kleinen Gaskocher eingerichtet. Allerdings sehe ich nirgends eine Gasflasche.

Viele der Hütten, Wohnungen, Unterkünfte, Behausungen – es passt kein Wort richtig – können nicht gelüftet werden, was mitunter für viele Tuberkulose-Erkrankungen verantwortlich ist.

Ouattara bezahlt pro Monat zehntausend Francs Miete, Sarre Minata siebentausend.

Das Besondere an Ouattaras Hof, in dessen Mitte sich ein Sodbrunnen befindet, ist die gute Stimmung. Als ich ihm das sage, versichert er mir, dass diese auch dann gut sei, wenn nicht so viel Betrieb herrsche wie jetzt gerade: »Wir sind einfach gute Nachbarn, die sich helfen und füreinander da sind. Ich wohne gerne hier.«

Als er mich allen vorgestellt hat, gehe ich zu Adelaide, die gerade Karotten klein schneidet, sage ihr, dass ich mich verziehe, um mich ein bisschen herauszuputzen.

»Ja, geh nur, Gaby, du wirst noch staunen.«

»Was meinst du damit?«

»Geheimnis, geh jetzt einfach.«

Im Ambulatorium blasen die Mitarbeiter Ballone auf, hängen sie an die über den Hof gespannten Schnüre. Bereiten in einer Ecke mit zusammengestellten Tischen ein Buffet vor, schleppen gemietete Stühle an, besorgen von irgendwoher kleine Tische. Als nun auch noch ein Disc-Jockey, ein massiger Mann mit orangefarbenem T-Shirt und einer veritablen DJ-Sonnenbrille seine Musikanlage aufstellt, greift die Vorfreude endgültig auf mich über.

Eine Vorfreude, die Lotti, die ich oben mit einem Frottiertuch um ihre frisch gewaschenen Haare vorfinde, offensichtlich ganz kribbelig macht.

»Wo warst du denn die ganze Zeit?«

»Bei den Kindern, dann mit Adelaide im Hof von Ouattara…«

»Die sind heftig am Kochen, ist das nicht wunderbar?«

»Doch, das ist es – wunderbar!«

»Das Schaf hat der Apotheker gespendet, der, der oben an der Straße seine Apotheke hat und mit uns ziemlich viel Geld macht. Ist doch nett, hätte er ja nicht müssen, oder? Gehst du auch noch duschen?«

»Aber sicher!«

»Geh mal in dein Zimmer!«

Auf meinem Bett liegt eine gelb-orange Bluse mit dem blauen Aufdruck »Never Say Never«.

»Für mich?«

»Für wen denn sonst?«

»Eine Uniform!«

»Ich hoffe, sie passt. Meine ist zu klein geraten.«

»Dann nimm doch diese!«

»Die ist nicht größer.«

»Danke!«

Das hat Adelaide also gemeint mit ihrem »Du wirst noch staunen«!

Lotti wirbelt zwischen Dusche und ihrem Zimmer hin und her, schaut immer wieder in den Hof.

»Du bist doch nicht etwa nervös?«

»Nein, ich bin die Ruhe selbst. Natürlich bin ich nervös! Nein, das ist nicht das richtige Wort, ich bin nicht nervös, ich bin aufgeregt! Ich freu mich riesig auf den Anlass, du wirst sehen, es ist… es ist… egal, ich geh jetzt schon mal runter, um den DJ zu begrüßen.«

»Du bist aufgeregter als vor deiner Wahl zur Schweizerin des Jahres!«

»Das war Bühne, Gaby, hier ist das Leben! Bis später.«

Und schon ist sie weg.

Bis drei Uhr bleibt mir noch viel Zeit. Ich gehe in mein Zimmer, schließe die Tür. Tippe meine Eindrücke in den Laptop und sichere die Fotos, die ich von den kochenden Frauen gemacht habe. Was für ein Luxus! Nicht der Laptop, nein, sondern die Möglichkeit, eine Tür hinter sich schließen zu können. Sich zurückziehen zu können. Einen Raum für sich zu haben. Ganz allein. Wohnen zu können. Sein eigenes kleines Reich zu haben. Welch ein Luxus!

Nach der Dusche stellt sich heraus, dass auch meine Bluse über den Schultern sehr spannt. So sehr, dass ich mich entscheide, sie nicht anzuziehen. Dafür gibt es allerdings noch einen zweiten Grund, soeben sehe ich nämlich Sarre Minata in den Hof eintreten. Ohne Uniform. Ihr hat das Geld für eine solche nicht gereicht. Sie ist übrigens nicht die Einzige, die schon so früh – es ist erst kurz vor halb zwei – kommt. Der halbe Hof ist bereits voll. Voll von Frauen in gelb-orangen Uniformen, mit afrikanischen Frisuren, ihre Kinder in gelb-orangen Tüchern auf den Rücken gebunden. Der DJ macht den Soundcheck, es knirscht und pfeift. Die Luftballone scheinen nicht gerade von guter Qualität zu sein, die meisten sind schon zerplatzt. Hier oben habe ich einen regelrechten Logenplatz. Ich könnte stundenlang hier stehen und die bunte Szenerie beobachten. Aber als Lotti raufschaut und mich sieht, winkt sie mich zu sich herunter.

Sie will mir eine ihrer Freundinnen vorstellen: Maître Marie-Chantal Médafe. Sie ist eine sympathische Frau in Lottis Alter. Das »Maître« vor ihrem Namen zeigt, dass sie Juristin ist. Lotti war schon oft froh, eine Frau im Rücken zu haben, die das ivorische Recht in- und auswendig kennt.

Nachdem ich Madame Médafe, die sich von Lotti partout kein Honorar ausbezahlen lassen will, was Lotti nicht akzeptiert, die Hand geschüttelt habe, schaut mich Lotti an: »Auch zu klein?«
»Etwas. Die Bluse spannt über den Schultern. Im Übrigen, um ehrlich zu sein, steht mir Gelb-Orange nicht besonders. Ich würde sie gerne Sarre Minata schenken.«

»Gute Idee!«

Sarre Minata hält für einen Moment den Atem an, dann freut sie sich. Nicht nach außen, dafür ist zu bescheiden, sie freut sich nach innen, was dazu führt, dass ihr ganzer Körper Freude ausstrahlt. Neben ihr stehen ihre drei Kinder, alle sauber und schön angezogen. Sie stellt sie mir vor: »Justin, mein Sohn, Maymouna und Osé, meine beiden Töchter.« Dann bittet sie mich um einen kleinen Moment Geduld, wühlt in ihrer Tasche und zaubert einen kleinen goldenen Schlüssel hervor. Es ist der Schlüssel eines Vorhängeschlosses. Eines Schlosses, wie wir es kaufen, wenn wir einen Schuppen abschließen wollen oder eine Reisetasche. Eines Schlosses, das Sarre Minata zum Abschließen ihres Lebens benutzt und sie zu einer sehr stolzen Besitzerin macht.

Wumm-wumm-wumm-wumm – viel zu laut! Der Disc-Jockey findet es lustig, die anderen halten sich die Ohren zu. Als er die Lautstärke nach unten fährt, ist das, was nun ertönt, kein Lärm mehr, sondern Musik. Afrikanische Musik, rhythmisch, fröhlich, lebendig.

Vierzehn Uhr. Jetzt ist klar, dass das Fest eine Stunde früher beginnt. Was passt. Zeiten werden hier nicht eingehalten. Wobei es normalerweise so ist, dass die Uhren – wenn man denn eine besitzt – eher so gehen, dass sich die Menschen um Stunden verspäten. Hier und jetzt ist das Gegenteil der Fall, denn heute will man den Tag verlängern.

Das Fest ist auch ein Kinderfest. Viele, vor allem die Mädchen, kommen in gelb-orangen Kleidchen, alle anders geschnitten, alle im selben Stoff. »Never Say Never!«

Lotti hat nicht nur einen DJ engagiert, sie hat auch einen professionellen Animateur unter Vertrag genommen. Der übernimmt die ganze Sache jetzt.

Mit dem Mikrofon in der Hand stellt er sich in die Mitte des Hofes, begrüßt alle, stellt erst sich, dann den DJ vor. Als der Applaus abklingt, liest er die Programmpunkte vor. Offenbar weiß Lotti von den geplanten Darbietungen nichts. Die Mütter und auch die Mitarbeiter wollen sie überraschen.

Eine dieser Überraschungen ist Carelle. Eine achtzehnjährige Frau, die ohne Augenlicht zur Welt kam. Lilianne, ihre HIV-positive Mutter, kam vor etwa vier Jahren zu Lotti. Nicht weil sie sich eine Besserung ihres damals sehr schlechten Gesundheitszustandes erhoffte, sie hatte sich bereits aufgegeben. Nein, sie kam, um abzuklären, ob Lotti sich um Carelle kümmern könne, wenn sie verstorben sei. Lotti schaute Lilianne in die Augen, sagte: »Lilianne, du wirst nicht sterben, du wirst überleben.« Nahm sie in ihr Programm auf, gab ihr die Dreifachtherapie und Geld zum Leben. So viel Geld, dass sogar Gesangsunterricht für Carelle drinlag und der Besuch einer Blindenschule. Lilianne nahm zu, blühte auf, ist heute wieder die wunderschöne Frau, die sie vor ihrer Erkrankung gewesen ist. Ein Wermutstropfen aber bleibt. Der Test, den Lotti bei Carelle durchführen ließ, gab positiv an.

Carelle, die Lotti schon bei ihrem ersten Besuch sagte, sie möchte Sängerin werden, singt schön, sehr melodiös. Und sie singt offensichtlich sehr gern. Sie will gar nicht mehr aufhören damit. Sie hat ein begeistertes Publikum, das mit der Zeit dann aber doch unaufmerksam wird. Nun, der Animateur hat die Sache im Griff. Verabschiedet Carelle mit lobenden Worten, nimmt ihr dabei sanft das Mikrofon aus der Hand und lässt dann eine Polonaise tanzen. Lotti mittendrin. Ich kann mich drücken, indem ich die Szenerie fotografiere. Allerdings habe ich nicht mit Madame Hortense gerechnet, die mich am Arm packt, mich mitten in die Schlange schiebt, sich selbst so dicht hinter mich, dass ich nicht mehr entwischen kann. Sie hat sich eine schöne Uniform schneidern lassen. Genau wie Adelaide auch, wobei ich sagen muss, dass Adelaides Kleid ganz besonders gut gelungen ist, weil es ihr wie auf den Leib geschneidert passt. Ziemlich sexy, die Gute! Als ich ihr das sage, lacht sie und macht ein paar extra Hüftschwünge. Keine Frage, das Powerpaket ist in ihrem Element.

»Sag mal, Adelaide, bist du eigentlich nie müde?«

«Solange ich arbeite, bin ich nie müde, nein. Und solange ich tanze, erst recht nicht.« Und schon ist sie wieder weg, mitten in der Menge.

Dann sind die Kinder dran, die einen Tanz vorführen, der die Vogelgrippe thematisiert. Ein ziemlich durchgedrehtes Durcheinander, ein Tanz, den hier offenbar jedes Kind kennt.

Als der Wahnsinnstanz vorüber ist, stellt sich Marthe in die Mitte des Hofes. In der Hand ein Blatt Papier. Marthe ist einundvierzig Jahre alt und hat vier Töchter im Alter zwischen zehn und zwanzig Jahren. Die zweitälteste, Florence, ist achtzehn und hat vor gut sechs Jahren eine neurologische Störung entwickelt. Hätte Marthe nicht von Lotti gehört, wäre Florence heute zu keinem Schritt mehr fähig. Seit Jahren ist sie in fachärztlicher Behandlung. Sie hat Gehhilfen angepasst bekommen. Im Hof vor ihrer Hütte sind zwei parallel verlaufende Handläufe aus Holz einbetoniert, an denen sie ihre täglichen Gehübungen machen kann.

Marthes Hände zittern leicht, sie räuspert sich, holt tief Luft – setzt zum Sprechen an, schafft es nicht. Es ist ganz ruhig geworden jetzt. Marthe streicht das Papier glatt, das sie in der Aufregung zerknüllt hat. Holt nochmals Luft. Und dann, dann liest die Frau, die mit ihren vier Töchtern und ihrer jüngeren Schwester in einer Hütte lebt, die nicht größer ist als die von Sarre Minata: »Lotti, du hast mir Mut gemacht, als ich erfuhr, dass ich positiv bin. Du hast mir Mut gemacht, als mein Mann mich deswegen verließ. Du hast mir gesagt, es sei einfach, aufzugeben, viel schwieriger sei das Weitermachen. Du hast mir gesagt, dass du mich brauchst, dass du jede von uns brauchst, weil wir der Sinn deines Lebens geworden sind. Du hast gesagt, ohne uns wäre dein Leben ärmer. Für all das und die tägliche Unterstützung, die du uns gibst, möchten wir dir danken. Vor allem aber möchten wir heute dafür Danke sagen, dass du uns eine Freundschaft vorlebst, die aus uns allen Freundinnen gemacht hat. Du hast uns gesagt, wenn euch die anderen ausstoßen, wenn euch eure Männer verlassen, dann vergesst nie, ihr seid nicht allein, ihr seid viele. Wir haben dir am Anfang nicht geglaubt, heute wissen wir, dass es so ist. Wir sind nicht allein, wir haben uns. Wir können uns aufeinander verlassen, wir sind füreinander da. Diese Solidarität hast du uns gelehrt, dank dieser Solidarität lässt es sich mit diesem grauenvollen Virus leben. Danke!« Marthe wischt sich die Tränen aus den Augen. Sie ist nicht die Einzige. Die, die es nicht tun, brauchen ihre Hände zum Klatschen.

Der Animateur lässt nach Marthes Rede sofort den eigentlichen Überraschungsgast auftreten. Monsieur Tape Bolou, der heute als Clown kommt. Das Timing ist perfekt, erstens, weil es jetzt wirklich ein paar Lacher braucht, zweitens, weil die Kinder vom Sterbespital genau in diesem Moment durch die Tür des Ambulatoriums kommen.

Die Idee für das Mütterfest stammt von Adelaide, die vor einiger Zeit fand, es könne doch nicht immer nur geweint, es müsse viel mehr gelacht werden. Und weil sie wusste, dass die Frauen nicht immer nur die hohle Hand machen wollen, richtete sie eine Gemeinschaftskasse ein. Die Frauen fanden die Idee vom Fest genauso gut wie die, sich daran zu beteiligen. Die, die konnten, gaben pro Woche hundert Francs. Das erste Jahr kamen achtzigtausend Francs zusammen, was längst nicht reichte, aber das machte nichts, denn Lotti ergänzte den fehlenden Betrag. Das zweite Jahr kam schon mehr zusammen. Und dieses Jahr konnte nicht nur Gemüse und Reis gekauft werden, sondern auch noch die Zutaten für die selbst gemachten Getränke. Und das für zweihundertfünfzig Menschen. Wobei man, wenn man zählen würde, mit all den Kindern bestimmt auf gegen dreihundert käme.

Bevor das Buffet eröffnet wird, holt der Animateur Lotti zu sich und drückt ihr das Mikrofon in die Hand. Lotti setzt sich auf den Boden. Bittet die Kinder zu sich, wartet, bis sich alle gesetzt haben, und beginnt dann so zu reden, wie sie immer redet. So wie sie vor einem ganzen Saal Manager in Anzügen oder einer Seniorengruppe, an einem Frauenfrühstück oder einem Geschäfts-Event spricht. Völlig unvorbereitet, aber absolut druckreif. Nie, kein einziges Mal, hat sie sich davor Notizen gemacht oder wenigstens ein Papier mit Stichworten zu Hilfe genommen. Immer hat sie so gesprochen wie jetzt. Frei von der Leber weg. Oder direkt aus dem Herzen. Genau das tut sie auch heute. Sagt einfach das, was ihr in diesem speziellen Moment am wichtigsten erscheint. Immer – und ich habe sie an zig Vorträge und Veranstaltungen begleitet –, immer hat sie dabei die Menschen berührt. So, dass Frauen wie Männern

Tränen in die Augen traten. Tränen, von denen viele von ihnen wohl gar nicht mehr wussten, dass sie sie haben.

Lotti sagt heute: »Liebe Mütter, liebe Väter, was kann ich noch sagen nach dieser wunderbaren Rede von Marthe?« Sie wendet sich direkt an Marthe: »Danke, Marthe.« Dann spricht sie wieder alle an: »Dieses Fest hier wird zu eurer Ehre veranstaltet. Es ist euer Fest. Warum? Weil ihr Helden seid, weil ihr euch jeden Tag aufrafft und sagt: ›Wir wollen leben, denn wir wollen unsere Kinder nicht allein lassen.‹ Weil ihr euch hinstellt und sagt: ›Schaut mich an, ich habe Aids.‹ Weil ihr der Krankheit dadurch den Schrecken nehmt. Weil ihr der beste Beweis dafür seid, dass man mit Aids leben kann. Ihr bedankt euch oft bei mir, ich möchte mich heute bei euch bedanken, für euren Mut! Ich weiß, dass ich für afrikanische Verhältnisse jetzt sehr wenig gesprochen habe, vielleicht sogar zu wenig, aber ich kann heute nicht mehr sagen, weil ich sonst weinen müsste. Nicht vor Trauer. Nein, vor Glück. Vor Glück und Stolz. Ja, ich bin stolz auf euch, ich ...«, Lotti kämpft ihre Tränen runter, »ich bin auf jede Einzelne, auf jeden Einzelnen von euch sehr, sehr stolz. Danke, dass ihr diesen Tag zum Fest macht.«

Lotti in ihrem blauen T-Shirt, das gut zu ihren Augen passt, nimmt sich zusammen, sie will tatsächlich nicht weinen, nicht heute. Sie besiegt die Tränen, indem sie zu lächeln versucht, was ihr zu Beginn schlecht, dann immer besser gelingt. Die kleine große Frau, inmitten all dieser Kinder, inmitten all ihrer Patienten, inmitten des Lebens, hat mich schon oft gerührt. Noch nie aber so wie heute. Noch nie war es für mich so offensichtlich – Lottis Platz ist hier. Noch nie wusste ich so sicher, dass es stimmt, wenn sie sagt: »Ich brauche Adjouffou mehr, als Adjouffou mich braucht.«

Ich bin froh um den DJ, der die Musik wieder etwas zu laut aufdreht, den Animateur, der die Frauen zum Tanzen auffordert, Tape Bolou, der – Grimassen schneidend – über den Platz tanzt, Lotti umarmt und sie mitten auf die Stirn küsst.

Kurz darauf wehrt sich Lotti vehement gegen den von den Mitarbeitern aufgebauten Ehrentisch, an welchem der Apotheker, der das Schaf bezahlt hat, und Maître Médafe, Lotti, zwei ihrer weißen Freundinnen, die bei der Mütterberatung mithelfen, und ich Platz nehmen sollen. Für einmal aber hat Lotti nichts zu sagen, heute muss sie gehorchen.

Das Essen ist köstlich, das Bier, das irgendwer hervorgezaubert hat, auch. Die Musik ist immer noch zu laut, die Luft immer noch zu schwül, die selbst gemachten Getränke, die ich auf Adelaides Geheiß noch einmal kosten muss, immer noch zu süß. Und das Leben – das Leben ist schön. Oder – wie Lotti sagt: »Wie schön das Leben ist, wie schön das Leben doch sein könnte.«

Sonntag, 25. Februar 2007

Es wurde nicht allzu spät gestern. Um die Stunde, die das Fest früher begann, endete es auch früher. Alle kehrten sehr zufrieden heim. Bevor Lotti und ich nach oben gingen, schickten wir Madame Hortense und Adelaide nach Hause, die – nachdem das Gröbste schon aufgeräumt war – nicht aufhören wollten, Ordnung zu machen.

Als ich nun um sieben runterkomme, nehmen die beiden bereits den Boden vor den Containern feucht auf.

»Schon wieder am Arbeiten? Ihr seid vielleicht zwei verrückte Hühner«, begrüße ich sie, worauf Adelaide meint: »Nein, du bist ein verrücktes Huhn! Fährst mit Lotti in den Busch, wo es weder fließendes Wasser noch Elektrizität gibt.«

»Und wo die Toilette ein Loch ist«, mischt sich nun Madame Hortense ein und kichert.

»Ein Loch? Das beruhigt mich sehr, das heißt, es gibt eine Toilette, das ist doch immerhin schon mal etwas!«

Vor dem Tor höre ich ein Motorrad knattern, sehe, wie Frank, der Profiwächter, seinen Rucksack nimmt, sich von Nestor und

Abbass verabschiedet und nach draußen geht. Ich eile ihm hinterher. Erstens, weil wir für unser Frühstück noch zwei Joghurts brauchen, zweitens, weil ich neugierig bin. Und tatsächlich, das Motorrad ist das hochoffizielle Beförderungsmittel der Überwachungsfirma, bei der Frank angestellt ist.

»Frank, kriegst du heute einen Taxidienst?«

»Heute? Ich werde jeden Morgen abgeholt, Gaby. Du stehst einfach immer ein bisschen zu spät auf, als dass du das mitbekommen würdest. Darf ich dir meine Kollegen vorstellen – Jean-Jacques und Keita.«

Ich begrüße die beiden per Handschlag. Jean-Jacques will nicht reden, er will fahren. Frank setzt sich hinter ihn, Keita hinter Frank. Der Vorderste und der Hinterste tragen einen Helm. Frank, zwischen den beiden eingeklemmt, hat keinen, meint aber, er brauche auch keinen: »Ich bin doch von vorne und hinten geschützt.« Er grinst mich an, klopft dem »Chauffeur« auf die Schulter, worauf dieser Gas gibt, eine Kurve dreht und durch den Sand Richtung Hauptstraße rattert. Damit das Ganze etwas Unterhaltungswert bekommt, hüpfen alle drei bei jeder – auch der kleinsten – Unebenheit übertrieben hoch in die Luft, was die Menschen auf der Straße mit Applaus belohnen.

Nachdem Lotti und ich gefrühstückt haben, gehts ans Packen. Wir nehmen jede ein Frottiertuch, Zahnbürste und Zahnpasta, Ersatzwäsche, feuchte Kosmetiktücher und ein dünnes Tuch als Bettlaken mit, wobei Lotti meint: »Ich weiß ehrlich gesagt nicht, ob wir überhaupt ein Bett haben werden, es kann gut sein, dass wir auf dem Boden schlafen.«

»Warst du noch nie dort?«

»Doch, schon oft. Aber noch nie über Nacht. Jules, mein Mittelsmann, sagte mir, der Chef des Dorfes freue sich riesig, dass ich dieses Mal länger bleibe.«

»Dein Mittelsmann?«

»Mein Mittelsmann.«

Jules ist Lehrer und wohnt in Abidjan. Durch ihn hat Lotti das

Dorf kennen gelernt. Jules verbringt jedes Wochenende in seiner Heimat und wird mir erzählen, dass viele, die das Dorf auf der Suche nach Arbeit und einem besseren Leben verlassen haben, nie den Mut aufbringen werden, mit leeren Händen und als Verlierer zurückzukommen.

Kaum haben wir gepackt, überfällt uns leichte Panik. Was nehmen wir für den Fall, dass die Banditen diese Nacht tatsächlich nochmals kommen, mit?

Eigentlich rechnen wir nicht wirklich damit. Vor allem deshalb nicht, weil Lotti in der ganzen Umgebung Plakate aufhängen ließ, auf welchen unter anderem zu lesen steht, dass die Lohnzahlungen ab sofort nicht mehr in bar erfolgen, sondern über ein Bankkonto laufen. Und doch: Was, wenn sie kommen?

Mein größtes Problem ist der Laptop. Mitnehmen will ich ihn nicht, die Fotos und meine Notizen verlieren aber auch nicht. Auf keinen Fall. Also sichere ich das Wichtigste auf einen USB-Stick. Die halbe Stunde, die ich dafür brauche, verbringt Lotti damit, in der Boutique die Geschenke zu kaufen, die wir neben dem Gin noch mitbringen wollen. Zucker, Ölsardinen, Öl, Tomaten in Büchsen, Salz, Reis. Alles kilo- und literweise. Als sie zurück ist, bin ich fertig, verstecke den Laptop – sehr originelle Idee! – unter dem Bett, packe den USB-Stick zu unseren Pässen, die wir mitnehmen, dann gehen wir. Unterwegs kaufen wir noch zwölf Liter Wasser in PET-Flaschen und drei Kilo Äpfel. Und haben dann ein kleines Problem: Benzin!

Offenbar ist nicht nur die Klimaanlage von Lottis Auto ausgefallen, sondern auch die Tankanzeige. Was Lotti, kurz bevor wir aus Abidjan raus sind, zum Glück noch auffällt. »Ich habe schon lange nicht mehr aufgetankt, und immer noch wird fast voll angezeigt. Gaby, ich glaube, da stimmt was nicht.«

Also halten wir an der nächsten Tankstelle und tanken, was, wie sich zeigt, höchste Zeit war. »In rund zwei Stunden sind wir da«, erklärt Lotti und hängt kalt lächelnd an: »Allerdings nur, wenn das Auto durchhält und wir im Busch keine Panne haben.« Nun, damit rechne ich eigentlich schon lange. Jedes Mal, wenn ich hier war, war mit Lottis heiß geliebter Karre etwas los. Ist ja auch kein Wunder, wenn man weiß, dass Aziz diesen Wagen vor vierzehn Jahren gekauft hatte, als die Familie in die Elfenbeinküste zog, und das Auto inzwischen sage und schreibe über vierhunderttausend Kilometer auf den Felgen hat.

Schon oft habe ich versucht, Lotti den Wagen auszureden oder vielmehr, ihr einen neuen aufzuschwatzen. Aber Madame will nicht, und wenn Madame nicht will, dann will sie nicht. Gut, sie hat treffende Argumente: »Ein neuer Wagen, bevor man weiß, ob sich die politische Lage stabilisiert oder nicht, wäre ja wohl das Dümmste!«

Mein Gegenargument ist eine Frage: »Glaubst du wirklich, die politische Situation stabilisiert sich in naher Zukunft?«

»Wer weiß, wer weiß – aber auch falls sie das tut, ich habe mich so an dieses Auto gewöhnt, ich will kein neues. Noch nicht!«

Und so fährt sie mit Rostlöchern, einer kaputten Klimaanlage, neuerdings einer defekten Tankanzeige und einem Getriebe, das bei jedem Gangwechsel schimpft, durch unwirtlichste Gegenden. Und landet auch schon mal im Sumpf. Als ich die Bilder sah, die ein Helfer damals machte und ihr später schenkte, tat es mir leid, nicht dabei gewesen zu sein.

»Lotti, sollten wir tatsächlich eine Panne haben, dann bitte eine so spektakuläre wie damals, als du im Sumpf gelandet bist.«

»Tja, lach du nur – lach du dich nur kaputt, das war übrigens hochdramatisch damals. Hätten die Männer nicht so schnell reagiert…«

«… hättest du ein neues Auto. Aber du hast schon recht, verglichen mit den anderen Autos, die hier rumkurven, ist deins nach wie vor eine Luxuskarosse.«

»Sag ich doch.«

»Weißt du, was ich fast noch witziger finde als deine Sumpfpanne?«

»Lästere bloß nicht über meinen Fahrstil!«

»Warum? Du fährst gut. Sehr afrikanisch! Mehr mit der Hupe als mit der Bremse, aber – gut. Nein, noch witziger finde ich, dass du dich in Europa nicht mehr ans Steuer setzt.«

»Stimmt, mit all euren Kontrollen und Gesetzen, Rechts- vor Linksvorfahrt und Kreisel, was sag ich – Doppelkreisel! –, ist mir das echt zu anstrengend.«

»Du – ich kann mein Fenster nicht runterlassen.«

Lotti öffnet ihres.

»Meines funktioniert bestens!«

»Kannst du meines mal von deiner Seite aus bedienen, bitte?«

»Warum?«

»Eben! Weil es bei mir nicht mehr funktioniert.«

Lotti drückt die Taste an ihrer Tür.

»Geht doch!«

»Ja, von deiner Seite aus, aber wenn ich es jetzt wieder zumachen will – siehst du, passiert nichts.«

»Eigenartig!«

»Eigenartig, aber – um ehrlich zu sein, es überrascht mich nicht!«

Wir haben die Stadt längst hinter uns gelassen. Eine Stadt, der man den Zerfall deutlich ansieht, in erster Linie am Zustand der Straßen. Sogar die Schnellstraße weist metergroße, tiefe Löcher auf.

Außerhalb der Stadt ist der Zustand des Asphalts um Welten besser. Und vor allem der der Luft. Und es ist weniger heiß. Und es ist grün. Grün, grün, grün. Grün bis zum Horizont, wo die Erde den Himmel schluckt oder umgekehrt.

Die Landschaft ist leicht hügelig, die Vegetation üppig. Wälder aus Farnen und Dornengebüsch. Lianen, die wie Vorhänge von über fünfzig Meter hohen tropischen Laubbäumen hängen, deren Stämme immense Durchmesser aufweisen und deren ausladende Kronen ebenso bizarre wie fantastische Formen bilden. Bambus, der in die Straße hängt, manchmal von links und von rechts, sodass wir durch einen Bambustunnel fahren. Riesige Kautschukplantagen. Fächerpalmen.

Die Straße führt uns hügelauf- und hügelabwärts, geradewegs in dieses schöne, weite, wilde Land hinein. Wären wir jetzt mit einem Mercedes – für Lotti der Inbegriff von unnötigem Luxus – unterwegs, könnte ich wohl sagen, der Motor schnurre. Unserer bockt ab und zu, aber was solls, das Auto fährt.

Als wir an einen Kontrollposten kommen, verlangsamt Lotti das Tempo. Wir grüßen winkend, die Soldaten nicken zurück. Um uns anzuhalten, fehlt ihnen in der Mittagssonne offenbar die Motivation. Sie bleiben lieber im Schatten. Mehr im Stuhl liegend als sitzend. Das Gewehr über den Knien, ihre Mützen tief ins Gesicht gezogen.

Es sind noch nicht zwei Stunden vergangen, als Lotti verkündet: »Irgendwo da vorne müssen wir abbiegen.« Sie hält – um sich zu orientieren – mitten auf der Straße an. Das ist kein Problem, denn Autos, Busse oder Lastwagen haben wir auf der ganzen Fahrt, wenns hochkommt, zehn gesehen. Wir sind allein auf weiter Flur. Die rote Sandstraße, die von der Hauptstraße wegführt, ist zwischen den Büschen fast nicht auszumachen. Aber – Lotti findet sie und steht vor dem nächsten Problem. »Es muss vorgestern auch hier heftig geregnet haben. Schau mal, wie die Straße ausgewaschen ist.«

Die Entscheidung, ob die Schlaglöcher links weniger tief sind als rechts, ist nicht leicht zu treffen und muss mit jedem Meter neu überdacht werden. So schaukeln wir ins Land hinein, bis links ein Friedhof mit betonierten Gräbern kommt. »Jetzt müssen wir rechts halten.« Lotti sagts, biegt ab, landet im nächsten Schlagloch, aus dem wir erst mit dem Vierradantrieb wieder rauskommen. Zehn Minuten später sind wir da. Lehmhütten mit Strohdächern, zwei, drei betonierte Häuser, frisch gewischter Sand, eine unerbittlich brennende Sonne, wenig Schatten, keine Menschenseele. Es ist Siestazeit.

Bevor Lotti den Motor abwürgt, schließt sie die Fenster. Das heißt, sie schließt ihres, meines funktioniert nun auch von ihrer Seite aus nicht mehr.

»Scheiße!«

»Lotti!«

»Ist doch wahr! Das wäre ja wirklich das Dümmste, wenn ich das Auto wegen eines kaputten Fensters entsorgen müsste.«

»Das lässt sich ja wohl reparieren.«

»Negativ! Mein Automechaniker hat gesagt, was heißt gesagt, er hat geschworen, an meinem Mitsubishi repariere er nichts mehr. Nie mehr! Was ich ihm nicht verübeln kann, er hat schon zu oft das Unmögliche möglich gemacht.« Jetzt gibt Lotti im Leerlauf nochmals etwas Gas, und siehe da, das Fenster lässt sich schließen. »Hab ichs mir doch gedacht, er brauchte einfach ein wenig Zuspruch. Schau, da vorne kommt Jules.«

Jules ist ein Mann um die vierzig, groß gewachsen, mit einem freundlichen, offenen Gesicht. Er begrüßt uns mit »Bonne arrivée« und bittet uns dann auf den Dorfplatz, auf welchem unter einem Palmendach weiße Plastikstühle um einen niedrigen Tisch stehen. Das Dach ist so weit heruntergezogen, dass wir unsere Köpfe einziehen müssen und den Mann, der hinter dem Tisch auf einem selbst gezimmerten Stuhl wartet, erst sehen können, als wir im nach allen Seiten hin offenen Raum stehen. Würdevoll sitzt Jean – so heißt er – da. In der einen Hand einen Stock, die andere auf die Lehne gelegt. Sein Mund ist fast zahnlos, sein Haar schütter und weiß. In seinen Augen liegt die Weisheit vieler gelebter Jahre. Jean, erfahre ich später, ist der Dorfälteste. Man gibt ihm hundertundzehn Jahre. Orakelt aber, er sei vielleicht sogar noch etwas älter. Am Abend wird er auf der Treppe vor seiner Hütte sitzen. Wird mir erlauben, ein Foto von ihm zu machen. Es sollte eines der schönsten der ganzen zwei Wochen werden.

Als wir uns – auf Jules' Bitte hin – gesetzt haben, kommen vier Männer aus verschiedenen Richtungen. Der eine hat einen blauen Zwei-Liter-Kanister aus Plastik in der einen und eine Kokosnussschale in der anderen Hand. Zur fast schon feierlichen Begrüßung stehen wir auf. Dann setzen wir uns wieder. Niemand spricht, alle schauen dem Mann mit dem Kanister zu, wie er eine milchig wässrige Flüssigkeit aus dem Kanister in die Kokosnussschale gießt – ganz wenig nur. Er schwenkt sie, säubert so das Trinkgefäß, kippt den Inhalt dann auf den Boden, füllt die Schale neu. Dieses Mal bis zur Hälfte, reicht sie Jean. Er trinkt, lässt einen kleinen Rest übrig, kippt den vorsichtig auf den Boden, gibt das Gefäß an den Mann mit dem Kanister zurück, der die Schale jetzt bis obenhin füllt und sie Jules gibt, der auch wieder nicht alles austrinkt, sondern den letzten Schluck auf den Boden gießt. So geht das reihum. Lotti und ich bitten höflichst, die Schale nur bis zu einem Drittel gefüllt zu bekommen. Lotti hatte mich auf dieses Begrüßungsritual vorbereitet. Ausgeschenkt wird aus Palmsaft gegorener Wein, der mich im Geschmack ein bisschen an Apfelwein erinnert und der – wie ich später recherchiere – schon eintausendfünfhundert vor Christus als »gemütsveränderndes Mittel« eingesetzt wurde.

Lotti hatte mich auch darauf aufmerksam gemacht, dass es ganz wichtig sei, dass ich am Schluss ein paar Tropfen auf den Boden leere, wollte mir auch erklären, warum. Aber durch meine Arbeit mit Junior, dem schon erwähnten Mister-Schweiz-Kandidaten, wusste ich das schon. Junior, der Religionswissenschaften studiert hat, meinte einmal: »Wenn man von Asien spricht, denkt man an Buddhismus, spricht man von Indien, an Hinduismus. Jeder Erdteil hat seine eigene Religion. Aber an welche Religion denkt man, wenn man von Afrika spricht? Die Afrikaner wurden missioniert und bekehrt, weil ihre Naturreligion als lächerlich und kindisch eingestuft worden ist. Afrikaner verehren Pflanzen, Tiere und magische Wesen. Am meisten aber ehren sie die Vorfahren. Ist es falsch, daran zu glauben, dass man, wenn man trinkt, ein paar Tropfen auf die Erde fallen lassen sollte, damit die Menschen, die vor uns auf dieser Welt waren, etwas zu trinken haben? Das zeugt doch von Respekt den Toten gegenüber.«

Im Slum habe ich dieses Ritual noch nie beobachtet. Dass ich Monate nachdem ich zum ersten Mal davon gehört habe, in einem afrikanischen Dorf, mitten im Busch, meine Vorfahren auf diese Weise ehren würde, das hätte ich mir nie träumen lassen.

Kurz darauf wird das Essen serviert. Frisch gefangener Fisch aus dem Fluss in einer roten Sauce. Dazu gibt es Maniok, eines der wichtigsten Grundnahrungsmittel der Elfenbeinküste. Lotti und ich halten uns zurück. Nicht weil es nicht gut gewesen wäre. Aber das, was serviert wird, ist für uns acht herzlich wenig, und wir sind sicher, die Männer haben mehr Hunger als wir.

Als die Teller leer sind, bietet Jules uns einen Rundgang durch das Dorf an, in welchem rund fünfhundert Menschen leben. Dass wir über zwei Stunden unterwegs sind und ich mit einer verbrannten Nase zurückkomme, liegt daran, dass es viel zu sehen, zu riechen, zu fragen, zu erfahren und auch zu kosten gibt. Jules zeigt uns Ananasstauden, Grapefruit-, Kakao-, Mango-, Avocadobäume. Er schneidet eine goldgelbe Karambole – eine Sternfrucht – für uns auf. So frisch vom Baum schmeckt sie deutlich besser als die importierten, die bei uns in Scheiben geschnitten die Desserts zieren. Wir sehen bei der Palmölherstellung zu und beim Frittieren von Küchlein aus gemahlenen weißen Bohnen, die knusprig sind und mich im Geschmack an Popcorn erinnern und die – wie Lotti lobt – sehr gesund sind, da sie viel Eiweiß enthalten.

Wir schauen Buben zu, die Mais dreschen, und Frauen, die Kochbananen zu Mus stampfen, Mädchen, die kesselweise Wasser aus Brunnen ziehen, und Männern, die – heute ist Sonntag – im Schatten über Gott und die Welt reden. Oder – genauer – darüber, dass heute nichts mehr so ist, wie es früher war. Als Lotti sie fragt, ob es früher denn wirklich viel besser gewesen sei, müssen sie lachen.

Jules zeigt uns die Kirche, einen einfachen, offenen Bau – unter dem Palmwedeldach stehen Bankreihen vor einem großen Tisch mit Tischtuch. Als Dekoration hängt Weihnachtslametta von der Wand. Mittendrin stakst ein Huhn herum, entrüstet sich gackernd über die Störung. Neben dieser Kirche gibt es zwei weitere, und es gibt eine Moschee.

»Drei Kirchen und eine Moschee, ist das nicht ein bisschen viel für dieses Dorf?«, will ich wissen.

Und Jules erklärt: »Unser Dorf ist ein großes Dorf, das hier ist das Mutterdorf, wir verfügen aber noch über drei Nebendörfer. Alles in allem leben tausend Menschen hier, die zehn verschiedenen Stämmen mit zum Teil auch unterschiedlichen Sprachen angehören. Die meistgesprochene ist Attié, aber es werden auch Djoula und andere Sprachen geredet.«

Die Frage, ob das nicht zu Problemen führe, beantwortet er mit einem gewissen Stolz: »Hier gibt es weder Rassismus noch Streit um die verschiedenen Religionen, es werden alle akzeptiert. Wir haben andere Probleme, zum Beispiel den langen Schulweg der Kinder, die schon morgens um fünf aufstehen müssen, damit sie um halb acht in der Schule sind. Die ärztliche Versorgung, die nicht gewährleistet ist und viel zu viel kostet. Die Tatsache, dass unsere Kräuterärzte, die zum Teil außerordentliche Erfolge verzeichnen können, ihre Weisheit mit ins Grab nehmen. Dass wir in Notfällen kein Auto zur Verfügung haben und vor kurzem auch noch das einzige Motorrad, das wir hatten, kaputt gegangen ist.«

Wenn Jules aus der Stadt zu Besuch kommt, nimmt er den Bus, was bedeutet, dass er mehrere Male umsteigen und mit gut vier Stunden Reisezeit rechnen muss. Der lange Fußmarsch von der Busstation bis ins Dorf nicht mit gerechnet.

Unser Rundgang endet auf einer Wiese, auf der eine weiße Hollywoodschaukel steht, die ihre besten Tage schon gesehen und weder Sitz- noch Rückenpolster hat. Es ist die Hollywoodschaukel des Chefs. Das Geschenk eines Freundes, der sie auf dem Müll gefunden hat. Der Chef, der sich bis zu diesem Zeitpunkt nicht gezeigt hat, kommt auf uns zu, begrüßt uns mit einem würdevollen Nicken. Er ist viel jünger, als ich erwartet habe, verheiratet und Vater von sieben Kindern, trägt eine kurze Hose und ein T-Shirt. Chef wurde er, weil seinem älteren Bruder, der diesen Titel zuvor trug, die Verantwortung zu groß geworden war. So, dass er sich vor sieben Jahren diese Bürde auf die Schultern geladen hat. Damals war er gerade mal achtundzwanzig Jahre alt.

Er bittet uns, Platz zu nehmen. Nicht auf der Hollywoodschaukel, sondern auf den weißen Plastikstühlen, die vor seinem Haus in einem Kreis aufgestellt worden sind. Lotti gibt mir unauffällig den Autoschlüssel, damit ich den Gin holen kann, die anderen Geschenke werden wir erst kurz vor unserer Abfahrt übergeben, damit sich die Dorfbewohner zu nichts verpflichtet fühlen. Ich nehme noch eine Flasche Wasser aus dem Auto. Trinke. Es hat die Temperatur von Badewannenwasser.

Als ich wiederkomme, wird mir ein Stuhl zugewiesen. Lotti sagt zu Jules: »Wir möchten dem Chef ganz herzlich für die Freundlichkeit danken, uns hier für eine Nacht zu beherbergen, und möchten betonen, wie sehr es uns ehrt, hier willkommen geheißen zu werden.« Jules nickt, wendet sich dann an den Chef, repetiert – so zumindest hoffe ich – das, was Lotti auf Französisch sagte, in Attié. Nicht weil der Chef nicht Französisch könnte, er spricht hervorragend Französisch. Nein, das Protokoll will es so.

Der Chef nimmt Lottis Dank entgegen, spricht dann mit Jules, der wiederum für Lotti übersetzt: »Der Chef fühlt Freude darüber, dass ihr seine Gäste seid, und möchte euch sagen, dass ihr auch länger als eine Nacht willkommen seid.«

Worauf Lotti zu Jules sagt: »Wir möchten dem Chef für dieses Angebot ganz herzlich danken, aber unsere Zeit lässt es nicht zu, vor allem aber lassen es unsere Patienten nicht zu. Ich möchte den Chef bitten, das zu verstehen.«

Jules überbringt dem Chef die Nachricht, der nickt, was Jules nicht übersetzt, sondern als Nicken an Lotti weitergibt, worauf Lotti zu Jules sagt: »Wir haben dem Chef eine Flasche Gin mitgebracht und würden uns sehr freuen, wenn er dieses Geschenk wohlwollend annehmen würde.«

Der Chef wartet auf Jules' Übersetzung, bevor die zwei Liter Gin in seinen Händen ihm ein Lächeln entlocken. Jules übersetzt seinen innigsten Dank, dann ist dem Protokoll Genüge getan, und der Chef wendet sich direkt an Lotti: »Wir haben hier einen alten Mann, dem der linke Fuß abgefault ist. Ich wäre froh, du würdest später am Tag bei ihm vorbeigehen.« Lotti nickt. Jetzt wird unter einem riesigen Kakaobaum in astreinem Französisch diskutiert und philosophiert.

Ich erfahre, dass der Chef nicht allein ist, sondern auf die Unterstützung von Nebenchefs und vor allem auf den Rat der Alten zählen kann, dass er nur eine Frau hat, weil »Polygamie arm macht«. Dass er glücklich wäre, wenn die Familienplanung besser greifen würde – die Hälfte der Einwohner sind Kinder –, und er hofft, dass die Chinesen, die seit ein paar Jahren große Präsenz zeigen auf dem Schwarzen Kontinent, dem Land Fortschritt bringen werden.

Lotti warnt: »Das werden sie nicht, Chef, sie werden euch ausbeuten wie seinerzeit die Kolonialisten. Sie sind nicht hier, um euch zu helfen, sie sind hier, um all die Rohstoffe abzubauen, die in anderen Regionen der Welt knapp werden und über die Afrika in großen Mengen verfügt.«

»Sicher kommen sie, um Rohstoffe abzubauen, aber sie werden damit viele Arbeitsplätze schaffen.«

»Arbeitsplätze? Ja, aber nicht für euch! Sie fliegen ihre Landsleute ein, lassen sie die Arbeit tun. Was für sie verschiedene Vorteile hat, zum Beispiel können sie sich in Chinesisch unterhalten. Es gibt kaum Chinesen, die eine andere Sprache als ihre Muttersprache sprechen. Am Abend kochen sie die aus China mitgebrachten Nahrungsmittel, trinken den mitgebrachten Reiswein, bleiben unter sich.«

»Trotzdem werden sie uns helfen!«

»Nein«, Lotti macht mich in ihrer Unerbittlichkeit leicht nervös. Ich bezweifle, dass es gut ist, dem Chef derart zu widersprechen, aber Lotti ist in ihrem Element. Auf ihrem letzten Flug von Paris nach Abidjan saß sie neben einem Chinesen und unterhielt sich mit diesem mithilfe seines Übersetzungstaschencomputers. Lotti stellte viele Fragen. Die Antworten, die sie bekam, machten sie – allesamt – wütend. »Nein, sie werden euch nicht helfen, sie werden keinen Franc in einem eurer Restaurants lassen, sie werden euch keine Arbeit geben, und sie werden euch nichts lehren, sie werden euch Handys verkaufen wollen, und sie werden …«

»Ich traue ihnen offenbar mehr zu als du.«

»Glaubst du tatsächlich, ihr Afrikaner könnt mit Menschen zurechtkommen, die keine Religion haben, die mittels Gesetz die Ein-Kind-Ehe durchsetzen, was zu millionenfacher Abtreibung führt?«

Der Chef schaut sie lange an, sagt nichts. Aber, er hat begriffen.

»Die Kolonialisten haben sich wenigstens mal mit euch zusammengesetzt und einen Pastis getrunken, sie haben mit euch gelacht! Das wird ein Chinese nie tun. Aber du hast natürlich recht, wenn du jetzt sagst, die Kolonialisten haben Grässliches verbrochen, sie sind für den Tod von Millionen von Afrikanern verantwortlich, haben Millionen als Sklaven verschifft, haben euch nicht als Menschen respektiert, ich weiß das alles und will auch nichts schönreden.«

»Vielleicht hast du recht. Ich habe mir so sehr gewünscht, es sei dieses Mal anders und die Chinesen würden uns in die Selbstständigkeit begleiten. Es stimmt, die Franzosen haben uns sehr geschadet, aber sie haben uns auch einiges gebracht.«

»Zum Beispiel die Teilnahme an der Fußball-Weltmeisterschaft 2006.«

Lotti erreicht mit dieser Bemerkung, was sie will, der Chef nimmt ihr Angebot, über etwas Erfreulicheres zu reden, an: »Ja, das war ein französischer Trainer, Henri Michel. Wir hörten das Qualifikationsspiel am Transistorradio. Mitten auf dem Dorfplatz. Als klar war, dass wir in Deutschland dabei sein würden, tanzten wir die ganze Nacht.«

Das war die Nacht vom 8. auf den 9. Oktober 2005, und Lotti musste ihr Auto zwischen Sterbespital und Ambulatorium stehen lassen, weil es kein Durchkommen mehr gab, da die riesige Freude über die erste Teilnahme der Elfenbeinküste an einer WM den Slum in einen Festplatz verwandelte und Hunger und Frust für ein paar Stunden wegzauberte.

Auch hier im Dorf wird Fußball gespielt. Ich sehe es, als ich von Jules zu einem kleinen Raum mit einem Loch in der Mitte geführt werde, nachdem ich ihn leise nach einer Toilette gefragt habe. Madame Hortense hatte also recht. Die Toilette ist ein Loch. Wobei sie in meiner Vorstellung auch noch schmutzig war, was diese hier nicht ist. Im Gegenteil. Ungemütlich wirds erst, als ich die lotterige Holztür zuziehe und sie mit einem gebogenen Nagel, der sich hin- und herbewegen lässt, blockiere. Sobald das Tageslicht nur noch durch einen kleinen Spalt hereinfällt und es ansonsten dunkel ist, kommt aus dem Loch ein Schwarm Fliegen. Ich hasse Fliegen. Scheißhausfliegen!

Auf dem Rückweg schaue ich den Jungs beim Fußballspielen zu – dem Kaiser würde das Spiel die Tränen in die Augen treiben. Nicht wegen der Ballkünste, sondern wegen des großen Feldes, das sie zur Verfügung haben, und wegen der beiden Tore, die zwar über kein Netz verfügen, aber immerhin über einen Rahmen.

Schon von weitem sehe ich, dass der Chef einen Tenuewechsel vorgenommen hat. Er steht im Judodress mit rotem Gurt da, wo er damit hingeht, das bleibt sein Geheimnis – daraus, dass Lotti und ich gerne eine Siesta machen möchten, machen wir keines. Als wir fünfzehn Minuten später unter einem Mangobaum auf einer Matratze liegen, über die gar ein Leintuch gespannt wurde, genießen wir die absolute Stille, die uns umgibt.

Was uns weckt, ist dann dafür umso störender. Ein Benzingenerator, den wir nicht nur hören, sondern bald auch riechen. Es dauert aber nicht lange, dann ist es wieder ruhig. Lotti schläft nochmals ein, ich schaue den Kindern des Chefs zu, wie sie auf den kleinen Baum vor dem Haus klettern, auf der Wiese Purzelbäume schlagen; sehe eine Gruppe Ziegen, die heimgetrieben wird, und kurz darauf eine Kuhherde, die – wiederkäuend – von allein nach Hause zu trotten scheint.

Am Abend besuchen wir den Mann, dessen rechter Fuß abgefault ist. Lotti begrüßt ihn, setzt sich zu ihm. Stellt ihm Fragen. Fragen, die er mit einem »Ja« oder einem »Nein« beantworten kann, denn genau wie ein Großteil der Frauen und Männer, die Lotti tagtäglich empfängt, erzählt auch er nicht von sich aus. Eine Kommunikationsform, die recht energie- und zeitraubend ist und die die Geduld sehr strapaziert, wenn draußen noch Hunderte von Patienten warten.

Zumindest dieses Problem hat Lotti heute nicht. Sie nimmt sich viel Zeit, spricht auch mit der Familie, die dabeisteht, und sagt, sie denke, er leide an einer Gangrän, die höchstwahrscheinlich durch Diabetes ausgelöst worden sei. Auf Deutsch: ein langsames Absterben einer Extremität infolge einer nicht behandelten Zuckerkrankheit.

Lotti erklärt der Familie, die Gangrän werde sich das Bein hinauffressen, wenn der Mann nicht behandelt werde, und bietet an, ihn zu sich nach Adjouffou mitzunehmen. Sie macht ihnen klar, dass sie die Kosten der Behandlung übernehmen werde, sie sich aber erst um ihn kümmern kann, wenn er und mit ihm seine Familie damit einverstanden sind, dass sie ihn mitnimmt.

Nun gibt es eine familieninterne Diskussion, die wir nicht verstehen. Leider kristallisiert sich bald schon heraus, dass es – zumindest vorläufig – keine Einigung gibt. Lotti kennt die Gründe dafür: »Es ist die diffuse Angst, es könnte vielleicht doch noch zu einer Kostenfolge kommen. Es ist das Vertrauen in den Kräuterarzt, dass er es doch noch richten wird. Und es ist auch das Wissen darum, dass der Mann schon alt ist, und die Ahnung, dass er wohl sowieso bald sterben wird.« Lotti bittet die Angehörigen, sich die Sache bis morgen noch einmal zu überlegen.

Die Abenddämmerung hat begonnen. In der Ferne hören wir lautes Gezwitscher, gehen darauf zu und sehen einen riesigen Schwarm von knallgelben Webervögeln, die um einen Baum fliegen, an welchem Hunderte von Nestern hängen.

Bevor wir essen gehen, möchte Jules uns zeigen, wo wir schlafen werden. Er führt uns in ein Haus, das etwa drei Meter hoch und betoniert ist. Es gibt einen Eingangsbereich und drei Zimmer. Das ganze Haus ist unmöbliert, nur in unserem Zimmer stehen zwei Stühle. Auf dem Boden liegt – welche Freude – eine breite Matratze.

Es ist verblüffend, wie schnell es hier Nacht wird. Umgeben von Grillengezirpe, machen wir uns auf den Weg zum »Restaurant«. Ein Haus aus Bambus, vor welchem wir am Nachmittag Frauen sahen, die Fische räucherten, Maniok putzten, Wasser kochten und in großen Töpfen rührten. Sie freuten sich sehr, als wir fragten, ob wir bei ihnen zu Abend essen dürften.

Wir sitzen draußen. Essen im schwachen Schein einer Petroleumlampe zu Mus verkochte rote Bohnen und Fisch in einer undefinierbaren Sauce. Es schmeckt gut. Wir bestehen darauf, zu bezahlen, was einiges an Überredungskunst braucht, und gehen dann zum Dorfplatz, wo der Chef uns zum Dessert erwartet.

Diesmal sitzen wir nicht unter dem Dach, sondern im Freien. Vor uns ein Teller, voll mit kleinen, sehr süßen Bananen. Hinter uns brennt ein Feuer, auf welchem schon die Kochbananen für unser Frühstück von morgen vorgekocht werden. Ich wundere mich darüber, dass auch jetzt wieder nur Männer da sind. Der eine will mit mir politisieren, worauf ich – um von der Politik abzulenken – die traurige Geschichte von Monsieur Zerbo erzähle, der wegen Papayas im Gips liegt, worauf alle die Hände ringen: »Man steigt nicht mit einer Leiter auf einen Papayabaum, das hätte er doch wissen müssen.« Sie lachen.

»Er schon, aber er hat dem Pfarrer nicht widersprechen wollen, der Lust auf Papayas hatte.«

»War es ein weißer Pfarrer?«

»Ja.«

Und plötzlich wird Monsieur Zerbo nicht mehr ausgelacht, sondern verstanden. Die Männer lassen bei mir sogar den Verdacht aufkommen, dass auch sie nicht widersprochen hätten. Warum das so ist, hat zum einen damit zu tun, dass Afrikaner, wie Lotti sagt, »... über Jahrhunderte immer nur ›Ja, Master‹ und nie ›Nein, ich will nicht!‹ sagen durften«. Es hat aber auch damit zu tun, dass viele Schwarze immer noch glauben, ein Weißer sei mehr wert als ein Schwarzer und daran hätten sie auch noch selber Schuld.

Lotti erklärte mir diesen Zusammenhang früher einmal mit einer

Geschichte um Noah und seine Söhne, wusste aber nichts Genaueres. Als mir auch Junior sagte, er werde, wenn er seine Verwandten in der Demokratischen Republik Kongo besuche, immer wieder mit diesem Irrglauben konfrontiert, der einen biblischen Hintergrund habe, begann ich zu recherchieren und fand Dr. Silvia Schroer, Professorin für Bibelwissenschaft an der Theologischen Fakultät der Universität Bern, die Licht in die Sache brachte:

»Um zu verstehen, muss man wissen, dass Noah drei Söhne hatte. Sem, Japhet und Ham. Nach den biblischen Völkertafeln gilt Sem als Ur-Stammvater der Semiten, der heutigen hebräischen und arabischen Völker, Japhet als Stammvater der Japhetiten, der Griechen und Europäer, und Ham als Stammvater der Hamiten, der Afrikaner und somit als Ur-Vorfahre der Schwarzen. Im betreffenden Bibeltext wird allerdings nichts davon gesagt, dass Ham schwarzer Hautfarbe gewesen sei. Die Geschichte ist folgende: Noah errichtete einen Weinberg, trank zu viel und schlief ein. Nackt. Ham sah das, und statt Noahs Blöße zu bedecken, präsentierte er den schlafenden Vater, unbekleidet, wie dieser war, seinen beiden Brüdern. Diese waren es, die – mit respektvoll abgewandtem Gesicht – den Vater bedeckten. Als Noah erwachte, segnete er seine Söhne Sem und Japhet und verfluchte Hams Sohn Kanaan samt all seinen Nachkommen. Hinter diesem alttestamentarischen Fluch stehen komplexe, geschichtliche Auseinandersetzungen, aber in Afrika hält sich die Geschichte vom schwarzen Sohn, der sich nicht gut benahm, hartnäckig.«

Als ich Junior mit der Aussage von Prof. Dr. Schroer konfrontierte, erzählte er mir daraufhin von einer Version, die darin gipfelt, dass der Fluch Noahs Ham zum Sklaven machte. Womit dann auch gleich noch die Sklaverei gerechtfertigt wäre.

Nach wie vor ist es sehr heiß, kein Luftzug, kaum Licht. Der Mond ist noch nicht aufgegangen. Lotti und ich sind müde, aber um uns jetzt schon zurückzuziehen, das ist uns beiden klar, haben wir zu wenig lang hier gesessen, also bleiben wir. Welch weiser Entscheid das war, sollten wir eine halbe Stunde später erfahren.

Die Krankheitsgeschichte von Monsieur Zerbo regt nun andere an, von ihren Gebrechen zu erzählen, die allesamt zuerst mit Kräutermedizin behandelt werden. Das ist oft am effektvollsten und vor allem am kostengünstigsten. Es gibt aber auch zwei Nonnen, Krankenschwestern, die – eine Stunde Fußmarsch entfernt – Behandlungen durchführen, allerdings Geld dafür verlangen. Und es gibt ein Krankenhaus, das mit dem Bus erreicht werden kann. Aber – weil es eben kostet – eigentlich unerreichbar ist.

Jules erzählt von der Frau eines Freundes, die mit grässlichen Bauchschmerzen dorthin gebracht wurde. Die Diagnose war schnell gestellt – Eileiterschwangerschaft. Ihr Mann hatte für die dringliche Notoperation viel zu wenig Geld dabei. Er bot an, dieses später zu besorgen, flehte um das Leben seiner Frau. Die Ärzte blieben unerbittlich. Ohne Geld keine Operation. Er machte sich auf den langen Weg zurück, die Dorfbewohner legten zusammen, das Geld, das er nach Stunden vorbeibrachte, hätte für die Operation gereicht. Aber es war zu spät. Jules kennt eine Krankenschwester, die damals dabei war und ihre Tracht nach diesem Vorfall an den Nagel hängte.

Die Stille, die seine Erzählung hinterlässt, wird durch heiseres Hundegebell ganz in der Nähe und ein Rascheln in unserem Rücken unterbrochen. Die Männer stehen auf, stellen den Tisch beiseite und die Stühle in einen Halbkreis. Im Schein des Mondes, der nun doch noch aufgegangen ist, sehen wir Frauen auf uns zukommen. Bestimmt dreißig. Alle – da bin ich mir sicher – tragen ihr schönstes Kleid, viele von ihnen haben ihr Baby auf den Rücken gebunden. Die vorderste trägt ein Tamtam. Als sie zu trommeln beginnt, kommen immer mehr Menschen auf den Platz. Hinter uns, vor uns, neben uns wird es eng.

Die Frauen beginnen zu tanzen. Erst in kleinen Gruppen. Rhythmisch zu den Trommelschlägen, dann einzeln. Sobald nur eine Frau tanzt, ist es, als würde nicht die Trommel ihr, sondern sie der Trommel den Takt vorgeben. Ihre tranceähnliche Darbietung wird von dem Gesang ihrer Freundinnen unterstützt.

Wir sind am Tage in einer Welt angekommen, die ich ohne Lotti nie gesehen hätte. Jetzt ist es Nacht, und ich stecke mittendrin. Der Schlag der Trommel verbindet Tänzerinnen und Zuschauer, wie ein gutes Theaterstück Künstler und Publikum eins werden lässt. Von Magie zu reden, wäre falsch. Von Faszination vielleicht? Nein, es ist mehr. Es ist eine Unmittelbarkeit, die mich gleichermaßen beglückt wie bedrückt. Ich werde später lange versuchen, die Ursprünglichkeit, die in diesen Momenten lag, zu beschreiben, und dabei kläglich scheitern.

Laut Anthropologen befindet sich die Wiege der Menschheit in Ostafrika. Die Forscher reden dabei vom »Out of Africa«-Modell. Ein wichtiges Argument für den Ursprung des modernen Menschen in Afrika liefern auch Genetiker, deren Forschung ergab, dass der Mensch auf eine gemeinsame Urmutter zurückzuführen ist, die vor über hundertsiebzigtausend Jahren in Afrika gelebt haben muss. Auch Sprachwissenschaftler unterstützen diese Hypothese und führen den Stammbaum der menschlichen Sprachen auf den Schwarzen Kontinent zurück. Der Homo sapiens sapiens, der doppelt weise (nicht weiße!) Mensch, war ursprünglich also schwarz. Die Erklärung dafür, warum es mit der Zeit auch weniger dunkle und gar weiße Menschen gab, ist einfach: Pigmentpartikel, das so genannte Melanin, geben der Haut ihre Farbe. In Afrika, wo sich der Mensch vor einem Zuviel an UV-Strahlen der Sonne schützen musste, hat er sehr viel Melanin entwickelt. In den nördlicheren Breitengraden, in die sich der Mensch begab, war eine zu dunkle Haut für die Aufnahme des Sonnenlichtes aber kontraproduktiv – denn durch das schwächere Sonnenlicht konnte das lebenswichtige Vitamin D nur schlecht produziert werden. Also hat sich die Haut mit der Zeit angepasst. Sie misst an ihrer dünnsten Stelle, am Augenlid, gerade mal 0,1 Millimeter. Es sind also Bruchteile von Millimetern, die einen Menschen zum Weißen oder zum Schwarzen machen. Darunter, unter diesem Hauch von nichts, sind wir alle gleich. Kommen wir alle aus derselben Wiege. Der der Menschheit.

Sobald der Tanz vorüber ist und das Schlagen der Trommel aufhört, ist die Magie – ich benutze das Wort jetzt doch – vorbei. Die Frauen bitten uns, sich verabschieden zu dürfen, da sie morgen früh aufstehen müssen, um die Kinder in die Schule zu schicken. Das Protokoll verlangt, dass ihnen hochoffiziell erlaubt wird, sich zurückziehen. Was – so scheint mir – vom Chef abgesegnet werden sollte. Aber das hier ist irgendwie Frauensache, und also packt Lotti die Gelegenheit und verbindet ihren Dank an die Frauen gleich mit der Erlaubnis, dass sie sich selbstverständlich zurückziehen dürfen. Der Chef verzeiht es ihr. Wohl auch deshalb, weil Lotti sich – über Jules – gleich danach an ihn wendet, um ihn zu bitten, auch uns zu entschuldigen. Worauf er uns – über Jules – dann die sehr wortreiche Erlaubnis gibt. Als die Frauen so leise verschwinden, wie sie gekommen sind, lassen auch wir uns von der Nacht verschlucken.

Einer Nacht, die voller Mücken ist. Im Schein unserer Taschenlampen hängen wir das mitgebrachte Moskitonetz auf und verkriechen uns darunter. An Schlaf ist in dieser Hitze allerdings nicht zu denken. Obwohl es ein Fenster gibt und die Tür sperrangelweit offen steht, ist uns kaum ein Luftzug vergönnt. Es wird eine lange Nacht, die sich erst gegen den Morgen hin abkühlt. Dann aber so, dass wir um vier gerne eine Decke gehabt hätten. Wir behelfen uns mit unseren Frottiertüchern.

Hätte ich schlafen können, hätte ich vielleicht geträumt. Davon zum Beispiel, dass Lotti und ich in drei Monaten in Los Angeles am Rodeo Drive zwei Araber Fußball spielen sehen werden. Und hätte diesen irren Traum am Morgen Lotti erzählt, und sie hätte einen Lachanfall gekriegt. »Ich in Hollywood? Nie und nimmer!«

Es sollte anders kommen.

Der Abstecher nach L. A.

Die Anfrage kam per Mail. »Gaby«, schrieb Lotti, »Stephan will die Weltpremiere seines Filmes in Los Angeles feiern, kommst du mit? Es würde mich sehr freuen.«

Ich rief sie umgehend an. Die Verbindung war nicht gut, für das Wesentliche reichte es.

»Hallo?«

»Hallo Lotti! Los Angeles?«

»Ja.«

»Wann?«

»Vom 29. Mai bis zum 2. Juni.«

»Warum?«

»Soll dir Stephan erklären.«

»Wie löst du das mit Sarahs Geburtstag?«

»Tja, schon gelöst, meine Liebe! Sarah, freut sich riesig darauf, ihren Achtzehnten in L. A. zu feiern.«

»Und Aziz?«

»Aziz sagt, er komme mit.«

»Okay.«

»Okay, was?«

»Ich komme.«

»Gut.«

»See you soon!«

»Yes, my dear, see you soon.«

Mein nächster Anruf ging nach Hamburg, dort nämlich wohnt Stephan. Stephan Anspichler. Ein sechsundzwanzigjähriger Filmproduzent, der Lotti in der »Johannes B. Kerner Show« im Zweiten Deutschen Fernsehen gesehen hatte, dann meine beiden

Bücher über sie las und mich schließlich telefonisch kontaktierte. Er ließ die Katze damals – vor mehr als zwei Jahren – schnell aus dem Sack: »Ich möchte nach Adjouffou reisen, um einen Film über Lotti zu drehen, und bräuchte jemanden, der mir die Türen öffnet.«

Ich wartete, weil ich ahnte, dass da noch etwas kommen würde. Es kam: »Es wäre – ehrlich gesagt – meine erste Kinodokumentation.«

Vielleicht war es gerade diese Ehrlichkeit, die mich aufhorchen ließ. Wir trafen uns in Zürich. Tranken Kaffee im »Odeon«. Er bezahlte. Gab viel zu viel Trinkgeld, weil er gehört hatte, in Zürich mache man das so. Er war mir sympathisch. Was aber nicht gereicht hätte, ihm die Türen zu öffnen. Es war etwas anderes, was mich an ihn glauben ließ. Er imponierte mir mit seinem klar umrissenen Wunsch, das Unmögliche möglich zu machen. Und obendrein hatte er auch noch Glück. Mein Argument, in Adjouffou zu drehen, könne er schon deshalb vergessen, weil er bestimmt kein Französisch spreche, konterte er damit, dass sein Kameramann – Alban Kakulya – aus Lausanne komme und mit der französischen Sprache aufgewachsen sei.

Der Zufall wollte es, dass Lotti kurz darauf für einen Pressetermin in Deutschland war, zu dem ich sie begleitete. Ich bot Stephan an, uns in Düsseldorf zu treffen. Er erzählte seinen Werdegang, Lotti hörte ihm zu. Nach einer halben Stunde verlangte sie einen guten Grund dafür, warum dieser Film entstehen solle. Stephan hatte einen: »Sie bezeichnen sich selbst als Egoistin – ich finde, das wäre ein perfekter Titel für eine Kino-Dokumentation: ›Egoïste‹.«

Dann sagte er: »Ich bin ein Jahr jünger als ihr ältester Sohn Selim und gleich alt wie ihre älteste Tochter Sonia. Mich interessiert die Sicht der Kinder, deren Mutter mehr oder weniger kompromisslos ihren Weg geht.« Stephan war damals vierundzwanzig.

Lotti versprach, es sich zu überlegen und – das vor allem – mit ihrer Familie darüber zu reden. Es vergingen sechs Monate, bis Stephan mit seiner Crew in Adjouffou ankam und Lotti ihm auf dem

Nachtmarkt – damals war ihr die Lust noch nicht vergangen, Poulet braisé zu essen – das Du anbot.

Stephan hatte die Finanzierung der ganzen Reise, an der neben dem Kameramann auch ein Tontechniker teilnahm, dadurch finanziert, dass er seine Lebensversicherung aufgelöst hatte. Ein ziemliches Risiko, denn ob aus dem Film auch tatsächlich etwas werden würde oder nicht, das war bei seiner Ankunft im Slum noch alles andere als sicher.

Lotti hatte Vorbehalte, und sie hatte Forderungen.

Erstens: Der Aufenthalt musste volle drei Wochen und durfte keinen Tag weniger lang dauern.

Zweitens: Die Kamera durfte erst in die Hand genommen werden, wenn das Team den Patienten und Mitarbeitern bekannt war, was Tage dauern würde.

Drittens: Sollte sie auch nur den Hauch eines unguten Gefühls haben, würde sie die ganze Sache kompromisslos abklemmen.

Stephan blieb drei Wochen, drehte vor Ablauf einer Woche keine Sekunde und gab Lotti kein ungutes Gefühl. Im Gegenteil. Lotti fühlte sich wohl mit ihm und der Crew, genauso wie die Patienten, Mitarbeiter und Kinder auch. Stephan kam mit Bildern nach Hause, von denen längst nicht alle gefilmt worden waren. Es waren vor allem diese, die er verdauen musste.

Kaum zurück aus Adjouffou, reiste er zu Aziz und Sarah, die er in Kairo interviewte, danach zu Selim und Sonia, die er in der Nähe von Lausanne besuchte.

Dann begann er das Material zu schneiden. Wurde fertig. Verwarf alles, begann von vorn. Es war ein Auf und ein Ab – einmal kam die Meldung, der Film feiere schon bald Premiere, dann wieder kam die Nachricht, der Film werde neu überdacht, anders geschnitten. Stephan hatte hundertdreißig Stunden Material. Es war alles andere als einfach für ihn, diese auf die wesentlichen neunzig Minuten zu kürzen.

Lottis Mail, dass sie sich freuen würde, wenn ich nach Los Angeles käme, erreichte mich knapp eine Woche nach meiner Rückkehr aus Adjouffou. Ich rief ihn also in Hamburg an, um zu fragen, was denn nun mit L. A. sei. Stephan antwortete feierlich: »Gaby, es ist so weit. ›Egoïste‹ wird Ende Mai seine Weltpremiere feiern. In Los Angeles! Im Herbst kommt der Film dann in die Kinos.«

»Du spinnst.«

»Ich weiß.«

»Warum L. A.?«

»Warum nicht?«

»Du willst die Welt erobern.«

»Zum Beispiel.«

Ich buchte also einen Flug. Aziz deren drei. Zu gerne hätte er auch noch Selim und Sonia mit dabeigehabt, aber die konnten keinen Urlaub nehmen.

Dass Lotti sich die Zeit nahm und nach Los Angeles flog, hatte zwei Gründe.

Der erste: Es gab, wie ich schon im Vorwort schrieb, diesen fixen Tag im Jahr, der das Band zwischen ihr und der Jüngsten immer wieder festigte – der dreißigste Mai. Sarahs Geburtstag. Nichts konnte Lotti davon abhalten, diesen Tag mit ihrer Tochter zu verbringen. Es war Stephans Glück, dass er die Weltpremiere Ende Mai plante. Es war ein Glück, dass Sarah noch nicht in ihrer Abiturarbeit steckte, und es war ein Glück, dass sie Feuer und Flamme war, ihre Volljährigkeit im fernen Amerika zu feiern.

Der zweite: Mit ihrer Teilnahme zollte Lotti Stephan Respekt. Der junge Mann hatte viel Energie in den Film gesteckt, noch mehr Herzblut und – auch das – ziemlich viel Geld. Sie wollte ihm mit ihrem Erscheinen zeigen, dass sie hinter seiner Arbeit stand.

Er wiederum wurde großartig vom Schweizerischen Generalkonsulat in Los Angeles unterstützt. Die Generalkonsulin Brigitta Schoch Dettweiler und ihr Stellvertreter Norbert Arnold öffneten ihm Türen, verschickten Einladungen an interessierte Kreise und luden zu einem offiziellen Empfang in der Residenz von Brigitta Schoch Dettweiler ein.

Und da war auch noch Doris Ritzi, die erste Konsulatssekretärin, die für die Schweiz in Los Angeles arbeitete und längst pensioniert ist. Sie rührte für »Egoïste« die Werbetrommel. Sie war es dann auch, die mich am Airport abholte. Mich und Vreni Bretscher Othman, eine Frau, die für die Stiftung Lotti Latrous ehrenamtlich Büroarbeiten erledigt und damit, wie sie sagt, ihre »Himmelskasse« füllt. Sie machte sich die Reise nach Los Angeles zum – sehr vorzeitigen – Weihnachtsgeschenk.

Doris Ritzi wartete volle zwei Stunden, bis Vreni und ich endlich durch den Zoll waren. Wartete mit einem A4-Blatt mit meinem Namen drauf in den Händen. So hatten wir das per Mail abgemacht. Ich konnte kaum glauben, welch zauberhaftes Wesen uns empfing. Eine vierundachtzigjährige Frau, deren Schalk und Wachheit in den Augen ihr Alter Lügen strafen. Doris Ritzi ist sehr klein, sehr schmal und sehr vif. Und genauso zerbrechlich, wie sie wirkt – das sollte ich in den nächsten Tagen erfahren –, genauso robust ist sie.

Wir entschuldigten uns, dass sie so lange hatte warten müssen. Und das stehend zwischen all diesen Menschen. »Das macht doch überhaupt nichts«, entgegnete sie und wollte mir doch tatsächlich meinen Koffer abnehmen, was ich gerade noch verhindern konnte. Danach machte sie uns Beine: »Wir müssen uns jetzt einfach ein bisschen sputen, meine Damen, ich weiß von Stephan, dass die Familie Latrous bereits im Hotel ist. Mein Auto steht im Parkhaus.« Ihr Auto?!

Doris Ritzi hat nie geheiratet, sie machte ihren Job zu ihrer Berufung. Ihre Karriere begann 1947. Damals bestieg sie in Zürich eine DC-2 der Swissair, flog nach London und boardete dort eine Douglas C-54 Skymaster der American Overseas nach New York. Wie lange dieser Transatlantikflug dauerte, weiß sie nicht mehr, dass es immer rauf- und runterging, das wird sie nie vergessen. In New York bestieg sie den Zug, reiste quer durchs Land zu ihrem Ziel – der Stadt der Engel.

Damals kannte man das Wort Stau noch nicht. »Heute«, klagte sie, als wir unterwegs waren, »ist das anders, Stau! Immer und jederzeit, aber macht euch nur ja keine Sorgen. Ich werde ihn umfahren.« Und tatsächlich, auf Nebenwegen und in einer persönlichen Rushhour-Rekordzeit fuhr uns Doris, mit der wir inzwischen per Du waren, an den Wilshire Boulevard. Den Kopf hatte sie dabei ständig in die Höhe gereckt, so wie ein Vogel, der sich lang macht, um besser sehen zu können. Als hätte sie meine Gedanken erraten, sagte sie dann auch: »Ich werde einfach immer irgendwie kleiner.« Klein, aber oho! Die gerade mal sehr knappe eins fünfzig große Frau brachte uns sicher – »safe«, wie sie sagen würde – geradewegs zum »Wilshire Motel«.

Ein Motel, das zwar eine Notlösung, aber glücklicherweise nicht so eine Absteige war, wie Stephan befürchtet hatte. Er hatte für uns in einem sehr netten Dreisternehotel gebucht und uns die Webadresse gemailt. Dummerweise auch an Lotti. Sie gab umgehend durch: »Vergiss es!«

Also sagte er ab, buchte das »Wilshire Motel«, das keinen Stern besitzt, und klagte bei mir: »Ich höre die Kakerlaken jetzt schon krabbeln.« Nun, seine Bedenken erwiesen sich als unbegründet, das Motel war absolut in Ordnung.

Als wir ankamen, stand Aziz mit der Besitzerin im Hof, öffnete mir die Tür, sagte »Bonjour Madame«, strahlte und umarmte mich.

»Aziz!«, freute auch ich mich, «haben sie dich also einreisen lassen, dich Araber!?«

»No problem!«, sagte er und fuhr dann fort: »Meine Bedenken waren, wie du siehst, absolut unbegründet. Dafür gibt mir jetzt was anderes zu denken.«

»Und das wäre?«

»Wie kriege ich mein Ego repariert?«

»Du? Du hast ein Problem mit deinem Ego?«

»Nun, gerade aufbauend ist es nicht, wenn du mit deiner Frau und deiner Tochter anreist und der Zollbeamte dir zu deinen beiden schönen Töchtern gratuliert.«

Eine Stunde später saßen wir alle – Lotti, Aziz, Sarah, Stephan mit seiner Crew, Vreni, Doris und ich in einem Restaurant am

Beach, aßen Shrimps und Coleslaw Salad und tranken Light Beer. Dass Doris Ritzi mit dabei war, war meiner Überredungskunst zu verdanken, denn eigentlich hätte sie nach Hause müssen: »Sir Leo war gestern schon den ganzen Abend allein und findet das gar nicht lustig. Er ist ein grässlich verwöhnter Krösus und ein sehr nachtragender Kater.«

Nun, lange sind wir sowieso nicht geblieben. Der endlose Flug – Lotti, die ihre Familie in Paris getroffen hatte, war sage und schreibe seit vierundzwanzig Stunden unterwegs – und die Zeitverschiebung von neun Stunden forderten bei allen ihren Tribut.

Das Frühstück am Geburtstagsmorgen nahmen wir in einem nahe gelegenen Café ein, aßen amerikanische Karotten-Buttercreme-Torte King Size, von der wir schon nach einem ersten Blick genug hatten – und sangen »Happy Birthday«. Sarah genoss es sichtlich.

Sarah stand damals eine Woche vor ihrem Abitur, war aber keineswegs angespannt, was umso erstaunlicher war, als sie sehr gute Noten schreiben musste. Wie schon ihre beiden älteren Geschwister Selim und Sonia wollte sie ihr Studium an der Hotelfachschule in Lausanne absolvieren, und die stellt ziemlich hohe Anforderungen. Später stellte sich heraus, dass Sarah wirklich nicht den geringsten Grund hatte, nervös zu sein; sie schaffte die Prüfungen mit Bravour.

Den weiteren Tag verbrachten wir, wie sich dies für Los-Angeles-Touristen gehört, in Hollywood. Wir gingen am »Chinese Theater« vorbei, lasen die Namen in den Sternen des »Walk of Fame«. Dort fiel mir zum ersten Mal auf, dass das amerikanische Wort »fame« für Ruhm steht und das italienische »fame« für Hunger.

Wir fuhren Richtung Hollywood Hills, um dort das Wahrzeichen Hollywoods, diesen zwölf Meter hohen Schriftzug, zu bestaunen, gingen in kein Museum und besuchten auch kein Filmstudio.

Noch vor ein paar Jahren hätte sich Lotti in Los Angeles, diesem Inbegriff von Glanz und Glamour, nicht derart gelassen bewegen können, wie sie das in den fünf Tagen tat. Aziz weiß davon ein Lied zu singen: »Es gab eine Zeit, da verweigerte sie alles, was auch nur im Entferntesten mit ›nicht unbedingt lebensnotwendig‹ zu tun hatte. Nur schon der Vorschlag, in ein feines Restaurant essen zu gehen, wurde mit Verachtung gestraft. Lotti hätte es damals gern gesehen, wir hätten – genau wie sie zu dieser Zeit auch – von Suppe und Brot gelebt.«

Aziz, der viel Geduld aufgebracht hatte, bis Lottis »Revolte«, wie er es nannte, vorbei war, wusste immer, dass sie sich irgendwann wieder mit Gott und der Welt aussöhnen würde. Dass sie mit ihm aber eines Tages in einem Restaurant am Sunset Boulevard auf den achtzehnten Geburtstag der Jüngsten anstoßen würde, das hätte er sich dann doch nie träumen lassen. Wobei hier gesagt werden muss, dass Sarah sehr umsichtig war. Auf einer Sightseeing-Tour mit dem Bus, zu der sie Aziz und Vreni überredet hatte – derweil wir anderen erschöpft einen Mittagsschlaf abhielten –, entdeckte sie nämlich das perfekte Lokal für ihr Geburtstagsessen.

Das »House of Blues« liegt in West Hollywood und ist Restaurant und Musikclub in einem. Ein Bau, dessen Fassade mit rostigem Wellblech verkleidet ist und dadurch leicht heruntergekommen aussieht, was in Kalifornien als hip gilt. Sarah aber wollte nicht hip sein, sondern wollte, dass ihre Mutter sich wohl fühlte, die dann auch sagte: »Ein bisschen wie daheim!«, und ihre Tochter umarmte. Die beiden verstanden, die beiden verstehen sich.

Lottis Gelassenheit dem American Way of Life gegenüber ging mir etwas ab – ich konnte mich wunderbar aufregen. Darüber zum Beispiel, dass ich in unserem »breakfast place« nur zwei oder vier Pancakes, aber unmöglich nur einen bestellen konnte. Oder über die groteske Größe der Portionen, die die Leute nie an Hunger, dafür aber eines Tages an Überfettung sterben lassen, und über die Klimaanlagen, die noch den winzigsten Hauch von Wärme aus den Gebäuden saugen und für Eiszeit sorgen.

Die nächsten Tage hatte Stephan mit Lotti und Aziz einige Pressetermine, und weil Sarah auf die zu erwartende Frage »Wie konnten Sie es aushalten, ohne Ihre Mutter zu leben?« keine Antwort geben, sondern lieber shoppen wollte, begleitete ich sie in Einkaufsläden und setzte mich – zu unser beider Vergnügen – mit ihr in ein Nagelstudio. Wir ließen uns eine »French manicure« verpassen und begegneten dort der einzigen Kakerlake, die ich in diesen fünf Tagen sichtete. Sie war tot. So tot, wie eine Kakerlake nur tot sein kann. Und lag direkt unter meinem Stuhl.

Am Abend der Filmpremiere warf sich Lotti in ein nachtblaues Kleid, das sie bei einer Freundin in Abidjan gekauft hatte, Sarah schlüpfte in einen neu erstandenen Rock mit passender Bluse, und ich entschied mich fürs kleine Schwarze. Vreni kam in Rot, Doris in einem wunderschönen eierschalenfarbenen Deuxpièces. Sie kam überhaupt immer sehr elegant daher, was bei ihrer Kleidergröße, die eine Vierunddreißig nicht überschreiten dürfte, sicher nicht ganz einfach ist. Vor allem nicht in Amerika. Das Kompliment, das ich ihr für ihre Garderobe machte, nahm sie an, sagte dann aber: »Das hat mir meine Tante – Gott habe sie selig – mit auf den Lebensweg gegeben: ›Wer keine Schönheit ist, muss die Blicke auf sein Outfit lenken.‹« Als ich ihr sagte, sie sei die schönste Großmutter, die Los Angeles je gesehen habe, kriegte sie einen kleinen Lachanfall und meinte: »Red nicht so dummes Zeugs, erstens war ich nie verheiratet, und zweitens erinnert mich mein Gesicht, wenn ich es sehe, immer ›somehow‹ an eine Krevette.«

Die Herren kamen im Anzug, wobei Stephan auf Lottis Rat hin noch einmal rechtsumkehrt machte und sein Hemd wechselte: »Stephan«, sagte sie ernst, »wenn ich dir einen guten Rat geben darf, diese Farben« – es war ein weißes Hemd mit orangen und blauen Streifen – »stehen dir gar nicht!«

Im Kino – »Laemmle Theatres« in Beverly Hills – kamen wir zu früh an, weil Lotti und Stephan noch Fototermine hatten. Allerdings dauerten die nicht sehr lange. Nachdem ein Fotograf, der schon sicher hundertmal abgedrückt hatte, Lotti bat, sich doch noch an eine der Palmen, die Beverly Hills' Straßen zieren, zu lehnen, meinte sie: »Jetzt ist aber Schluss, jeden Blödsinn mache ich ja auch nicht mit. Komm, Stephan, wir gehen.« Dass sie mit genau diesem Fotografen am späteren Abend mit einem Bier anstieß und ein Riesengaudi hatte, passt genauso gut zu ihr wie ihr Stopp-Ball.

Danach warteten wir – zugegebenermaßen etwas nervös – auf die geladenen Gäste. Würden sie so zahlreich kommen, wie sie sich angemeldet hatten? Sie kamen. Und sahen einen Film, in welchem sich Lotti über einen Mercedesfahrer, der ihr einen Spurwechsel verunmöglicht, mit einem gezischten »Arschloch« aufregt, was Aziz, der den Film – genau wie Lotti und wir anderen auch – zum ersten Mal sah, zusammenzucken und Lotti zufrieden lächeln ließ.

Sie sahen Bilder von bewegender Intensität und ungeschönter Realität und hörten Sätze von eindrücklicher Ehrlichkeit. Nicht Lotti, nicht Aziz und auch keines der Kinder waren der Frage, ob sie eine »Egoistin« sei, ausgewichen.

Auf eine Frage allerdings antwortete Selim nicht sofort. »Ich gebe dir«, sagt er in die Kamera, »die Frage zurück: Was hast du von deiner Mutter gelernt, was du von keinem anderen Menschen hättest lernen können? Weißt du es?« So verschaffte er, der mit Lottis Entscheid am längsten und intensivsten haderte, sich die nötige Distanz, um – nach einer kurzen Pause – sagen zu können: »Mama hat mich gelehrt, den Menschen in die Augen zu schauen, egal, woher sie kommen, egal, wer sie sind. Nicht anmaßend oder hochnäsig zu sein. Dass ein Leben ein Leben ist und Farbe oder Herkunft eines Menschen bedeutungslos sind. Jedes Leben denselben Wert hat.«

Es waren nicht in erster Linie die Worte, die mich, gerade weil sie von ihm kamen, rührten, es war der Ausdruck in seinen Augen, der mir zeigte, dass er sich mit Lotti ausgesöhnt hatte. So sehr, dass er danach auch noch sagen konnte: »Egoismus? Ja, absolut! Aber dies ist kein Vorwurf, man kann egoistisch handeln, wenn es die beste Wahl für einen ist.« Auch hier waren es nicht seine Worte, die mich berührten, sondern der Stolz in seiner Stimme.

Als der Film zu Ende war, war es erst mal ganz still. Es dauerte, bis ich ein erstes Räuspern ausmachen konnte. Erst als Lotti aufstand und nach vorne ging, war der Bann gebrochen. Es wurde geklatscht, die Ersten erhoben sich. Die lang anhaltenden Standing Ovations nahm Lotti sichtlich gerührt entgegen. In ihrer Rede dankte sie Stephan für seine Arbeit, der Generalkonsulin und ihrem Stellvertreter für ihre Unterstützung, dann Aziz und Sarah für ihr Hiersein. Und dann, dann redete sie wieder so, wie sie es immer tut, frei von der Leber weg.

»Die Bilder, die ich sah, versetzen mich zu meinen Kindern in Adjouffou, und vor allem lassen sie mich an Soumaila denken. Soumaila, ein Kind mit Albinismus. Er kam vor zwei Jahren zu uns ins Sterbespital, abgemagert, krank, verwahrlost. Wir brachten ihn durch, bekamen ihn lieb. Er konnte bei uns lernen, was Zärtlichkeit ist, wie es ist, Geschwister zu haben, die ihn – trotz seines Andersseins – liebten, mit ihm spielten. Er durfte in den Kindergarten und bei uns seinen vierten Geburtstag feiern. Soumaila«, Lotti machte eine Pause, schaute mich an, fuhr weiter, »nun, Soumaila ist vor zwei Wochen gestorben. An einer schweren Malaria. Die Kinder waren sehr traurig. Ich setzte mich mit ihnen in den Hof auf eine Matte, wir redeten. Sie fragten mich: ›Warum?‹ Und ich antwortete: ›Weil Gott es so wollte, vielleicht. Vor allem aber, weil er, da er – auch von euch – alles bekommen hatte, was er so dringend gebraucht hatte, jetzt eben in den Himmel gehen durfte.‹ Die Kinder nickten. Inzwischen war es Nacht geworden. Weil niemand ins Bett mochte, legten wir uns auf eine Matte in den Hof, sahen in den Himmel. Es dauerte nicht lange, da fragte Abel, ein Bub mit schwerer Knochentuberkulose: ›Seht ihr den Stern da oben? Diesen dort, gerade über uns, den, der so hell funkelt?‹ ›Ja‹, sagte ein anderes Kind, ›ich sehe ihn, das ist Soumaila, oder?‹ Und Nadia, unsere Älteste, meinte: ›Ja, das ist Soumaila, und all diese funkelnden Sterne dort oben, das sind die toten Kinder Afrikas.‹« Lotti musste noch einmal eine Pause machen, bevor sie tief bewegt sagen konnte: »Danke, dass Sie alle sich heute Abend die Zeit genommen haben, hierherzukommen.«

Ich wusste, dass Soumaila tot war, ich wusste aber nicht – genauso wenig, wie Lotti es wohl selbst im Voraus wusste –, dass sie an diesem Abend in dieser Form an ihn erinnern würde. Ihre Worte ließen mich ein zweites Mal um ihn trauern.

Nach der Filmpremiere gingen wir zum Aperitif ins Goethe-Institut. Und am nächsten Abend waren wir – zusammen mit anderen Schweizern – in der Residenz der Generalkonsulin Brigitta Schoch Dettweiler und ihres Mannes Klaus eingeladen. Was für uns sehr schön war. Lotti lernte Marc Forster kennen, der ihr zu Ehren auftauchte und es – wie es schien – toll fand, dass sie ihn nicht kannte, dafür er sie. Dass Lotti dem Regisseur des nächsten James-Bond-Streifens die Hand geschüttelt hatte, wusste damals wohl höchstens er selbst.

Wie gut es Lotti an diesem Empfang gefiel, war daran zu erkennen, dass sie länger blieb, als sie vorgehabt hatte. Viel länger.

Als wir uns auf den Weg machten, kam Doris gleich mit, erstens weil auch sie nach Hause wollte, zweitens, weil sie uns ohne Publikum verabschieden wollte. Da ich ihr Auto nirgends stehen sah, fragte ich sie, ob wir sie mitnehmen könnten. Sie war ganz erstaunt: »Nein, warum?«

»Weil du offensichtlich ohne Auto gekommen bist.«

»Ich ohne Auto? Träum weiter! Es steht nur weiter weg. Ich wollte doch nicht, dass Marc Forster wieder geht, nur weil er keinen Parkplatz findet!« Damit verabschiedete sie sich und stapfte auf ihren kurzen Beinen ziemlich schnell Richtung Parallelstraße.

Die Zeit in Los Angeles war intensiv und von Gegensätzen geprägt. Vor allem, als wir ganz dick auftrugen und zum Rodeo Drive fuhren. Mitten hinein in eine Welt, in der die Diamanten nicht nur in Schaufenstern funkeln und sündhaft teure Jeans genauso zerrissen sind wie die von Lotti nach dem Fußballspiel mit den Kindern. Wo Mercedes noch eine der günstigeren Automarken ist und Lottis Mitsubishi, der auf dem Hollywood Boulevard kaum auffallen würde, hier das rabenschwarze Schaf in der Herde wäre.

Wir setzten uns in ein italienisches Restaurant, das seine piekfeinen Stühle und Tische auf den Gehsteig gestellt hatte. Tranken, aßen, plauderten, schwiegen, schauten. Was wir sahen, entzückte uns. Zwei Herren im Anzug, die unweit von uns – vor einer Gucci-Boutique – einen Fußball hin und her jonglierten. Als der Wind uns ein paar Sprachfetzen zutrug, stand Aziz auf, hob den Hut, den er irgendwie immer trägt, und rief: »Ihr werdet noch groß herauskommen, wenn ihr weiter so fleißig übt.« So zumindest übersetzte es mir Sarah, die Arabisch spricht.

Die beiden Herren, Landsmänner von Aziz, wie sich herausstellen sollte, die aber längst Amerikaner geworden waren, riefen ein »Inschallah!« – «So Gott will!« – zurück und kamen, um »ihren Bruder« zu begrüßen, was in spontanen Umarmungen und langem Schulterklopfen endete. Die beiden freuten sich ganz offensichtlich riesig, dass in dieser sterilen Welt – wo keiner einem anderen einen Blick, geschweige denn ein Lächeln schenkt – einer so spontan agierte.

Der Wirt, der das Ganze mitbekam und den ich zweifelsfrei als Italiener identifiziert hatte, entpuppte sich nun auch noch als Amerikaner mit nordafrikanischen Wurzeln und – soweit ich das beurteilen kann ziemlich guten Arabischkenntnissen. Kurzerhand ließ er einen großen Teller mit verschiedenen Desserthäppchen für uns auftragen, »Bibalash!«, sagte er – »Gratis!«, übersetzte Sarah.

Er stoppte die CD mit Andrea Bocelli, legte eine neue auf und drehte die Lautstärke hoch. Und so sangen der Algerier Cheb Mami und der Engländer Sting den Song »Desert Rose«. Im arabisch-englischen Duett. Laut und schön. Und mitten hinein in diese sterile, kühle Welt. Die Menschen gingen nicht mehr achtlos vorbei, schauten nicht mehr nur geradeaus, sondern einander an und zu uns herüber. Kein einziger mürrischer Blick traf uns. Alle hatten sie (Lebens-)Freude im Gesicht. Der Rodeo Drive wurde zum Dorf, die Welt plötzlich klein. Ganz klein. Wenige Minuten wurden so zum unvergesslichen Moment.

Stephan, der noch länger in Los Angeles blieb, brachte uns alle an den Flughafen. Dort stießen wir – sehr zu Sarahs Vergnügen – in einem »Starbucks«-Café mit einem Frappuccino auf all das an, was noch kommen mochte, und verabschiedeten uns dann. Verschwanden in verschiedene Terminals.

In Kairo erwartete Lotti eine große Wohnung, die ausgemistet und verpackt werden musste. Aziz, der große Organisator oder – wie er von sich selber gerne sagt – »Selfmademan«, hatte seine Frühpensionierung nämlich so gelegt, dass er mit Sarahs letztem Schultag seine Zelte in Kairo abbrechen konnte. Dass Nestlé ihn gern behalten hätte, ihm sogar ein sehr gutes Angebot für weitere zwei Jahre unterbreitet hatte, das erzählte mir Sarah, die aber ganz froh war, dass ihr Vater sich dagegen entschied und auch in die Schweiz zog, von wo aus er öfter zu Lotti reisen wird, wo es für ihn einiges zu tun gibt. Zum Beispiel das vierte Zentrum planen und dann auch bauen, das Lotti für die Menschen mit einer offenen Lungentuberkulose braucht. Er wird aber – vorläufig zumindest – nicht allzu lange aus der Schweiz weg sein, denn: »Sarah soll mich noch in ihrer Nähe wissen.«

Die ganze Packerei in Kairo wird mir Lotti per Mail so beschreiben: »Ich bin am Misten. Arbeite mich von Zimmer zu Zimmer durch. Das ist ja unglaublich, wie viel Plunder sich in zehn Jahren ansammelt. Am schlimmsten sind die Kinderzimmer! Da liegen Hunderte von Schul-, Jugend- und Kinderbüchern herum und Tausende – so scheints mir wenigstens – von kleinen Papierfetzen, Stofftieren, Souvenirs, Nippsachen. Am schlimmsten sind die Schubladen, diese perfekten Alternativen zum Kehrichtkorb. Wenn ich nur schon fertig wäre!«

Ich schrieb in aller Kürze zurück: »Lotti, danke! Mit deiner Mail hast du mich von der Titelsuche für das dritte Buch erlöst, ich habe ihn: ›Lotti Latrous – Eine Hausfrau und Mutter wie du und ich!‹«

Zurück kam: »Ja, lach nur! Lach du dich nur kaputt!«

Die Rückkehr aus dem Dorf

In der Kühle des Morgens schlafen wir tief und fest, bis uns, um sechs, das Kikeriki eines Hahns weckt. Zum Frühstück gibts Kochbananen mit einem wunderbaren Gemüse, das mich in Konsistenz und Geschmack an Spinat erinnert. Lotti meint aber, das sei kein Spinat, sondern vierblättriger Klee, solcher wie der, in dem Kaiser stand, als ich ihn fotografierte. Ich glaube ihr kein Wort.

Als der Chef – heute in einem Mechaniker-Overall – kommt, um sich von uns zu verabschieden, bittet Lotti ihn, unsere Geschenke entgegenzunehmen. Wir holen sie aus dem Auto. Er bedankt sich sehr höflich und teilt uns dann mit, dass die Familie des Mannes mit der Gangrän noch nichts entschieden habe. Wenn es so weit sei, werde man Jules bemühen, die Sache zu organisieren. Lotti nickt. Sie hat längst damit aufgehört, jemanden zu drängen, weil ohne Selbstbeteiligung nichts geht, ihr Credo lautet: »Il faut faire un effort.« Auf Deutsch: »Man muss sich selbst auch bemühen.« In diesem Fall heißt das, wenn der Mann seiner Familie nicht glaubhaft machen kann, dass er auch tatsächlich gehen will, will er es offenbar (noch) nicht.

Der Chef erkundigt sich, ob es uns etwas ausmachen würde, seine Frau mit in die Stadt zu nehmen, sie wolle Verwandte besuchen. Es macht uns überhaupt nichts aus.

Verlief die Kommunikation zwischen Lotti und dem Chef zwischendurch direkt, wird für das Abschiednehmen wieder das Protokoll gewahrt und Jules eingesetzt.

Wir sind noch keine halbe Stunde vom Dorf entfernt, als es unter dem vorderen rechten Rad scheppert und kratzt. Lotti hält an. Die Situation würde einem Roadmovie alle Ehre machen.

Eine Straße, die in einer endlosen Geraden von uns wegführt. Flirrende Hitze. Brennende Sonne. Links und rechts des Asphalts roter Sand und ausgerissenes, dürres Gestrüpp, dahinter nichts als saftige Vegetation. Vogelgeschrei. Hundegebell. Eine afrikanische Echse, die über die Straße huscht, in der Mitte einen Stopp einlegt, uns frech und interessiert in Augenschein nimmt und dann – zack – weg ist. Kein Auto weit und breit. Keine Menschenseele. Nur wir und der Mitsubishi. Lotti am Steuer, aus dem Fenster lehnend, Martine, die Frau des Chefs, auf der Rückbank schlafend, ich auf dem heißen Asphalt vor dem rechten Vorderrad kniend.

»Lotti, ich sehe nichts!«

»Vielleicht musst du etwas drunterkriechen! Das hat getönt, wie wenn da was zwischen Motor und Pneu eingeklemmt wäre.«

Ich krieche also drunter.

»Hallo, Lotti – hörst du mich noch?«

Lotti prustet. »Und wie!«

»Ich sags dir jetzt noch mal – da ist nichts, kein herunterhängendes Metallteil, kein zerschlissener Pneu, kein eingeklemmtes Garnichts.«

»Also, dann komm, wir fahren einfach weiter. Oder?«

»Wir können es ja zumindest versuchen.«

Es sollte sich als sehr weiser Entscheid herausstellen. Das Geräusch ist fort und bleibt es auch.

Ich habe mal gehört, dass in der einzigen Butlerschule, sie befindet sich – wie könnte es anders sein – in London, gelehrt wird, dass eine Frau nicht schwitzt. Eine Frau schwitzt nie. Eine Frau – glüht!

Nun, Lotti und ich glühten gestern, und wir glühen heute. Dumm, dass wir die Wasserkübel, die man im Dorf für uns bereitgestellt hatte, erst entdeckten, als wir uns schon zum Gehen gewandt hatten.

Aber was solls, bald stehe ich – Aziz sei Dank – unter einer Dusche. Einer kalten Dusche. Ich werde jeden einzelnen Tropfen genießen.

Als Martine aufwacht, fragt sie, ob sie sich bei Lotti einem Bluttest unterziehen könne, es fehle ihr in letzter Zeit oft an Energie. »Natürlich«, sagt Lotti und möchte dann von ihr wissen, ob es ihr etwas ausmachen würde, noch einen kurzen Zwischenhalt einzulegen. Die Frau, die sich für die Reise schön frisiert hat, ein goldgelbes Kleid trägt, das ihrer Haut schmeichelt, und eine Handtasche dabeihat, wie sie meine Urgroßmutter besaß – braun, hoch, unten recht breit, mit einem goldenen Schnappverschluss –, schüttelt den Kopf.

»Lotti, du willst doch nicht etwa ins Internetcafé?«

»Nur schnell. Aziz grüßen.«

»So, wie wir ausschauen?«

»Er sieht uns ja nicht!«

»Hahaha!«

»Sollen wir lieber nicht?«

»Doch! Wir sollen! Es liegt ja schließlich am Weg, und ein frischer Ananassaft wäre jetzt genau das Richtige.«

Lotti parkt, wir steigen aus. Martine hat uns auf der Fahrt erzählt, sie habe früher in Abidjan gewohnt. Naiv, wie ich bin, habe ich mir vorgestellt, sie habe in der Stadt gewohnt. In einer Blockwohnung. Sie habe im Einkaufszentrum eingekauft, irgendwo eine Arbeit gehabt und eine Küche. Dass sie eine von den vielen war, die – auf der Suche nach einem besseren Leben – in die Stadt ziehen, im Slum leben und nie auch nur annähernd ins Zentrum kommen, wird mir erst klar, als sich dort die Glastür automatisch für uns öffnet. Und sie erschrocken stehen bleibt. Sie staunt. Sie staunt über den großen Raum, den sie betreten soll, und erst recht über die Rolltreppe in der Mitte dieses Raumes.

Der Wachmann, der beim Eingang steht, lächelt ihr zu, bittet sie herein. Es dauert fünf Minuten, bis er Martine – mit Lottis Hilfe – klarmachen kann, dass diese »laufende Treppe« nicht lebensgefährlich ist.

Martine könnte auch die normale Treppe nehmen, aber offenbar ist ihr auch die nicht ganz geheuer, und wenn schon, denn schon! Sie formuliert klar, dass sie es wagen will.

Sie macht einen langsamen Schritt hin und einen blitzschnellen wieder zurück. Will. Kann nicht. Will. Lotti und der Wachmann haken sich links und rechts mit festem Griff bei ihr unter und begleiten sie dann auf die laufende Trittfläche, achten darauf, dass sie richtig steht, lassen sie die ganze Zeit nicht los und helfen ihr oben wieder runter.

Martine ist sichtlich erleichtert und wird – nachdem wir kurz im Internetcafé waren – die normale Treppe nehmen, um wieder nach unten zu kommen.

Beim frischen Ananassaft hat Lotti eine wunderbare Idee – wir gehen in den Supermarkt des Zentrums, wo wir den Gin für Martines Mann, den Chef, gekauft haben. Dort bittet Lotti Martine, sich für sich und auch für ihn ein Parfüm auszusuchen. Da das Regal mit den feinen Düften sehr groß und sehr lang ist, fällt die Entscheidung schwer und erst nach einer Stunde. Aber das macht nichts, wir haben Zeit. Lotti lässt sich heute für den ganzen Tag vom jungen Sozialarbeiter Alain vertreten, der Laden ist klimatisiert, und die Dusche kann – dank all der schönen Düfte – locker noch warten. Und dass wir kichernd ein Fläschchen nach dem anderen ausprobieren und am Schluss ein völliges Durcheinander in der Nase haben, erfrischt mehr als nur den Körper. Trotzdem frage ich Lotti zwischendurch: »Warum eigentlich Parfüm und nicht etwas Sinnvolleres?« Sie sieht mich an, als käme ich vom Mond oder direkt aus dem Busch: »Beobachte Martine, dann weißt du es!«

Während ich später doch noch unter der Dusche stehe, stellt Lotti Martine Dr. Kouassi vor, der einen Hämoglobinwert von 6,5 g/dl analysiert und ihr ein Eisenpräparat mitgibt. Martine verabschiedet sich, was Lotti nun ihrerseits die Gelegenheit gibt, unter die Dusche zu gehen.

Um drei Uhr hole ich meinen Laptop aus seinem »sicheren« Versteck, schalte ihn ein. Aber die drückende Hitze, die mich schon wieder nach einer Dusche lechzen lässt und vor allem wohl auch die mehr oder weniger durchwachte Nacht lassen mich schon bald über der Tastatur einnicken. Ich schalte das Gerät aus und lege mich aufs Bett, höre noch, bevor ich wegkippe, die Geräusche des Tages – Gehupe von einem Auto, Kindergeschrei, Glocken einer nahen Kirche, ein startendes Flugzeug. Es sollte ein sehr intensiver Mittagsschlaf werden. Ich träume von Echsen auf flirrenden Straßen, von Glück, das grün im Teller liegt und essbar ist, und davon, dass der Flughafen von Abidjan für ein Jahr gesperrt werden wird. Gerade als ich meinen Mann anrufe, um ihm zu sagen, meine Rückkehr werde sich um einiges verzögern, weckt mich ein Klopfen an der Tür.

»Lotti? Komm rein.«

»Noch müde?«

»Es geht, aber es ist jetzt wohl besser, aufzustehen, ich glaube, ich habe einen kleinen Jetlag.«

»Geht mir ähnlich, als ich erwachte, meinte ich, es sei bereits Dienstag.«

»Nicht so schnell, lass mir die Tage bis Freitag noch.«

»Ich lass dir die Tage und dich jetzt in Ruhe, bis später.«

Die Tür geht zu. Aufstehen mag ich nicht. Ich bleibe liegen. Lange. Es bleiben Dienstag, Mittwoch, Donnerstag. Am Freitag reise ich ab. Es bleibt nicht mehr viel. Auf meinem Nachttisch liegt mein roter Pass. Und daneben mein Rückflugticket in eine gänzlich andere Welt.

Lottis Lieblingsfrage: »Warum sind wir in der Schweiz geboren, Gaby? Warum sind Adelaide und Madame Hortense hier geboren?«

Die verbleibenden Tage

In den Tagen, die mir bleiben, lerne ich im Sterbespital Abraham kennen, einen Mann, der am Bett seiner Freundin sitzt, die an der Einstichstelle einer Tetanusimpfung einen Abszess entwickelt hat und seit ein paar Tagen im Sterbespital liegt. Lotti kennt dieses Phänomen, es kommt bei HIV-positiven Menschen immer wieder vor. Lotti bat Magalia, so heißt sie, letzte Woche, sich testen zu lassen. Sie wollte nicht. Daraufhin kam Abraham zu Lotti, stellte sich als Freund von Magalia vor, bat Lotti, zuerst ihn zu testen, Magalia habe versprochen, es danach auch zu wagen. Die Resultate möge sie aber zuerst mit ihm besprechen.

Abraham sitzt nach seinem Besuch bei Magalia todtraurig auf der Bank vor dem Frauenzimmer. Ich frage, ob es ihn stören würde, wenn ich mich zu ihm setze. Wir reden. Über das Wetter, den vielen Regen, den Sonnenschirmbaum, der den ganzen Hof überdacht, wie vif und gesund die Kinder scheinen, die hier spielen. Dann erzählt er mir unvermittelt seine Geschichte.

»Ich lebte dort, wo so mancher von hier hinwill. In einer besseren Welt. In einer viel besseren Welt – in Paris. Ich hatte eine Wohnung, ich hatte vier Paar Schuhe. Ich hatte einen Anzug und Sweatshirts und richtige Jeans. Ich hatte eine Musikanlage und einen wunderschönen großen weichen Sessel. Ich hatte Freunde. Und das Wichtigste: Ich hatte etwas zu tun, ich hatte Arbeit. Anfangs jobbte ich, später half ich bei einer Sicherheitsfirma aus. Lotti sagte mir, du schreibest ein Buch und meine Geschichte könnte dich interessieren, willst du mehr hören?«

»Wenn du erzählen magst.«

»Ja, allerdings habe ich eine Bitte: Ich möchte, dass du meinen

Namen änderst und, falls du meine Freundin erwähnst, auch ihren. Es hat keinen bestimmten Grund, ich möchte es einfach. Geht das?«

»Natürlich geht das, ich werde dich Abraham und deine Freundin Magalia nennen. Einverstanden?«

Abraham nickt.

»Ein Onkel hatte mir den Flug bezahlt. Ich hatte bis anhin nur eine ivorische Identitätskarte, besorgte mir nun einen Pass, bekam ein Touristenvisum für Frankreich. Das bedeutete zwar, dass ich von Magalia Abschied nehmen musste, aber es bedeutete auch, dass ich ihr ein besseres Leben bieten konnte. Den Rückflug ließ ich verfallen, ich schickte regelmäßig Geld. Auch an meinen Onkel. Das Glück hielt vier Jahre. Dann polterte es eines Morgens heftig an meine Tür. Sie haben mich fair behandelt, das möchte ich festhalten, ich wurde weder geschlagen noch angeschrien. Sie gaben mir Zeit, das Wichtigste zu packen, dann führten sie mich ab. Ich glaube, dass mich ein Nachbar verpfiffen hat.«

»Warum?«

»Was meinst du, wie oft ich mir diese Frage gestellt habe! – Warum? Keine Ahnung. Der härteste Moment war der, als ich das Flugzeug betrat. Jetzt war es definitiv. Jetzt gab es keinen Ausweg mehr. Ich fühlte mich, als würde ich auf eine Galeere zurückgeführt. Denn das Leben hier ist so wie auf einer Galeere. Hast du Zeit?«

»Ja.«

»Ich habe Fotos zu Hause, wenn du magst, gehen wir zu mir.«

Abraham führt mich durch ein Labyrinth von Wegen, aus dem ich nie wieder allein würde zurückfinden können. Er lebt in einem »entrée-couchée«. Von den wenigen Dingen, die er hat, scheint alles einen festen Platz zu haben. Der kleine Raum ist aufgeräumt. Die Tassen, Teller und Gläser stehen in Reih und Glied, der Stil der beiden Pfannen zeigt exakt in dieselbe Richtung.

Er nimmt auf einem Schemel Platz, überlässt mir den einzigen Stuhl, zeigt mir seine Bilder: Er auf dem Eiffelturm, er an den

Champs-Elysées, er vor dem Centre Georges Pompidou. Auf jedem Foto gut angezogen, fröhlich und in Schuhen, wie sie junge Männer gerne tragen, Basketballschuhe. Mitten im Stapel steckt sein abgelaufener Pass, er blättert, zeigt mir sein Visum. »Wenn ich Geld hätte, könnte ich einen Gebrauchtwagen kaufen. Ich kann Autofahren und wäre ein guter Taxichauffeur. Ein Mensch braucht eine Arbeit. Zum Geldverdienen, aber auch, damit er Strukturen hat. Es ist gut, eine Agenda in der Tasche zu haben und Termine. Es ist gut, am Morgen aufstehen zu müssen, und es ist gut, am Abend müde nach Hause zu kommen. Das, was ich hier tue – nämlich nichts –, ist ganz und gar nicht gut, es macht mich fertig. Und jetzt noch dieses Resultat!«

»Du meinst den Aidstest?«

Abraham ist negativ. Aber das freut ihn nicht wirklich, ich glaube, wenn er könnte, würde er tauschen. Magalia, seine Freundin, mit der er eine Tochter hat, entwickelte den Abszess nach der Impfung tatsächlich, weil sie positiv ist.

Was nicht unbedingt heißt, dass sie sich in seiner Abwesenheit bei einem Seitensprung angesteckt hat. Viele Frauen infizieren sich anlässlich einer gynäkologischen Untersuchung oder bei einer Geburt durch unsaubere Instrumente. Beispielsweise durch eine nicht sterilisierte Schere beim Dammschnitt oder durch eine nicht sterilisierte Zange bei einer Zangengeburt. Oder durch ein nicht sterilisiertes Spekulum bei einer Routineuntersuchung. Dass Magalia Abraham nicht ansteckte, ist reines, pures Glück. Glück, das ihn nicht recht glücklich macht.

Bei einer anderen Begegnung, dieses Mal im Ambulatorium, lerne ich Blaise kennen, er ist zwölf Jahre alt und so tapfer, dass es mir das Herz zusammenzieht. Er wollte eine Kokosnuss öffnen. Holte mit der Machete weit aus, schlug kräftig zu, traf seinen Daumen. Die Vollwaise lebt bei der Großmutter, die kaum mehr gehen kann. Sie hatte irgendwann von der weißen Frau gehört, die in Adjouffou ein Zentrum hat und denen hilft, die nichts haben. Sie schickte Blaise auf den Weg. Er fragte sich fünf nicht enden wollende Kilometer durch, kam schließlich im Ambulatorium an, meldete sich an, setzte sich vor Dr. Kouassis Container. Ich weiß nicht, was mich zu ihm hinzieht. Vielleicht ist es der verwunderte Ausdruck in seinem Gesicht. Vielleicht ist es auch, dass ich bemerke, wie er den Ärmel seiner Jacke immer wieder ganz tief über seine eine Hand zieht. Ich setze mich zu ihm hin, frage, ob ich anschauen darf, was er so sehr zu verstecken sucht. Er nickt. Die Machete schlug an der Daumenwurzel ein, bremste kurz vor dem Nagel. Der Finger ist dick geschwollen, durch das offene Fleisch sehe ich den weißen Knochen. Mir scheint, er sei entzwei. Dr. Kouassi ruft Blaise als Nächsten rein, macht – mit sterilen Plastikhandschuhen – die erste Notversorgung, schickt Blaise dann zum Laboranten, der einen Aidstest vornimmt. Blaise ist negativ. Was auch darum ein riesengroßes Glück ist, als so eine Verletzung in Kombination mit einer HIV-Infektion tödlich sein kann.

Nach dem Test fährt Innocent Blaise ins Krankenhaus, bezahlt dort für ein Röntgenbild. Der Knochen ist entzwei, die weitere Behandlung erfolgt deshalb im Krankenhaus. Als Innocent Blaise ins Ambulatorium zurückbringt, hat dieser immer noch den etwas verwunderten Gesichtsausdruck. So weit wie heute war er wohl noch nie von zu Hause weg gewesen. Adelaide bringt ihn nach Hause, spricht mit der Großmutter, erklärt, dass er in zwei Tagen wieder im Ambulatorium vorbeischauen muss – »Wehe, wenn nicht!« –, und schaut auch sonst, woran es am dringendsten fehlt.

Abraham, Magalia, Blaise – hinter diesen und hinter vielen anderen Namen, die ich hier höre, stecken Menschen, stecken Geschichten, von denen jede einzelne ein Buch füllen könnte. Zum Beispiel die des Ruanders Emmanuel, der im Ambulatorium die Rezeption macht und seinen Tag damit beginnt, das Zentrum der Hoffnung zu segnen. Jeden Morgen bittet er – ein sehr gläubiger Christ –, Gott möge diesen Ort beschützen und die Kranken nicht vergessen. Er sagte mir bei einem früheren Besuch einmal: »Afrika hat riesige Probleme, wir Afrikaner müssen damit fertig werden. Es geht nicht anders. Geht es anders?«

Emmanuel, der in Ruanda Pädagogik studierte, muss es wissen. Als Tutsi hat er absolut Unfassbares überlebt. Er hat mir schon früher bruchstückhaft davon erzählt. Bei meinem jetzigen Besuch sitzen wir stundenlang zusammen. Er erzählt dieses Mal ausführlicher. Erzählt die Geschichte Ruandas, die Geschichte eines Völkermordes, die Geschichte von Menschen, denen jegliche Menschlichkeit abhandengekommen ist. Er erzählt mir auch seine Geschichte, davon, wie der Krieg ihm über Jahre hinweg seinen Rhythmus aufgezwungen hat, wie er dem Tod in die Augen geschaut hat, er erzählt von schreienden Kindern und davon, wie seine Familie ermordet worden ist. Manchmal beben – unter den zurückgehaltenen Tränen – seine Schultern. Ich werde versuchen, seine Geschichte aufzuschreiben. Und dabei entdecken, dass es mir nicht gelingt, die Hölle aufs Papier zu bringen.

Monique, eines der Kindermädchen im Waisenhaus, erzählt mir ihre Geschichte in ihrer Hütte. Als sich die Schleusen des Himmels unvermittelt öffnen, sehen wir uns an, und sie fragt verschmitzt: »Sollen wir eine Arche bauen?« Ihr Humor ist Galgenhumor, das Wasser rinnt durch das Wellblechdach in drei aufgestellte Plastikbecken, und – fast schlimmer noch – die Nässe drückt durch die Wände. Monique kann lesen und schreiben. Sie war verheiratet und lebte in einer Blockwohnung. Es ging ihr gut. Dann starb ihr Mann. Warum, weiß sie bis heute nicht, sie nimmt an, dass er einen Herz-, vielleicht auch einen Hirnschlag hatte. Er fiel, als er von der Arbeit kam – er arbeitete als Packer bei Air Afrique –, tot vom Fahrrad.

Sie war zuvor schon einmal verheiratet gewesen, auch dieser Mann ist gestorben. Sie hat fünf Kinder, das älteste ist zweiundzwanzig, das jüngste, das während unseres Gesprächs auf einer kleinen Matratze schläft, vier Jahre alt. Eigentlich dachte sie nach dem Tod ihres zweiten Mannes daran, ins Dorf zurückzugehen. Aber weil eines der Kinder eine gute Ausbildung in Aussicht hatte, blieb sie. Aus der Ausbildung wurde nichts. Ihre Kinder sind arbeitslos. Sie leben alle hier bei ihr, die älteren schlafen auf dem Boden, die jüngeren auf einer Matte. Der Raum ist nicht größer als drei auf höchstens vier Meter. Er ist Schlaf- und Wohnzimmer für sechs Menschen. Ins Dorf zurückgehen kann Monique, seit sie erfahren hat, dass sie HIV-positiv ist, nicht mehr. Dort würde sie die Dreifachtherapie nicht kriegen, die sie und auch ihr Jüngster, der als einziges der Kinder positiv ist, so dringend brauchen. Lotti getroffen zu haben, ist für sie schlicht ein »Geschenk Gottes«. Bei Lotti arbeiten zu können, sodass sie die jüngeren Kinder in die Schule schicken kann, »wie ein Wunder!«. Ein Wunder, das sie offenbar nicht strapazieren will. Zumindest interpretiere ich das so, als mir bewusst wird, dass sie Lotti noch nie von ihren Wohnverhältnissen erzählt hat. Nachdem ich dies übernommen habe, wird es noch einen Monat gehen und Monique wird umziehen.

Die meiste Zeit der verbleibenden Tage verbringe ich mit den Kindern, auch weil sich das ganze Projekt »Briefe schreiben«, zumindest in einem Fall, als etwas schwierig herausstellt. Moussa lag mit seinen Befürchtungen richtig. Das wird mir bewusst, als Yusuf mir freudestrahlend »seinen« Brief übergibt. Die Schrift, erkenne ich sofort, ist die von Anne-Christine, die ihren Brief längst abgegeben hat. Auch der Wortlaut zeigt, dass nicht Yusuf, sondern Anne-Christine ihn geschrieben hat. Denn, mal abgesehen von den Namen, ist er mit ihrem absolut identisch.

»Yusuf, der Brief ist sehr schön, aber er ist nicht von dir.«

Yusuf nickt, schaut auf den Boden, ich nehme ihn auf den Schoß.

»Möchtest du nicht lieber ganz allein einen Brief schreiben?«

»Ich habe es versucht, es ging nicht.«

»Möchtest du, dass ich dir dabei helfe, Yusuf?«

Das findet er eine ganz tolle Idee, holt gleich Papier und Stift. Aber bevor wir beginnen können, sieht er draußen seine Freunde am Tischfußball stehen, wieder nur zu dritt. Er zögert.

»Geh nur, wir machen es morgen.« Und weg ist er. Was mir Zeit gibt, mich zu Abel aufs Bett zu setzen.

»Noch drei Seiten, dann bin ich fertig«, sagt er stolz, »das Lustige ist, dass ich wohl genau auf der letzten Seite zu Ende geschrieben haben werde. Wirst du es lesen?«

»Wenn ich darf.«

»Und dann?«

»Nach dem, was ich bis jetzt schon gelesen habe, werde ich, denke ich, dein Buch an meines anhängen.«

Abel schluckt leer.

»Bist du sicher?«

»Ja! Ja, ich glaube, ich bin sicher.«

»Warum?«

»Weil du die Herzen berührst.«

»Dann mache ich jetzt weiter, in Ordnung?«

Ich gehe hinaus, finde im Gang den kleinen Frank. Er sitzt auf dem Boden, schaut mich von schräg unten an, seine Augen fragen: »Nimmst du mich auf den Arm?« Seine Ärmchen aber strecken sich mir erst entgegen, als ich mich zu ihm neige. Zusammen machen wir nun eine Tour durch die Kinderzimmer. In einem der mittleren finde ich Nadia. Sie ist mit ihren achtzehn Jahren die Älteste hier. Sitzt auf dem Boden, vor sich die Schulaufgaben. Sie übergibt mir ihren Brief, der in einem Couvert steckt.

»Danke, Nadia.«

»Gern geschehen. Hätte ich mehr Platz als eine Seite zur Verfügung gehabt, hätte ich allerdings noch etwas angehängt, kann ich es dir jetzt erzählen?«

Mit Frank im Arm setze ich mich an die Wand, nicke.

»Für den letzten Muttertag schrieben wir ein Lied, in dem wir Lotti für alles danken und ihr sagen, dass sie immer unsere Mama sein wird, weil sie unsere Schritte ins Leben begleitet. Nun, immer wenn Lotti nicht hier war, übten wir es. Am Muttertag selbst stellten wir uns im Spielzimmer zu einem kleinen Chor auf und warteten, bis Jean-Baptiste Lotti hereinführte. Sobald sie etwas näher gekommen war, begannen wir zu singen. Wir Älteren etwas leiser, die Jüngeren etwas lauter. Und als Lotti im Türrahmen stand, da sah ich, dass sie Tränen in den Augen hatte. In diesem Moment wurde mir bewusst, wirklich bewusst, dass sie uns liebt.«

Wie sehr Lotti »ihre« Kinder tatsächlich liebt, erfahre ich, als die

Kinder ihre Semesterzeugnisse nach Hause bringen. Alle – allesamt – mit schlechteren Noten als im letzten Zeugnis. Lotti ruft die Kinder zu einer Sitzung zusammen, fragt nach den Gründen, gibt ihrem Unmut Ausdruck. Fragt dann jedes einzelne, was los ist, bittet um eine Erklärung. Aber keines, noch nicht einmal Moussa, hat eine. Sie bröseln, mit gesenktem Kopf, alle dasselbe hervor: »Ich weiß nicht.« Mehr als diese drei Worte bekommt Lotti nicht heraus, was sie so kommentiert: »Gut, ihr wollt nicht reden, akzeptiert, aber eins sag ich euch, nach dem Nachtessen will ich keines von euch hier unten, sondern jedes in seinem Bett sehen, und die Playstation im Spielzimmer, die wird für eine Woche – ach, was sage ich! –, für zwei Wochen weggeschlossen. Und jetzt ab mit euch.«

Später wird sich herausstellen, dass die Kinder sich nicht in ihre Betten, sondern in Moussas Zimmer verzogen haben, um dort eine Krisensitzung abzuhalten. Und am nächsten Morgen werden sie – bevor sie zur Schule gehen – bei Lotti im Ambulatorium vorbeikommen und sich erklären. Was Lotti sehr freut, was wiederum die Kinder sehr freut, die Playstation aber keinen Tag früher wieder hervorbringen wird.

Wie schnell die Tage an mir vorbeiziehen, wird mir bewusst, als ich das Personal im Ambulatorium fotografiere. Denn als sie sich gruppieren, kriegen Josiane und Arlette, zwei Helferinnen, die ich seit meinem ersten Besuch kenne, einen Lachanfall, und ich realisiere auf einmal, dass ich mit den beiden, seit ich hier bin, noch keinen vollständigen Satz gesprochen habe. Dabei gäbe es so viel zu fragen, die beiden sind hochschwanger. Josiane mit dem vierten Kind, Arlette mit dem dritten.

Zwei Stunden später begegne ich Madame Hortense, sie lächelt mich zwar an, aber nicht so wie sonst.

»Madame Hortense, geht es Ihnen gut?«

»Ja.«

»Sie wirken bedrückt.«

»Man hat einen Kopf gefunden!«

Ich setze mich.

»Wo?«

»Nicht weit weg von hier, Richtung Meer.«

»Einen Kopf?«

»Keinen Körper, nur einen Kopf.«

»Das ist ja grauenvoll.«

Was dann passiert, wird mich noch lange beschäftigen, denn als Madame Hortense sagt: »Es war ein weißer Kopf«, ist irgendwie alles noch viel bedrohlicher, offenbar sieht sie mir das an, sie hält die Hand vor ihren Mund und sagt: »Oh, hätte ich es lieber nicht erzählen sollen?«

»Doch, doch – wer tut so etwas?«

»Ich weiß es nicht, vielleicht war es eine Abrechnung. Vielleicht hat er ein Mädchen vergewaltigt.«

»Vielleicht.«

Madame Hortense setzt sich neben mich. Wir schweigen. Nach einer Weile, sagt sie: »Madame Gaby?«

»Ja?«

»Ich bin nicht auf dem Foto.«

»Oh – Madame Hortense, das stimmt, Sie waren nicht hier, aber das macht nichts, ich habe Sie ja ganz allein fotografiert, und da sieht man Sie viel besser.«

Madame Hortense räuspert sich, sagt: »Ja, ist gut.« Und geht.

Als sie am nächsten Tag immer noch sehr bedrückt wirkt, erkenne ich, dass allein auf einem Foto zu sein, zwar nett, für Madame Hortense aber keine Alternative ist. Tausendmal lieber will sie als Mitglied ihrer »Familie« fotografiert werden. Und da endlich kommt mir die Lösung in den Sinn: »Madame Hortense, ich werde noch ein Bild vom Personal im Sterbespital machen, hätten Sie Lust, da drauf zu sein?«

Der Schatten über Madame Hortense' Gesicht ist weggewischt. »Danke!«

Dafür kommen in den nächsten Tagen bei mir Wolken auf – das Wetter! Es donnert, es blitzt, es gießt –, den Fototermin im Sterbespital muss ich dreimal verschieben. Zuletzt habe ich gar große

Bedenken, er falle ganz ins Wasser. Was ich – nach dem Missgeschick mit Madame Hortense – mit allen Mitteln verhindern will. Ich bin froh, als auch dieses Foto gemacht ist.

Der Freitag – der Tag meiner Abreise – kommt zu früh. Viel zu früh. Ich gehe durch die Krankenzimmer, drücke Hände, streichle über Wangen, nehme Parfait-Jules in den Arm, kitzle Monsieur Zerbo an den Zehen, die aus dem Gips lugen. Valdéra, der schläft, wünsche ich leise alles Gute. Ich drücke die Kinder. Alle. Im Speziellen aber Abel, Moussa, Emanuel, Christ, Willy, Nadia, Yusuf, Anne-Christine, Soumaila, von dem ich noch nicht weiß, dass er bald sterben wird, und den kleinen Frank, den ich hochnehme, um ihn ein letztes Mal zu umarmen, worauf er sich wild gestikulierend, leise wimmernd und mit all seiner kleinen Kraft dagegen wehrt, von mir wieder abgesetzt zu werden. Er will sich von niemandem hochnehmen, von niemandem trösten, von nichts ablenken lassen. Er will bei mir bleiben.

Als ich mich auch vom Personal verabschiedet habe, gehe ich durch das Tor, höre kleine Schritte hinter mir: »Yusuf!«

Er weint. Ich nehme ihn in den Arm, drücke ihn ganz fest. Als ich ihn wieder loslasse, sieht er mich erstaunt an: »Du weinst?«

»Ja, Yusuf, ich weine. Genau wie du.«

Er schluckt leer, holt tief Luft: »Kommst du wieder?«

»Versprochen!«

Als er nicht gehen will, wiederhole ich mein Versprechen, drücke ihn noch einmal ganz fest, dann gebe ich ihm einen Klaps auf den Hintern und schicke ihn zurück.

Auf halbem Weg zum Ambulatorium laufe ich Kaiser in die Arme: »Madame, geht es Ihnen nicht gut?«

»Doch, Mon…, doch, Kaiser es geht, es ist nur, nun – das Adieusagen fällt mir jedes Mal schwerer.«

»Das kann ich gut verstehen, aber – nun, ich habe Sie eigentlich gesucht, um Adieu zu sagen, aber das ist jetzt vielleicht gar keine gute Idee, oder?«

Ich schüttle den Kopf.

»Wenn Sie erlauben – lassen wir das doch einfach sein. Ich möchte Sie aber darum bitten, Ihnen ein Geschenk übergeben zu dürfen.«

Er kramt in seiner Tasche.

»Ein Geschenk, Kaiser? Das kommt ja gar nicht in Frage.«

»Es ist mehr ein Andenken als ein Geschenk, hier bitte.«

Er verneigt sich leicht und legt mir ein Foto in die Hand. Kaiser mit Roger Milla!

»Kaiser, das kann ich doch nicht annehmen.«

»Doch!«

»Nie im Leben, das müssen Sie behalten, dieses Foto ist …«

Kaiser grinst.

»Ich gebe Ihnen doch nicht das Original. Ich habe es kopieren lassen. Gute Qualität – nicht wahr?«

Und bevor ich etwas dazu sagen kann, lässt er mich stehen. Macht rechtsumkehrt, schreitet mit schlackernden Armen und auf seinen langen Beinen wippend davon. Nach ein paar Metern schaut er über seine Schulter, ruft: »Nicht vergessen, wir sagen nicht Adieu!« Geht wieder ein paar Schritte. Schaut erneut zurück: »Wir sagen – à bientôt!«

Ich hebe meine Hand, winke, sage leise: »Ja, Kaiser, das ist eine gute Idee. Sagen wir – auf bald!«

Das Buch von Abel

Die Geschichte eines afrikanischen Kindes,
das in einem afrikanischen Land,
genannt Elfenbeinküste, lebt.

Als ich drei Jahre alt war, lebte ich ganz allein mit meinem Vater, der in Abidjan arbeitete. Meine Brüder lebten mit meiner Mutter im Dorf. Als mein Vater sehr krank wurde, schickte er mich zurück ins Dorf, zu meiner Mutter und meinen Brüdern. Ich hatte auch dort ein schönes Leben. Etwa nach zwei Monaten kam ein Mann aus Abidjan, um uns den Tod meines Vaters mitzuteilen.

Meine Mutter begann bei dieser schlechten Nachricht sehr zu weinen. Sie wollte gar nicht mehr aufhören damit. Wir waren alle sehr traurig, aber unsere Mutter war am meisten betroffen, denn sie wusste nun nicht mehr, wie es weitergehen sollte. Sie wusste nicht mehr, wie sie uns ernähren sollte, und auch nicht, woher sie das Schulgeld für uns nehmen sollte.

Sie entschied sich, Attiéké* zu verkaufen. Wir halfen ihr dabei, und sobald sie etwas Geld beisammenhatte, durften wir wieder in die Schule.

Eines Morgens, ganz früh, wir saßen um unser Feuer herum, kam der Bruder meines Vaters aus Bouaké zu Besuch. Er sagte, er habe seinem toten Bruder gegenüber eine Pflicht, und wenn er diese nicht erfülle, werde ihm der Kopf abgeschlagen. Damit das nicht passiere, wolle er diese Pflicht erfüllen, indem er ein Kind über-

---

* Zu Körnern gemahlene Maniokwurzeln.

nehme. Meine Mutter hatte zu große Angst, um Nein zu sagen, und ich musste mit ihm mitgehen. Er schickte mich in Bouaké zur Schule.

Ein paar Jahre später wurde unser Land von einer sehr großen Krise getroffen. Es war im Jahr 2002. Wir hatten alle panische Angst, und es wurde entschieden, aus Bouaké zu fliehen.

Wir machten uns an einem Samstag um vier Uhr morgens auf den Weg. Nach vier Tagen zu Fuß kamen wir in ein Dorf, wo wir sehr gut aufgenommen wurden und willkommen waren.

Nach einer Woche kam ein Lastwagen aus einer Stadt, um die Kriegsflüchtlinge einzusammeln. Aus Angst vor einem Überfall der Rebellen wurde gleich das ganze Dorf geräumt.

Nach etwa zwei Stunden Fahrt sahen wir die Rebellen an der Straße stehen. Der Lastwagen kehrte um und versteckte sich mit uns allen auf einem Friedhof. Mein Onkel, seine Kinder und ich setzten uns hinter ein Grab und begannen zu beten. Gott hat uns gerettet, denn die Rebellen ließen uns – obwohl sie uns alle fanden – weiterziehen, ohne uns zu schaden. Ich weiß noch, wie ich am ganzen Körper gezittert habe.

Wir zogen dann in ein Dorf, wo eine Verwandte meines Vaters uns aufnahm, und ich durfte wieder zur Schule gehen. Da war ich schon in der vierten Klasse.

Von da an begann ich krank zu werden. Ich war plötzlich immer sehr müde und hatte Schmerzen, so sehr, dass ich oft tagelang nicht zur Schule gehen konnte. Aber bei jeder Prüfung war ich dabei. Meine Krankheit wurde so schlimm, dass mein Onkel entschied, meiner Mutter einen Brief zu schreiben.

Als sie diesen Brief erhielt, machte sie sich sofort auf den Weg, und Gott sei Dank fand sie das Haus, in welchem wir wohnten.

Das war an einem Sonntag. Es war der 23. Februar 2003. Ich war bei der Verwandten meines Vaters, also eigentlich war sie meine Tante, zu Besuch. Der Sohn meines Onkels, also eigentlich mein Cousin, kam dann und sagte mir, dass meine Mutter da sei. Ich glaubte es ihm nicht. Erst als drei andere kamen und mir dasselbe erzählten, stand ich auf und ging. Geglaubt habe ich es aber auch da noch nicht.

Als ich in unserem Haus ankam, erkannte ich meine Mutter nicht mehr. Sie sah mich, gab mir einen Kuss und legte mich dann auf ihren Rücken, und da wusste ich, dass sie wirklich meine Mutter war.

Sie sagte, sie wolle mich mitnehmen in ihr Dorf. Aber mein Onkel wollte nicht. Sie aber sagte ihm, dass sie mich in dem Zustand, in dem ich sei, niemandem anvertrauen und dass sie sich selbst um mich kümmern wolle.

Wir gingen noch am selben Tag los und kamen erst spät in der Nacht zu Hause an. Als meine Brüder mich sahen, waren sie sehr, sehr glücklich. Ich freute mich auch, wieder bei ihnen und meiner Mutter zu sein, und wollte sofort zur Schule. Aber das ging nicht, meine Schmerzen waren einfach zu groß. Ich konnte die lange Distanz vom Dorf zur Schule nicht zu Fuß zurücklegen. Oft trugen mich meine Schulkameraden auf ihrem Rücken mit, manchmal fuhr mich jemand mit einem Fahrrad. Dank Gott durfte ich diese Klasse mit einer guten Note beenden und kam in die fünfte Klasse.

Es war aber immer dasselbe. Ich konnte oft tagelang nicht zur Schule, weil die Schmerzen einfach zu groß waren. Aber ich hatte Glück, bei den Prüfungen durfte ich immer dabei sein.

Eines Tages, es war ein Dienstag, kam ich nicht mehr hoch von meiner Matte, meine Beine trugen mich nicht mehr, ich konnte nicht aufstehen. Ich versuchte mich zu zwingen, aber es ging nicht.

Meine Mutter sah mich, begann zu weinen und nahm mich in ihre Arme. Von diesem Tag an mussten mich meine Brüder zur Toilette tragen.

Alle machten sich große Sorgen, meine Mutter am meisten, sie weinte viel, und wenn ich sie weinen sah, dann tat mir das sehr weh. So weh, dass ich selbst zu weinen begann.

Es wurde immer schlimmer, ich konnte die Beine nicht mehr strecken, konnte bald auch nicht mehr sitzen und meine Füße nicht bewegen. Die Nerven zogen an meinen Beinen, und ich konnte sie bald überhaupt nicht mehr kontrollieren, sie fielen einfach zur Seite, und meine Füße verkrampften sich. Dann begann ich ganz furchtbar zu husten und bekam eine verstopfte Nase, sodass ich nicht mehr richtig atmen konnte. Meine Mutter wusste nicht, was machen. Eines Tages begegnete sie einem Mann, der sie in irgendeine Kirche* brachte. Der Pfarrer sagte ihr, er mache eine Gebetstherapie mit mir, und verlangte für jede Sitzung zwanzigtausend CFA. Meine Mutter verschuldete sich sehr. Sie bat meinen Onkel um Hilfe, der jedoch sagte, dass ich während der Zeit bei ihm nicht krank gewesen sei, und half ihr nicht. Meine Mutter blieb vier Monate mit mir in dieser Kirche, das heißt, sie pendelte zwischen Dorf und Kirche, und als ihr niemand mehr Geld gab, brachte sie mich zurück in unsere Hütte.

Ich hatte immer noch fürchterliche Schmerzen, sodass ich nicht mehr getragen werden wollte. Wenn ich zur Toilette musste, buddelten meine Brüder in der Nähe der Hütte ein Loch und hielten mich irgendwie darüber. Wenn es regnete, dann regnete es in unsere Hütte rein, überall war Dreck und Schlamm, und wir alle weinten.

Wenn meine Freunde zusammen spielten, vor allem Fußball, hatte ich Lust, mitzuspielen, aber ich konnte nicht aufstehen. Ich lag dann auf meiner Matte und stemmte mich irgendwie hoch, damit ich sie sehen konnte. Ich wollte sie auch sehen, wenn sie zur Schule gingen.

Mein Lehrer kam oft zu uns, und jeden Freitagabend nahm er die anderen Schüler mit, und sie beteten alle für mich. Manchmal weinte er dabei.

Dann kam der Tag, wo mich nicht mehr traurig machte, dass die anderen Fußball spielen und zur Schule gehen konnten, sondern, dass meine Freunde ganz allein zur Toilette konnten. Da wurde mir richtig bewusst, dass ich überhaupt nichts mehr allein machen konnte, und ich begann sehr zu weinen.

---

* Eine Sekte.

Meine Mutter fragte mich, warum ich so traurig sei, aber ich konnte es ihr nicht sagen, denn sie war ja selbst schon so traurig meinetwegen. Sie tröstete mich und sagte, Gott würde mich eines Tages heilen, sie sei ganz sicher.

Auch meine Brüder litten unter meinem Zustand und versuchten immer wieder, mir eine Freude zu bereiten. Sie gaben mir ein Zeichenheft, und wenn sie aufs Feld gingen, bat ich sie, mir Rinde des Mirabellenbaumes nach Hause zu bringen, woraus ich verschiedene Dinge bastelte. Zum Beispiel Amulette.

Meine Freunde hatten keine Angst vor mir, trotz meiner Krankheit waren sie so gut zu mir, als wäre ich ihr Bruder. Sie machten alles, was sie konnten, um mir zu helfen. Sie heißen: Ezéchiel, Angelo, Bijou, Vanessa, Noël, Sarah, Fatie, Macoucou und Koffi.

Wenn an einem Tag schulfrei war, saßen wir alle zusammen um das Feuer herum und erzählten uns Märchen und Geschichten. Jemand brachte eine Blechbüchse als Tamtam mit, und wir blieben dann jeweils bis spät in die Nacht hinein zusammen und sangen und trommelten.

Meine Mutter versuchte ihr Bestes: Jeden Morgen um vier Uhr drückte sie gegen meinen Rücken und meinen Brustkorb, damit alles wieder gerade wird, und ich schrie dabei ganz furchtbar vor Schmerzen. Aber sie hatte kein Geld mehr für Medikamente und versuchte es nun mit der Heilkunde des Medizinmannes unseres Dorfes.

Wir hatten inzwischen überhaupt gar kein Geld mehr. Trotzdem fand sie für uns Kinder immer irgendetwas Kleines zum Essen. Sie selbst aß manchmal drei Tage lang nichts. Sie sagte oft, sie esse nicht, weil sie viel bete und dabei fasten wolle. Sie tat mir sehr leid.

Eines Tages begegnete ihr eine alte Frau aus einem Nachbardorf. Diese Frau sagte zu meiner Mutter: »Ich habe dich schon lange nicht mehr gesehen.«

Und meine Mutter öffnete ihr das Herz. Die Frau zeigte ihr daraufhin eine ganz gewöhnliche Pflanze und sagte zu ihr, diese Pflanze könne mir helfen. Meine Mutter glaubte ihr nicht. Aber mein Bruder Arnaud holte die Pflanze und brachte sie der alten Frau. Sie segnete sie erst und zerrieb sie dann zusammen mit Pfefferschoten. Den Brei strich sie auf meinen ganzen Körper. Tag für Tag. Nach einer Woche konnte ich meine Zehen wieder bewegen, und einen Monat später konnte ich wieder allein, ganz ohne Hilfe, aufstehen. Als meine Freunde mich so stehen sahen, suchten sie einen Ast, welchen ich als Gehstock verwenden konnte, und ich machte meine ersten Schritte.

Meine Mutter war in diesem Moment nicht zu Hause, und als sie kam und mich so sah, ließ sie vor lauter Schreck das Plastikgefäß, welches sie auf dem Kopf trug, fallen und schrie vor Freude laut meinen Namen.

Alle meine Freunde waren glücklich. Wieder eine Woche später konnte ich den Stock wegwerfen und ganz allein gehen. Ich ging zu meinen Freunden und spielte mit ihnen und war überglücklich.

In dieser Zeit wuchs bei mir der Buckel, und gleichzeitig schwoll der Brustkorb an, und meine Mutter begann erneut zu drücken.

Ich wollte wieder zur Schule, und der Lehrer war einverstanden, und so begann ich die sechste Klasse. Da ich oft zu müde war, selbst zu gehen, wurde ich zum Glück oft mit dem Fahrrad gebracht.

Einen Monat vor dem Schlussexamen litt ich so unter den Schmerzen, dass ich nicht mehr zur Schule konnte. Meine Mutter war damals in einem anderen Dorf. Dort besuchte sie die älteste Tochter ihrer Schwester, der es ganz schlecht ging, ich glaube, sie lag im Sterben. Meine Mutter entschied, dass sie sie nach Abidjan bringen wolle, denn dort lebte die Mutter dieser jungen Frau, also meine Tante. Meine Brüder und ich blieben im Dorf.

In Abidjan begegnete meine Mutter einem Mann, der ihr von Madame Lotti Latrous erzählte und von dem Centre Espoir. Die junge Frau, also meine Cousine, wurde dorthin gebracht und starb nicht, sondern durfte gesund werden.

Als meine Mutter wieder daheim war, begann ich erneut, ganz stark und ständig zu husten. Wenn ich etwas zu essen hatte, konnte ich es nie behalten, weil ich es durch die Hustenanfälle immer wieder erbrach. Dadurch bin ich sehr dünn geworden. Wegen dem Buckel am Rücken und dem großen Brustkorb konnte ich nicht mehr richtig liegen, sondern musste mich ständig irgendwo oder an jemandem abstützen.

Irgendwann begann ich Blut zu erbrechen. Der Husten war furchtbar. Meine Mutter war ganz verzweifelt, sie weinte nur noch und hatte große Angst, wenn ich wieder Blut erbrechen musste.

Ich sagte zu ihr: »Mutter, warum weinst du, es tut mir sehr weh, wenn ich dich so leiden sehe.« Ich bat sie, aufzuhören mit Weinen, und sagte, es gehe mir sicher bald wieder besser.

Aber dann begann ich mitten in der Nacht stark zu bluten, und meine Mutter sagte: »Wir müssen gehen, ich bringe dich dorthin, wo deine Cousine geheilt worden ist.« Aber sie fand erst am nächsten Tag um vier Uhr nachmittags ein Auto, das uns zum Bus brachte. Während der Fahrt erbrach ich noch mehr Blut, und meine Mutter und ich dachten, mein Leben höre jetzt auf. Wir hatten keine Hoffnung mehr.

Die Fahrt dauerte sehr lange. Als wir in Abidjan ankamen, half uns meine Tante, ins Centre Espoir zu kommen. Dort besuchten wir zuerst Madame Lotti, sie gab uns viel Hoffnung. Dann untersuchte mich ein Arzt. Er gab mir eine Spritze, und ich hörte auf zu bluten. Madame Lotti machte dann einen Tuberkulosetest, der war aber negativ. Doch da es mir so schlecht ging, entschieden die Ärzte, doch eine Tuberkulosetherapie zu machen.

Lotti Latrous sagte, es wäre besser für mich, wenn ich in der nächsten Zeit bei ihr bleiben würde. Ich sagte zu Madame Lotti, das gehe nicht, weil doch gerade Schulanfang sei. Sie tröstete mich dann und gab mir alles, was man für die Schule braucht. Ich habe noch nie so ein schönes Geschenk bekommen. Sie hatte mir gesagt, ich sei ein sehr intelligentes Kind und es sei gut, dass ich zur Schule gehen wolle, dass es jetzt aber wichtiger sei, gesund zu werden.

Da ich im Dorf lebe, wo es diese Therapie nicht gibt, haben meine Mutter und Madame Lotti dann entschieden, dass ich im Centre Espoir bleiben sollte. Aber sie haben mich zuerst gefragt, ob ich damit einverstanden sei. Madame Lotti sagte: »Abel, du allein entscheidest. Nicht deine Mutter und nicht ich! Du musst uns sagen, ob du hierbleiben möchtest.«

Dann begleitete Madame Lotti uns ins Waisenhaus, wo viele Kinder leben. Es war schön dort, und ich sah, dass die Kinder dort haben, was Kinder brauchen. Jedes hatte ein Bett, jedes ein Schrankabteil, es hatte sogar eine Playstation und einen Video und einen Fernseher. Es fehlte an nichts. Ich sagte: »Einverstanden.« Und ich blieb.

Ende des Jahres machten wir Ausflüge, einmal gingen wir Eis essen und einmal in einem großen Bus einen ganzen Tag ans Meer. Wir amüsierten uns richtig dabei. Es war sehr, sehr schön. Wir feierten sogar Weihnachten, und jedes Kind bekam ein Geschenk. Und wenn die Kinder Geburtstag haben, dann macht Madame Lotti ein Fest, und wenn man nicht weiß, wann man Geburtstag hat, dann wird man an irgendeinem Tag gefeiert. Es ist wirklich sehr schön hier.

Wir nehmen unsere Medikamente immer ein, hier werden wir geheilt. Alle Kinder dürfen hier zur Schule. Die Großen machen eine Lehre. Nadia macht eine Konditorlehre und der große Emanuel die Schneiderlehre. Lethitia ist sogar im Gymnasium. Die Kleinsten gehen in den Kindergarten.

Wir sind jetzt bald fünfzig Kinder, und wir leben hier wie eine große Familie. Lotti Latrous ist wie eine Mutter für uns, sie ist unsere Begleiterin. Ihr Mut, ihre Liebe, ihre Freundlichkeit werden ihr immer gute Gesundheit und ein langes Leben geben. Und da sie so viele unschuldige Waisenkinder gerettet hat, wird Gott sie beschützen.

Noch nie habe ich so eine Frau wie sie gesehen. Sie sagt immer, wir seien alle wie Brüder und Schwestern, und sie sagt auch: »Ihr seid alle meine Kinder.« Das sagt sie, obwohl wir eine schwarze Haut haben. Lotti macht alles so selbstverständlich, alles scheint so leicht für sie. Sie ist für alle Menschen, die allein nicht zurechtkommen, da und gibt Hoffnung, wo keine mehr ist.

Ich frage mich oft, warum macht das eine weiße Frau? Warum hat sie sich entschieden, den Waisen das Leben zu retten, wenn sie es doch gar nicht muss?

Warum rettet sie arme Menschen, wenn sie doch bei den Reichen leben könnte?

Warum gibt es Leute, die essen, ohne Hunger zu haben, und andere, die, trotz Hunger, nichts zu essen haben?

Warum haben diese Kinder im Waisenhaus keine Eltern mehr? Es müsste doch jedes Kind einen Vater und eine Mutter haben!

Als all meine vielen Brüder und Schwestern hier im Zentrum, die verlassen und überall sonst zurückgewiesen wurden, schwach und krank und ohne Hoffnung waren, fanden sie bei Madame Lotti Hilfe und Hoffnung.

Und auch mich hat sie aufgenommen, obwohl ich keine Vollwaise bin. Dank Madame Lotti lebe ich heute bei guter Gesundheit. Wir alle bekommen hier die Medikamente, die wir brauchen.

Lotti Latrous gibt uns afrikanischen Kindern Mut und Liebe, sie wird immer unsere zweite Mama sein. Sie passt auf, dass wir unsere Rechte erhalten. Auch das Recht, eines Tages in einem Büro sitzen und arbeiten zu können, denn sie schaut dafür, dass wir alle in die Schule dürfen und lesen und schreiben lernen.

Denn nur so werden wir unabhängig und finden Frieden und dürfen ein glückliches Leben führen.

Ich glaube, Gott segnet Madame Lotti und ihre Familie jeden Morgen. Ich bete jeden Abend, dass er ihr weiterhin helfen wird, damit sie uns weiterhin helfen kann.

Das ist meine Geschichte.

Abel

Folgende Websites haben mir bei der Faktensuche geholfen:

www.aerzte-ohne-grenzen.de
www.aids.ch
www.aidsfocus.ch
www.de.wikipedia.org
www.spiegel.de
www.unaids.org
www.unesco.org
www.unicef.de
www.unicef.org
www.un.org
www.unric.org
www.welthungerhilfe.de
www.who.in

Alle aufgeführten Internetseiten wurden im Juli 2007 letztmals besucht.
Die übernommenen Fakten habe ich mit Fachpersonen gegengeprüft.

Ende Oktober 2004 wurde die Stiftung Lotti Latrous gegründet, mehr dazu und zu ihren Projekten finden Sie unter: **www.lottilatrous.ch**

Die Stiftung Lotti Latrous befindet sich in Zürich.
Sie hat folgende Spendenkontos:

Für die Schweiz:

UBS AG
PC-Konto 80-2-2
Kontonummer: 240-428654.00E
Clearing: 240

Für Deutschland:

Dresdner Bank AG, 40300 Düsseldorf
Kontonummer: 03 854 280 00
IBAN: DE 92 3658 0072 0385 4280 00
SWIFT (BIC): DRES DE FF 365

Für alle anderen Länder:

UBS SA, 1204 Genève
Kontonummer: 240-428654.00E
IBAN: CH 44 0024 0240 4286 5400E
SWIFT (BIC) UBSWCHZH80A

Mister-Schweiz-Kandidat

Gabriella Baumann-von Arx
Ein Mann weint nicht
Die Geschichte des Junior B. Manizao

192 Seiten, gebunden mit Schutzumschlag
mit farbigen Abbildungen
15 x 21 cm
ISBN 978-3-033-00851-9
www.woerterseh.ch

Junior, der erste schwarze Mister-Schweiz-Kandidat, in Kinshasa, der Hauptstadt der Demokratischen Republik Kongo, geboren, verlor mit neun seine Mutter und mit zwölf seinen Vater. Ein Schweizer Ärzteehepaar nahm ihn und seine beiden Brüder bei sich auf. So fanden die drei Buben nicht nur eine neue Mutter und einen neuen Vater, sondern auch gleich noch fünf neue Geschwister. In seiner Biografie wird nachvollziehbar, was es bedeutet, in einem Land, wo weiß als »normal« gilt, schwarz zu sein. Eine Nationalität zu haben, heißt dann in erster Linie, eine Identität zu haben. Juniors Ziel ist denn auch: »Ich möchte als Mensch auffallen, nicht als schwarz.«

Der Arzt, der Patient wird

Walter Raaflaub
Tote Hose
Worüber Männer schweigen
Ein Tagebuch

320 Seiten, gebunden mit Schutzumschlag
13,5 x 21,5 cm
ISBN 978-3-9523213-2-4
www.woerterseh.ch

Walter Raaflaub, ein von seinen Patienten als Arzt und Mensch geschätzter Allgemeinmediziner, erkrankt 2002 an Prostatakrebs. Eine radikale Operation bringt zwar den gewünschten Erfolg – der Krebs scheint besiegt –, doch der Eingriff führt zu Impotenz. Der Arzt, der zum Patienten wird, hat daraufhin das bisher einzige persönliche Buch mit fachlichem Hintergrund zum Thema Impotenz geschrieben. Dabei ist es ihm gelungen, viele unserer Probleme auf eine menschliche und oft auch witzige Art zu relativieren. Mit seinem feinen Humor schafft Walter Raaflaub das eigentlich Unmögliche: Er beschreibt ein schwieriges und schwerwiegendes Thema federleicht.